陈全功 编著

宏观看中国：
经济理论与实践

HONGGUAN KAN ZHONGGUO
Jingji lilun yu shijian

武汉大学出版社

图书在版编目(CIP)数据

宏观看中国:经济理论与实践/陈全功编著.—武汉:武汉大学出版社,2022.1

ISBN 978-7-307-22798-9

Ⅰ.宏… Ⅱ.陈… Ⅲ.中国经济—宏观经济—研究 Ⅳ.F123.16

中国版本图书馆 CIP 数据核字(2021)第 263864 号

责任编辑:聂勇军　　　责任校对:汪欣怡　　　版式设计:马　佳

出版发行:武汉大学出版社　　(430072　武昌　珞珈山)
（电子邮箱:cbs22@whu.edu.cn　网址:www.wdp.com.cn）
印刷:武汉图物印刷有限公司
开本:720×1000　1/16　　印张:15.5　　字数:251 千字　　插页:1
版次:2022 年 1 月第 1 版　　2022 年 1 月第 1 次印刷
ISBN 978-7-307-22798-9　　定价:38.00 元

版权所有,不得翻印;凡购我社的图书,如有质量问题,请与当地图书销售部门联系调换。

前　言

在当今社会经济生活中，人们需要知晓一些宏观经济学知识，尤其是高校本科学生应选修一门通识类经济学课程，以适应未来学习、工作和生活的要求。我在多年教学中，也讲授过现代宏观经济学理论的通识课程，但苦于没有一本适宜教材，多是结合专业课程内容和现实热点来编写讲授大纲，学生反映还缺乏一个"本本"作为阅读参考。现在市面上冠以"通识课"的宏观经济学教材，比较有影响的一是韩秀云老师的《宏观经济通识课》（中信出版社，2019年），但过于通俗和简单，没有介绍现代宏观经济学的核心理论知识；二是谢丹阳老师的《宏观经济学通识课》（中信出版社，2020年），又过于偏理论化，对货币和财政的知识介绍较多，距离现实生活又远了一点。一些学生建议我将自己讲授的内容进行整理，编写一本既通俗易懂，又结合理论和现实的教材，于是就有了这本《宏观看中国：经济理论与实践》。

本书是以宏观经济学的重点理论为基础，结合中国经济实践的具体案例，探讨如何以宏观视角来看待中国经济发展中的成就和挑战。全书由理论铺垫、方法指引、重点知识三大部分构成，按照政府宏观调控五大目标（经济增长、充分就业、物价稳定、国际收支平衡和收入差距相对较小）的观察指标、经济如何能够长期增长与避免短期波动，以及政府的职能和作用（宏观调控）的逻辑顺序，设计为12章内容（图0-1）。

本书的主要特点有四：一是理论与实践结合紧密，每一个宏观经济学知识点都配有中国实践案例来加以说明；二是针对相关问题，用经济理论和具体实践来予以解答；三是用图表和数据的展示方法，使得宏观经济学理论更为通俗易懂；四是引入一些权威资料和最新内容，如中美经贸摩擦、收入差距及调节、政府和市场角色等，丰富了宏观经济学知识体系。本书不同于传统宏观经

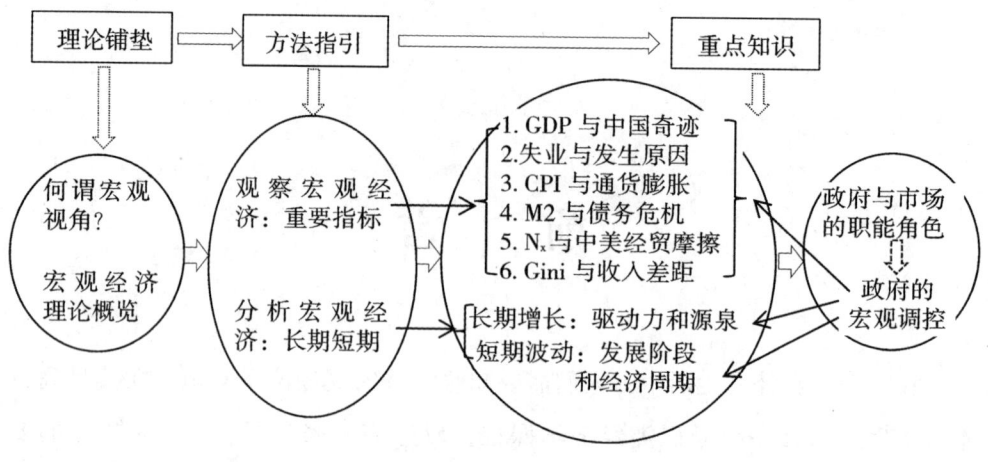

图 0-1 全书逻辑框架与构成

济学类教科书，也有别于枯燥单调的学术论著，是一本集专业理论和现实热点相结合的通俗性读物，可供高校本科生、党政干部和普通群众参考阅读。

本书在编写过程中，参考了国内外一些相关教材、通俗读物，以及学术论著、研究报告和网站资料，力求论证全面丰富和科学有理，有的做出了标注，有的还未一一进行准确标示，在此表示感谢和致歉。至于书中观点，也请读者作多方位思考和参考。

目　录

第一章　宏观视角与宏观经济理论概览 ……………………………… 1
　一、学习宏观经济知识有什么用处？ ………………………………… 1
　二、何谓宏观视角？ …………………………………………………… 3
　三、经济学(宏观经济学)讨论哪些问题？ ………………………… 5
　四、宏观经济学发展历史长不长？ …………………………………… 9

第二章　怎样观察和分析宏观经济？ ………………………………… 13
　一、怎样观察一国或地区的宏观经济？ ……………………………… 13
　二、主要宏观经济指标有哪些？ ……………………………………… 14
　三、怎样分析一国和地区的宏观经济？ ……………………………… 17
　四、如何理解宏观经济中的主体联系？ ……………………………… 21

第三章　GDP 指标家族群与中国奇迹 ……………………………… 24
　一、GDP 是一个什么样的指标？ …………………………………… 24
　二、为什么不能唯 GDP 论英雄？ …………………………………… 35
　三、GDP 家族群指标揭示新中国成立 70 多年来发生了什么？ ……… 39

第四章　失业的统计与发生原因 ……………………………………… 46
　一、如何界定失业和失业率？ ………………………………………… 46
　二、失业率是如何统计出来的？ ……………………………………… 48
　三、失业意味着什么？ ………………………………………………… 50

目录

　　四、失业是如何发生的？ ………………………………… 52

第五章　物价指数与通货膨胀 ……………………………… 55
　　一、CPI 是一个什么样的指标？ ………………………… 55
　　二、CPI 是怎么统计得到的？ …………………………… 56
　　三、物价指数家族还有哪些成员？ ……………………… 59
　　四、通货膨胀是什么意思？ ……………………………… 61
　　五、通货膨胀是怎么发生的？ …………………………… 67
　　六、通货膨胀为什么会持续下去？ ……………………… 71

第六章　货币供给与债务危机 ……………………………… 73
　　一、怎么知道社会上有多少货币？ ……………………… 73
　　二、货币是如何供给和创造的？ ………………………… 75
　　三、政府能超发货币吗？ ………………………………… 78
　　四、债务危机是如何发生的？ …………………………… 79

第七章　经济增长的驱动力和源泉 ………………………… 82
　　一、经济增长的驱动力及源泉有哪些？ ………………… 82
　　二、中国经济增长的动力源泉有哪些？ ………………… 85
　　三、如何进一步挖掘"红利"和"优势"？ …………… 93
　　四、如何驱动"三驾马车"促增长？ …………………… 97
　　五、近年中国经济增速为何放缓？ ……………………… 104

第八章　经济发展的阶段性与周期波动 …………………… 108
　　一、一国经济发展可以划分为哪些阶段？ ……………… 109
　　二、中国经济发展目前处于哪一阶段？ ………………… 114
　　三、经济周期是什么样的状态？ ………………………… 114
　　四、经济为什么会出现周期波动？ ……………………… 119
　　五、中国经济存在周期波动特征吗？ …………………… 123

第九章　政府与市场的角色和职能 ·· 130
- 一、为什么要讨论政府与市场的关系？ ································ 130
- 二、市场在哪些方面会失灵？ ·· 132
- 三、政府能否纠正市场失灵？ ·· 135
- 四、中国经济建设中政府与市场关系是如何演变的？ ············ 141

第十章　政府的宏观调控 ·· 145
- 一、政府宏观调控要达到哪些目标？ ··································· 145
- 二、政府宏观调控的思路是什么？ ······································ 147
- 三、政府有哪些手段和措施进行宏观调控？ ························· 149
- 四、中国政府怎样对经济进行宏观调控？ ···························· 154
- 五、供给侧结构性改革是怎么进行的？ ································ 162

第十一章　中美经贸摩擦与人民币国际化 ······························ 168
- 一、中美有哪些经贸摩擦？ ·· 168
- 二、中美有哪些经贸往来？ ·· 177
- 三、美国从中美经贸往来中获益多少？ ································ 184
- 四、美国是不是夸大了对华贸易逆差数据？ ························· 187
- 五、造成美国对华货物贸易逆差的原因是什么？ ·················· 193
- 六、美国贸易逆差与人民币汇率水平有关吗？ ····················· 195
- 七、人民币国际化的影响力有多大？ ··································· 209

第十二章　收入差距与政府的调节 ··· 218
- 一、怎样衡量和调节收入差距及不平等？ ···························· 219
- 二、我国收入差距究竟有多大？ ··· 227
- 三、中国政府如何缩减收入差距？ ······································ 231

参考文献 ··· 239

第一章　宏观视角与宏观经济理论概览

◎内容提要

本章主要介绍：（1）学习宏观经济知识的好处；（2）何谓宏观视角；（3）宏观经济学知识体系是怎样的；（4）宏观经济学的发展历史。目的是让读者知道在现实学习、工作和生活中用宏观视角看问题的重要性，以及需要知晓的一些宏观经济学知识。

一、学习宏观经济知识有什么用处？

很多人说，中国是了解和学习经济学知识的最好样本和案例，甚至有人说中国称得上是一个"典型的经济试验场。"[①]

一方面，我们在改革开放过程中，碰到和面临很多经济问题，需要现代经济学理论来解释和指导，从而推动中国经济学理论的创立和发展。例如，近年由北京大学林毅夫提出的"新结构经济学"理论体系，就涉及现代经济学理论，可以用它来解释包括中国在内的发展中国家如何建设经济、如何推进人民福利的增长。

另一方面，中国在坚持自我创新和建立市场经济过程中，需要学习和借鉴发达国家的宏观经济政策和策略，例如，如何避免进入中等收入国家陷阱、如何进行金融市场监管等。中国过去没有经历过这些新的经济问题，马克思政治经济学也没有讲过，那就要学习已有经济学理论和实践经验。

在未来，我们将成为中国经济的建设者，很多同学会成长为经济政策的决

[①] 王德峰：《中国是典型的经济实验场》，《中国社会科学报》2012年6月11日，第A06版。

策者和制定者。因此，学习一些基本的宏观经济学知识是非常必要和有意义的。

这是从远大理想角度来说的，从近一点、实用角度来说，学习宏观经济学知识对个人工作生活也是很有意义的。学习有关知识后，可以帮助我们研判国家乃至世界发展的宏观大势，抓住机遇和机会，促进个人事业发展。例如，2020年新冠肺炎疫情爆发后，对经济社会发展产生深刻影响，一些国家在抗击疫情与恢复发展经济两项任务中难以做出抉择；我们通过学习宏观经济学中关于影响经济增长的因素、促进经济增长的政策、提高社会福利水平的措施等知识后，就可以研判宏观大势：一是这次疫情短时间内不会结束，抗击疫情将会成为常态，但是，由抗击疫情可以衍生出相关产业，以此来实现抗击疫情与经济增长齐头并进的效果；二是政府会支持与疫情相关的产业发展，如医疗健康及服务产业、大数据技术产业，那么，我们的创业选择就可以转到这些行业来。

学习宏观经济学知识，还可以帮助我们增强个人配置资产的能力。例如，通过学习就明了目前整个国家经济处于什么状态，是衰退还是繁荣，国家出台了哪些税收、货币、金融政策，就可以较为合理地配置和处理家庭资产。

大家知道，财富/资产是每个人在社会生活中必需的东西，也是我们参与社会经济活动的前提条件，但是如果不会投资经营也是很可惜的。比如，资产投资理论中有一个"美林投资时钟"模型，它把宏观经济学中的经济周期理论与大类资产配置和行业轮动结合起来，帮助人们认识不同情形下的投资收益，进而合理配置资产。这一理论模型认为，在经济下行、通胀下行的衰退阶段，投资债券是最优选择；在经济开始上行、通胀还在下行的复苏阶段，投资股票最好；在经济上行、通胀也开始上行的过热阶段，则要投资大宗商品；在经济开始下行、通胀还在上行的滞胀阶段，则持有现金最为明智（图1-1）。很多投资者还在此模型基础上，结合产业，衍生出哪种宏观经济形势下可以投资哪些行业的股票，使之成为一个简便实用的理论模型，指导人们合理配置和处理大类资产。

总之，学习宏观经济学知识对国家、对个人都有积极意义，归结一句话，它可以帮助学习者培养一种宏观意识、大局意识。这就是本书所说的宏观视角。

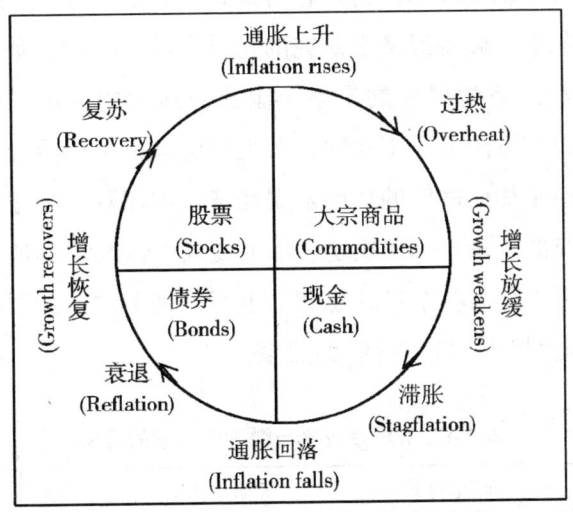

图 1-1　美林投资时钟（ML's Investment Clock）示意图

二、何谓宏观视角？

宏观，是相对于微观而言的，意思是大的方面、总体或整体，在社会科学中，人们通常把从大的方面、整个角度来把握事物发展过程、发展规律的方法，称为宏观方法；那么，从小的方面、局部方面去看待事物，则是微观方法。比如，前述提到的宏观大势，主要是指历史趋势、国家体制和机制、社会制度、经济社会发展阶段、地缘政治、国际联系等这些大的方面、宏大场景的内容，就是用宏观视角看到的各类问题与现象。人们常说，要有宏观视野、要用宏观视角看待问题，就是要有大局观、长远意识和整体意识，不拘泥于一件小事或小问题。

推及经济领域，怎么区分宏观和微观呢？一般来说，微观经济，也称个体经济，指的是家庭、个人、企业、单个市场或行业方面的发展情况；宏观经济，则指的是一个国家/地区的总体经济运行情况、政府控制情况、经济体制与制度情况，以及与国际间经济关系情况。

在经济学科中，宏观经济学和微观经济学在 20 世纪 30 年代才有所区分。

宏观经济学是以整个国家经济为研究对象，采用总量分析方法，研究经济运行中各总量关系及其变动规律的学科。它与微观经济学是有一定区别的(表1-1)，例如：在研究对象上，微观经济学研究的是单个经济单位，如家庭、厂商、某一商品市场；宏观经济学研究的是整个国家或地区的经济，如经济增长、物价、就业等。在研究方法上也不相同，微观经济学常用个量分析法，即某一经济变量的单项数值是如何确定的；而宏观经济学则用总量分析法，对能够反映整个经济运行情况的变量是如何决定、如何变动，以及与其他变量关系进行分析，这里的总量可以是某些个量的总和，也可以是平均值；可以说，微观经济学和宏观经济学是"树木"与"森林"的关系。

表1-1 宏观经济学与微观经济学的区别

学科	研究对象	研究方法	核心理论	要解决的问题
微观经济学	单个经济单位：家庭、厂商、单个商品市场	个量分析（树木）	价格理论	资源优化配置
宏观经济学	整个国民经济：就业、物价、经济增长等	总量分析（森林）	国民收入决定理论	资源充分利用

同时，微观经济学和宏观经济学的中心理论也不相同，微观经济学的中心理论是价格理论，基本内容包括消费者行为理论、生产理论、市场理论、分配理论、福利理论、产权理论等；宏观经济学的中心理论是国民收入决定理论，此外包括投资、失业、通胀、经济周期、外贸、收入调节等理论。

另外，宏观经济学和微观经济学要解决的问题是不一样的，微观经济学是把资源有效利用作为既定前提，要解决的是资源如何优化配置的问题，即生产什么、如何生产、为谁生产的问题；宏观经济学则是把资源配置作为既定前提，研究社会范围内的资源如何充分利用，以实现社会福利最大化。

实际上，宏观经济学与微观经济学也是紧密联系的，主要体现在：一是很多宏观问题要以微观为基础进行观察和思考，同样，一些微观经济主体的行为需要放在宏观经济大环境中思考，也就是说，微观经济学是宏观经济学的基础，宏观经济学是微观经济学的外部条件。二是二者都是通过实证分析方法来对经济现象进行分析，一般都是通过建立数学模型，采集相关数据，进行实证验证和分析。实际上，现在有很多宏观经济问题都是采用很微观的方法来研究的，例如金融投资、政策效果分析时，都是由微观入手来剖析宏观问题，从分析方法上把个量与总量连接起来了。

总之，宏观经济学就是一门能够教授我们用宏观视角看问题的学科，让我们学会用长远的、历史的、大局的观点来看待中国经济的发展问题。一些比较有深度的著作，例如吴晓波的《历代经济变革得失》，从春秋战国时期管仲和商鞅变法、到近代的洋务运动，以及新中国的计划经济和改革开放，上下纵横2500余年，可谓主旨宏大；著名的历史经济学家麦迪森的《中国经济的长期表现：公元960—2030年》，从宋代写到2030年，前后1000余年，是用宏观视角看中国经济的典范；彭慕兰和托皮克写的《贸易打造的世界——1400年至今的社会、文化与世界经济》、金立群和林毅夫等写的《世界金融新秩序：布雷顿森林体系的历史、蜕变与未来》等著作，都是从世界和历史这种宏大角度看待国际经济、政治和金融关系问题，这就是宏观视角。

三、经济学（宏观经济学）讨论哪些问题？

培养宏观视角的宏观经济学在人类知识体系之中处于一个什么位置呢？首先要从经济学是一门什么样的学科说起。一直以来，这个话题存在争论，有人说"经济学是先验的科学，经济学是趋势科学，经济学是人文科学，经济学是数理学科，经济学尚不能称之为科学"。① 西方国家教科书传统说法为，"经济学是一门研究经济资源如何配置和利用的科学"，萨缪尔森的《经济学》第19版指出："经济学研究的是一个社会如何利用稀缺的资源以生产有价值的物品和劳务，并将它们在不同的人中间进行分配。"不论经济学是否称得上"科学"，也不论对经济学科如何界定，但我们可以总结得出：经济学是对现实经济生活现象或者问题进行解释、对规律进行总结，以及提供解决方案的一门学科。

经济学涉及的研究问题众多，大到国家的发展战略规划、宏观政策，小到居民个体的投资消费行为，甚至众多的社会问题。有一个说法叫"经济学帝国

---

① 朱成全：《经济学究竟是一门什么样的学科？》，《财经问题研究》2003年第3期，第10~15页。

主义",是20世纪30年代初由拉尔夫·苏特在一次经济学讨论中提出的,主要意思是指经济学家们使用经济学工具不断向其他社会科学领域扩展,研究范围不断扩大。从20世纪50年代起,这一趋势更是有增无减,社会学、政治学,甚至法学、历史学等社会科学的研究都可以看到用经济学工具进行分析的影子,甚至形成了一些新的经济学流派和学科,其中最具代表性的人物是1992年诺贝尔经济学奖得主加里·贝克尔(Gary Becker),他利用经济学分析方法对家庭、教育、歧视、犯罪等社会问题进行了卓有见地的分析。① 今天,经济学与其他学科紧密相连,构成了庞大的经济学科体系。

(一)经济学科框架体系

简要来说,经济学这门学科要考虑三个方面问题:一是资源的稀缺性(研究前提),二是选择行为(研究方法或内容),三是资源的有效配置和利用(研究的目标)。具体从人类生产实践来看,经济学科要帮助人们解决四个问题:(1)生产什么和多少?(What)(2)如何生产?(How)(3)为谁生产?(For Whom)(4)何时生产?(When)因此,经济学科就衍生出众多具体的学科,例如,解决生产什么和如何生产、何时生产问题就形成微观经济学,解决为谁生产问题就形成了福利经济学、制度经济学等。

从经济学科所考虑的三个问题出发,众多学者概括经济学是围绕"经济资源的配置和利用"来展开的,因此我们可以勾勒出经济学科的框架体系(图1-2):

首先,从经济学科的研究内容看:"经济资源"一词形成了部门或要素的经济学科,例如产业经济学、区域经济学、劳动经济学、金融经济学等;"配置"和"利用"两个词,分别形成微观经济学和宏观经济学;而"配置和利用"实际上就是一种"选择"行为,即经济学的研究方法问题,形成了诸如行为经济学、实验经济学、博弈经济学等。

其次,从经济学科的研究内容之一"利用"的一种具体"方式"来看,因为

---

① 李晓晔:《经济学帝国主义是什么》,https://www.zhihu.com/question/24885347/answer/154758462;杨玉生、杨戈:《"经济学帝国主义"评析》,《经济学动态》2001年第1期,第48~53页;李树:《经济学何以能够"帝国主义"》,《学术月刊》2009年第1期,第67~74页。

三、经济学(宏观经济学)讨论哪些问题?

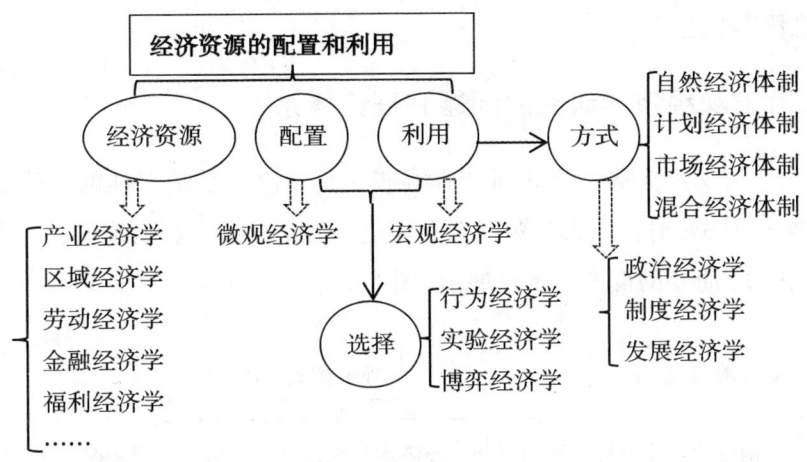

图1-2 经济学科框架体系简图

有人类价值观念和制度体系要素参与进来,也就是处于不同的经济体制之下,因而形成了诸如政治经济学、制度经济学和发展经济学等学科。

在我国高等教育体系中,经济学科门类下分为理论经济学和应用经济学两大类,俗称"一级学科",具体体系框架如图1-3所示:

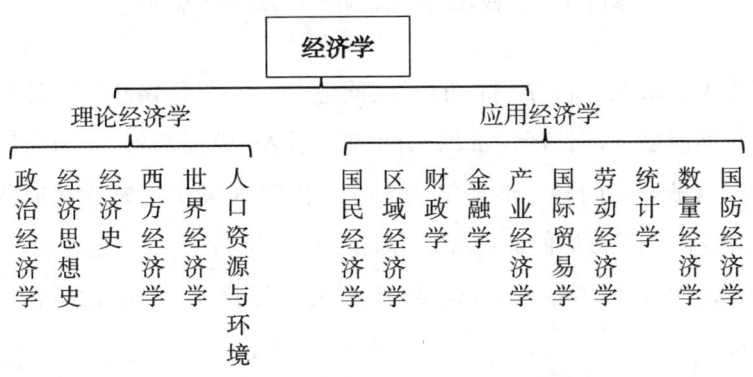

图1-3 我国高等教育中的经济学科门类体系

需要指出的是,经济学科有三大特征:一是在一定的假定前提下讨论有关问题,即有一些"假定",如理性人假定、非理性预期假定、完全信息假定等;二是有独特的分析方法,如实证分析(定量)+规范分析(定性)、经济模型(数学/几何)+数据、静态、比较静态和动态分析方法;三是由一般原理到具体问题,得到有关"实用性"的信息,为政府、家庭、企业所用,所以有经济学是

7

"经世济民"之说。

(二) 宏观经济学研究的问题和理论体系

那么,宏观经济学讨论的问题有哪些?其理论体系是怎样的?简要地说,它可以概括为37581:三大问题、七大理论、五个目标、八类政策、一个关系。我们可用一个简要的框架图予以展示(图1-4)。

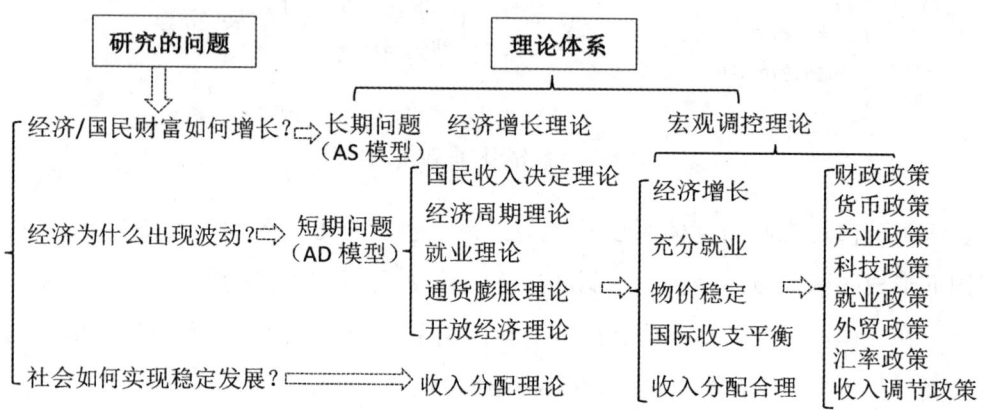

图1-4 宏观经济学研究的问题与理论体系构成

具体来说,宏观经济学讨论的三大问题是:一是经济(国民财富)如何增长?这是长期问题,即长期经济增长问题,用AS模型解释。二是经济为什么出现波动?这是短期问题,即经济周期、国民收入决定、失业和通胀等问题,用AD模型解释。三是如何保证经济和社会稳定维持下去?这是收入分配和社会秩序问题,用政治经济学语言说是"生产关系"问题,在现代经济学科中是收入分配理论。

七大理论是:经济增长理论、国民收入决定理论、经济周期理论、就业理论、通货膨胀理论、开放经济理论、收入分配理论,这些理论把传统的宏观经济学理论和经典的政治经济学理论综合在一起,总体上可概括为总供给AS理论、总需求AD理论,以及收入分配理论。凯恩斯经济学的主体理论是AD理论,新凯恩斯主义关注的是AS理论,马克思主义经济学关注的是收入分配理论。

五大目标是指政府进行宏观调控所要达到的目标,包括:经济增长、充分就业、物价稳定、国际收支平衡，以及收入分配合理。

八类政策是指政府为解决经济问题、达到调控目标所实施的政策，其中为促进经济长期增长，主要实施产业政策和科技政策；为解决经济波动问题而实施财政、货币、就业、外贸、汇率等政策；为解决收入不平等问题，实施收入调节政策，如税收、补贴等。

一个关系是指政府与市场的关系。在现代经济体系下，市场经济代表着自由竞争，不需要政府管制；但自由竞争的结果往往会出现"市场失灵"，如宏观经济的波动、经济增长动力不足、收入差距拉大，最终都会影响经济发展。市场和政府的关系，看似政治经济学或制度经济学研究的中心话题，但也是现代宏观经济学研究的应有之义。

四、宏观经济学发展历史长不长？

宏观经济学是研究一国或地区的经济或者说财富是如何增长、经济为什么出现波动、社会如何实现稳定发展的一门学科，它的研究问题和理论体系为：三大问题、七大理论、五个目标、八类政策、一个关系，可谓内容丰富。这都是经济学科发展历史上各位先贤前辈做出的巨大贡献。接下来，我们简要回顾一下宏观经济学的发展历史。

需要指出的是，宏观经济学这个术语是1933年由挪威经济学家拉格纳·弗里希（Ragnar Frisch）提出的，在此之前并没有与经济学相区分。但是从经济学所研究的内容来看，宏观经济学早在1933年之前就存在着，因此可以简要把宏观经济学的发展划分为四个阶段。

第一阶段：17世纪中期至19世纪中期，古典阶段，这是宏观经济学的萌芽时期。

经济学中对宏观经济现象的考察与研究，最早可上溯到古典学派时期，即17世纪到18世纪，如英国早期的政治经济学和统计学研究者威廉·配第（William Petty）在1662年写的《赋税论》中提出："社会财富的真正来源是土地和劳动，而课税的最终对象也只能是土地的地租及其派生收入。因此，地租是剩余劳动的产物，从而也是赋税的最终源泉。"他在《赋税论》和《政治算术》中深刻分析了税收与国民财富、税收与国家经济实力之间的关系，这明显就是用宏观视角看经济问题，而不仅仅是政治经济学问题。

在配第之后，有法国重农学派经济学者，如魁奈，再到英国的亚当·斯密、大卫·李嘉图，直至19世纪中期的约翰·穆勒，这些古典政治经济学家所研究的问题，都可以看做宏观经济问题。例如，亚当·斯密于1776年出版的《国民财富的性质和原因的研究》（即《国富论》），关注一国的经济增长问题，提出"市场机制本身驱使近代社会的经济不断发展"的观点，即，市场价格机制这只"看不见的手"可以引导经济资源自动达到有效配置和最优社会福利水平，不需要政府来干预经济，因此，自由的社会经济体制是市场经济得以顺利运行和经济增长的基本条件。他的这一观点体现的就是宏观思想，影响和统治了资本主义世界长达150年之久，他被称为现代资本主义经济制度的创立者，誉为"经济学之父"。

第一阶段的主要贡献是：提出了国民财富的基本概念，对社会总资本再生产与流通、财富增长的要素（人口、土地等）、经济政策问题等进行研究，还提出了诸如萨伊定律等重要理论。这一阶段的主题思想是，"一切经济活动是由市场决定的，市场这只看不见的手，可以自动调节经济运行，不用政府来干预经济"，这是古典主义的基本思想和观念。

第二阶段：19世纪后期至20世纪30年代，是现代宏观经济学的奠基阶段。

这一阶段，自由竞争的资本主义逐步进入垄断阶段，开始出现经济波动和危机，这一现象是马歇尔所构建的"经济学原理"框架所难以解释的，促使经济学家们从宏观上探寻和解释经济为什么出现周期性波动，于是产生了一些宏观经济理论，其中比较有影响的首推瑞典经济学家维克赛尔（K. Wicksell）、缪尔达尔、林达尔、俄林和挪威经济学家拉格纳·弗里希等人，他们采用总量分析方法考察了资本主义国民经济的运行过程，形成了宏观动态均衡理论。例如，维克赛尔在1898年出版的《利息与价格》中区别了货币的自然利息率和市场利息率，把经济静态分析转向动态均衡分析，成为货币型周期理论的先导，为瑞典政府采用信贷和利息率政策来应对失业和经济周期波动提供了理论依据。其次是原籍奥地利的美国经济学家熊彼特，他用"创新"这一概念来解释经济周期为何波动，以及经济如何发展，形成了独树一帜的经济周期理论和经济发展理论。再次是英国和美国一些经济学家，如庇谷、马歇尔、费雪等人，他们在研究货币流通数量与物价水平相互关系时形成了货币流通数量论，美国经济学家米契尔及其商务部助手们则开始对国民收入及其变动开展研究。这一阶段的理论观点和研究方法对现代宏观经济学体系的建立产生了重要影响，特别是对国民收入核算和统计的研究，为宏观经济学的建立奠定了重要前提和基础。

第三阶段：20世纪30年代至60年代，是现代宏观经济学的建立阶段。

1929—1933年，世界经济陷入一场空前严重的危机，后被称为"大萧条"时期，它宣告了自大卫·李嘉图到马歇尔所信奉的"经济活动有其内在的调节机制"——"供给自动创造需求""经济大危机不可能发生""不需要政府干预经济"等理论的不足。那么，是什么原因造成了经济大萧条大危机呢？英国经济学家凯恩斯从社会总需求入手，认为由于市场机制本身存在某种缺陷，如价格、工资刚性，造成供给并不一定就能创造需求；有效的需求是由三个心理因素，即边际消费倾向、对资本未来收益的预期，以及货币的流动性偏好所决定的。由于三大心理因素的作用，造成有效需求不足，但此时市场机制又调节不了，国民经济就会偏离充分就业的自然水平，导致经济波动。在此"有效需求不足"理论基础上，凯恩斯提出的对策就是扩大政府干预经济的权力，增加公共开支、扩大投资、刺激消费，以提高有效需求，实现经济的均衡发展。凯恩斯的理论在他1936年出版的《就业、利息和货币通论》（简称《通论》）得以阐释，他严厉抨击了"供给自动创造需求"的萨伊定律，摒弃了以前学者所坚持的市场机制自动调节理论，在西方被誉为"凯恩斯革命"。

很多经济学家放弃了传统观点，追随凯恩斯，对其理论进行注释、补充和发展，形成了一套完整的宏观经济理论体系。其中，最有名的是美国经济学家汉森和萨缪尔森，他们将凯恩斯的宏观经济理论与马歇尔的微观经济理论综合起来，形成"新古典综合"学派，之后以凯恩斯的学生和同事、英国经济学家琼·罗宾逊为主要代表的新剑桥学派形成，其在与新古典综合学派论战过程中逐渐壮大。这样，整个30年代至60年代，经济学界以凯恩斯理论为正统，被称为凯恩斯时代。

第四阶段：20世纪60年代后期以来，是宏观经济学的发展阶段。

20世纪60年代后期，资本主义世界出现了大量失业和剧烈的通货膨胀并存的"滞胀"问题，而凯恩斯宏观经济理论难以对此做出解释，未能提出有效的经济对策，于是，西方经济学界出现了众多经济思潮和流派纷争局面，主要有：60年代至70年代的以弗里德曼为代表的货币学派，以卢卡斯、萨金特等为代表的理性预期学派，以及拉弗为代表的供给学派，这些学派就是被称为与凯恩斯主义相抗衡的新自由主义。

另外，凯恩斯主义的一些追随者吸取理性预期学派的某些研究成果，对凯恩斯经济学进行修正和发展，例如美国经济学家斯蒂格利茨、罗默等人，对经济增长、金融市场等方面问题进一步研究，坚持政府干预的必要性，被称为"新凯恩斯主义"。21世纪以来，特别是2008年全球爆发系统性金融危机后，西方经济学家开始反思宏观经济学的一些理论和政策，宏观经济学处于不断发展态势。

以上介绍了宏观经济学的萌芽、奠基到正式形成与发展的历史，可以看到：经济理论是为了应对当时的经济现实问题而出现和发展的。现代宏观经济学的发展史上有三次大的事件，即20世纪30年代的大萧条、1970年代的滞胀及2008年全球金融危机。1930年代大萧条促使现代宏观经济学形成（凯恩斯革命），1970年代滞胀促使以货币主义为代表的反对派形成，2008年金融危机引发对凯恩斯主义的反思。

第二章 怎样观察和分析宏观经济？

◎内容提要

本章主要介绍：(1)如何观察一国或地区的宏观经济？(2)宏观经济指标主要有哪些？(3)怎样分析宏观经济？即宏观经济的分析框架。目的是让读者更好地用宏观视角来看待一国经济发展现象和问题。

一、怎样观察一国或地区的宏观经济？

一般来说，观察和理解一国宏观经济运行和经济问题有四种方法：一是通过一些统计指标，二是通过政府颁布实施的一些政策措施，三是观察特定事件的来龙去脉，四是通过一些具体的实验实践方法。就现实生活来说，政府并不希望出现经济事件，因为它背后往往存在各种复杂问题，随之而来的是要寻找政策对策，但它又是我们普通百姓了解宏观经济的最直观渠道。这其中，最主要也是最重要的方法是指标法，即通过观察政府有关部门公布的一些经济指标来了解宏观经济。

以最典型的两份报告为例：

一份是每年2月底国家统计局公布的《国民经济和社会发展统计公报》，比如，2021年2月28日发布的统计公报中有很多专业指标，[①] 如，国内生产总值、第一二三产业增加值、最终消费支出、资本形成总额、城镇调查失业率、登记失业率；居民消费价格、工业生产者出厂价格；农村贫困人口、贫困发生率、农村居民人均可支配收入等，让广大人民能够准确了解我国国民经济和社

[①] 国家统计局：《中华人民共和国2020年国民经济和社会发展统计公报》，http://www.stats.gov.cn/tjsj/zxfb/202102/t20210227_1814154.html。

会发展的总体情况。

再看第二份报告，中国人民银行每季度均发布货币政策执行报告。例如，2021年第一季度货币政策执行报告中也有很多专业指标，① 如国内生产总值GDP，居民消费价格指数CPI，贷款市场报价利率LPR、广义货币供应量M2等。该报告中还专门有一部分分析世界和中国宏观经济形势，用的也是一些统计指标。

其实，当我们浏览一些经济和财经类网站时也会发现，网站一般都会列出一些反映宏观经济的统计指标。例如，《经济日报》主办的"中国经济网"（http://www.ce.cn/），网站建有专门的数据库，提供了诸如上证、深证和恒生指数，以及GDP、CPI等宏观经济指标。又如，金融投资者经常光顾的和讯网（http://www.hexun.com/）和中金在线（https://cnfol.com/），其数据库也提供了国民经济核算、价格指数、财政税收、金融保险、人口与就业等宏观数据。

可以说，我们要观察宏观经济运行，最好的途径是看官方的统计指标。

二、主要宏观经济指标有哪些？

归纳一下，常见的宏观经济指标，有表示总量的指标，有表示人均的指标，也有表示速度和构成的指标。表2-1展示了一些常见的宏观经济指标。

表2-1 宏观经济运行的常见指标

分类	总量指标	人均指标	速度指标
产出指标	GDP	人均GDP	GDP增长率
结构指标1	三次产业增加值		
	消费C、投资I、净出口Nx		
	FDI		
财税指标	财政收入/支出		
价格指标	CPI/PPI		

---

① 中国人民银行：《2021年第一季度中国货币政策执行报告》，http://www.pbc.gov.cn/zhengcehuobisi/125207/125227/125957/index.html。

续表

分类	总量指标	人均指标	速度指标
货币指标	M0、M1、M2/利率/汇率		
金融指标	存贷款余额/股指/外汇储备		
就业指标	就业/失业率		
收入指标	城乡居民平均可支配收入、消费/贫困发生率等		
结构指标2			
#行业指标(如房地产)	房产销售面积、房价		
#其他指标	用电量/能耗比/运输量(克强指数)、经济景气指数		

在这么多指标中,我们既要区分哪些是宏观指标,哪些是微观指标,比如涉及一个具体行业的指标是宏观经济指标,企业利润、生产成本、企业单位数等,则是反映微观经济的指标,我们还要学会在众多宏观经济指标中找到最有效、最敏感、最核心的指标。

比如,前几年新闻上常说的"克强指数"(Li keqiang index),源于李克强2007年任职辽宁省委书记时,通过观察工业耗电量、铁路货运量和贷款发放量三个指标来分析当时辽宁省宏观经济运行情况。2010年末,英国《经济学人》杂志受李克强谈话启发,将其所用的三项指标予以综合,以三者增速与GDP增速拟合模型的一个简单回归分析结果作为权重,创造出了一个崭新的"克强指数",用以评估中国GDP增长情况。

克强指数=工业用电量增速×40% + 中长期贷款余额增速×35% + 铁路货运量增速×25%

"克强指数"提出后,一些机构和媒体认为它是名义GDP增速的指示性指标,其"解释能力强""能直观反映经济实际",被花旗银行、摩根史丹利等国外公司采用,国内一些证券机构和专家也以此来判断国民经济增长情况,一时成为热词。[①] 但是,随着经济结构调整,这一简易指标无法准确反映宏观经济运行态势。2015年6月1日,《人民日报》刊文指出"克强指数"在观察当前宏

---

① 刘庆传:《读懂"克强指数"》,《新华日报》2013年4月23日,第7版。

观经济形势失效就是源于我国经济结构在优化,以"工业用电量"等反映大工业时代全貌的指标来审视当前服务业占比超过第二产业的中国经济,不够准确和全面,同时,"铁路货运量"在我国总货运量中占比仅为9.2%,已无法客观反映物流和消费市场情况。①

2015年11月,李克强总理为《经济学人》年刊《世界2016》撰写《中国经济的蓝图》一文时指出,原来三个指标与经济运行状况的关联系数已经发生变化,强调未来会"更加关注社会就业、居民收入增长和生态环境的持续改善",被外界解读修正原指数,市场上据此纷纷归纳新版"克强指数",新增就业、居民收入和单位能耗强度等三个指标得到确认,并被解读为中国政府工作重心逐步转移的信号,从重视经济发展转到经济与民生、就业与环境并重的阶段。②

那么,观察一国或地区宏观经济,最核心、最关键的指标有哪些呢?这要与政府宏观调控目标联系起来。前面第一章介绍过政府对经济进行宏观调控要达到五大目标:经济增长、充分就业、物价稳定、国际收支平衡和收入分配合理,因此,与此五大目标相连的宏观指标是最核心和最重要的指标。例如,反映经济增长的有GDP、经济增速、一二三产业增加值等,反映就业的有失业率,反映物价水平的有CPI、PPI以及M2等,反映国际收支的有进出口额,反映收入分配的有城乡居民收入、基尼系数等。

因此,进一步简化归纳反映一国或地区的经济增长和发展情况的指标有:国内生产总值(GDP)、人均国内生产总值(人均GDP)、GDP增速(国内生产总值指数或经济增长率);反映就业情况的指标有:城镇登记失业率和调查失业率;反映物价水平的指标有:消费者价格指数(CPI)、生产者价格指数(PPI);反映货币供应和金融状况的指标有:广义货币供应量M2、基准利率、股票价格指数;反映对外经济状况的指标有:进出口额、贸易顺差量、外商投资总额、人民币对美元汇率、外汇储备;反映国民财富分配状况的指标有:城镇居民和农村居民人均可支配收入、恩格尔系数、贫困发生率(表2-2)。

---

① 陆娅楠、左娅:《风向标还灵不灵?》,《人民日报》2015年6月1日,第1版。
② 储芸:《新版克强指数增三项指标:就业收入和单位能耗》,http://finance.sina.com.cn/china/20151123/142223826413.shtml。

表 2-2　与政府宏观调控目标相连的核心关键指标

经济增长	充分就业	物价稳定	国际收支平衡	收入分配合理
GDP 及增速	失业率	物价指数 CPI/PPI/房价	进出口额	城乡居民收入及其增长率
一二三次产业增加值		M2/M1 利率、汇率	实际利用外资 对外投资量	恩格尔系数
用电量/货运量/资源消耗		社会融资量 存贷款余额	外汇储备	基尼系数
财政收入/支出		股价		贫困发生率

当然，这些指标反映了一国和地区的宏观经济运行情况，是事后的。在实践中，还要学会透过这些指标分析它们之间的关联，以及找到这些宏观指标的指示性、前瞻性和微观性指标，例如前面介绍的"克强指数"中的工业用电量、物流量、贷款量就是反映 GDP 增速的前瞻指标，股价和证券指数也是反映宏观经济的"晴雨表"式指标。

归纳起来，人们通常可以用来观察一国或地区宏观经济的关键性指标包括：（1）GDP（增速）和人均 GDP；（2）失业率 Ue；（3）物价指数 CPI 和 PPI；（4）货币供应量 M2、利率和深市沪市指数；（5）贸易顺差量 Nx、净资本流入量 FDI、汇率和外汇储备量；（6）城镇和农村居民人均可支配收入、恩格尔系数、贫困发生率。我们将在后续章节中阐释各指标的含义以及中国近年来的发展情况。

三、怎样分析一国和地区的宏观经济？

如果说依靠一些重要的经济指标来观察宏观经济运行状况，那么，如何分析宏观经济问题呢？那些宏观经济学者们是不是有一些"秘诀"来认识和解释宏观经济问题？这就涉及宏观经济运行的分析框架。

(一)达里奥的宏观经济运行框架

分析宏观经济及其问题,首先要理解宏观经济是怎么运行的。美国著名的对冲基金"桥水基金"①(Bridgewater Associates,国内有时也翻译为"桥水资本")的创始人雷·达里奥(Ray Dalio)2008年制作了一个视频《经济机器是如何运转的?》(How the Economic Machine Works,国内有人把它翻译为《宏观经济运行的框架》),② 对其给予了很好的解释。他把一国或地区的经济比喻为一个由众多交易组成的机器体系:"一个以交易为基础的运行方式。"那么,经济如何像机器一样运行?首先,他找出每个交易里面都有的、最重要的5个因素:买者(Buyer)、卖者(Seller)、交易对象——商品和服务(Goods & Services)、交易媒介(Money)和信用(Credit)。其中"信用"这一因素是在现代信用体系下才有的,即买者可以用其他资产或者通过借贷方式来进行交易,在这里它既是一种资产,与货币(Money)等价,也是一种融资手段。这五个因素的相互关系可用图2-1表示。不同的市场、不同类型的买方和卖方,以及不同的支付方式构成了经济这架机器。

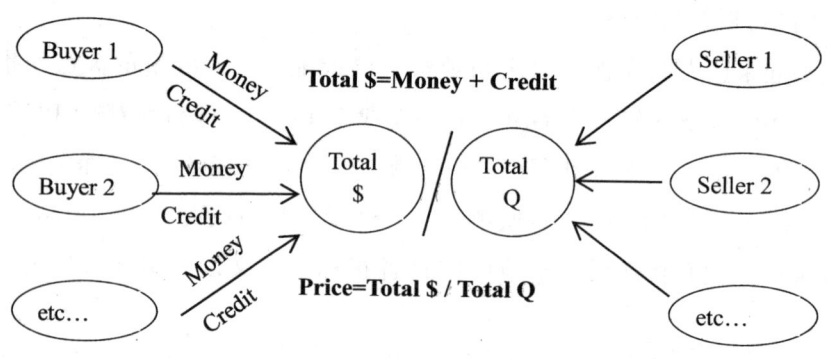

图2-1 经济活动变化和价格变化的来源

在图2-1中,达里奥总结出了一个经济机器体系运转的基础——交易,即买者和卖者之间进行交易,无数的交易让这架机器分秒不停地运转,进而构成

---

① https://www.bridgewater.com/。
② 可参见网易公开课:《经济机器是怎样运行的》,https://open.163.com/newview/movie/free?pid=MBPO9ED98&mid=MBPO9S8IQ。

了庞大且纷繁复杂的经济体。其中有两个重要公式：货币+信贷=总支出额（Total $ = Money + Credit），总支出额/产销总量=价格（Price = Total $ / Total Q），分别说明了货币和价格是如何形成的，以及它们之间的关系。他认为，所有经济活动的变化以及金融市场价格变化都来自：（1）货币以及信贷总量的变化（Total $），（2）所卖产品和服务以及金融资产的数量的变化（Total Q），其中前者（$）的变化比后者（Q）的变化对于经济的影响要大，因为改变货币以及信贷的供应相对于改变其他因素来说显然要容易得多。

达里奥认为，一国和地区的宏观经济运行，实质就是对总的货币量（Total $）和总产出量（Total Q）这两方力量进行考察。围绕前者，就形成了短期债务周期和长期债务周期，围绕后者形成了生产率的增长，由此他认为"经济运行的驱动力"主要来自：生产率的趋势性增长、长期债务周期和短期债务周期这"三股力量"。三者关系如图2-2所示：

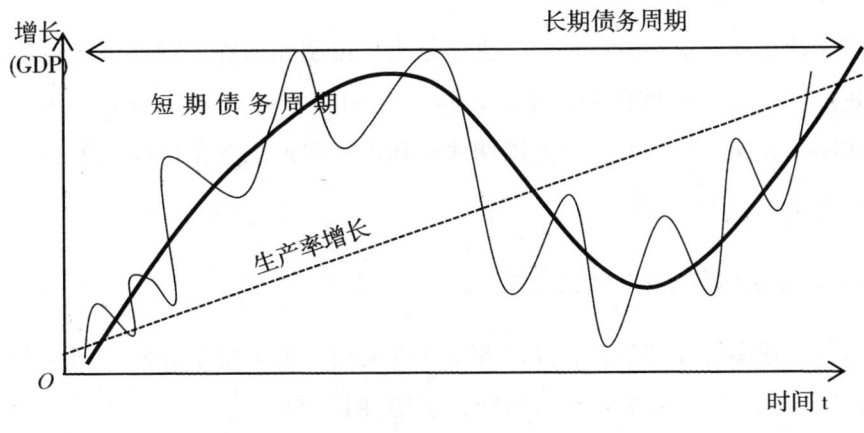

图2-2 经济运行"三股力量"的关系

达里奥认为，随着时间的推移，知识在增加，致使生产率提高和生活水平上升。表现在图2-2中即向右上倾斜的直线——生产率增长线（Productivity line），即生产力在不断进步。从长期来看，例如18世纪到20世纪，生产率趋势线的波动非常小，即使是在20世纪30年代大萧条时期，生产率比19世纪也要高一些，所以它近似于一条向上的直线。但是，如果往细里看，与生产率趋势线的背离波动，在短期内却比较大。比如说，在萧条时期，经济在高峰和低谷可能相差20%，这就是经济波动，并且呈现周期性。

达里奥认为，因为生产率的提高不会剧烈波动，因此它不是经济起伏的重要动力。经济波动最主要原因是信贷(Credit)的扩张和收缩，于是就形成了债务周期。这种周期又分短期和长期两种，在图2-2中，弯曲的一条长实线表示的就是一个长期债务周期，弯曲的多个短实线就是多个短期债务周期(本书将在第八章详细介绍现代宏观经济学家们所界定的"经济周期")。其中，所谓一个周期，就是经济从繁荣到衰落、再到恢复进而再次到繁荣这种"峰—峰"阶段循环，或者呈现与图2-2中的恢复——繁荣——衰退——恢复(即起点为恢复阶段)的阶段变化。达里奥认为，经济交易中所产生的债务周期，短的持续5~8年(短期债务周期)，长的持续75~100年(长期债务周期)，也就是说，长期债务周期中有很多个短期债务周期，只不过由于时间太长，人们往往意识不到。但是，短期债务周期的存在，才使得宏观经济波动显现出来，经济中的产出、就业、物价、通货膨胀等指标就有所反映，进而也会有政府的行动，比如，紧缩开支、债务重组、发行货币等。

雷·达里奥的这一分析框架，更多是为了说明如何在宏观经济运行中合理配置资产，比如在短期债务周期的不同阶段对资产进行不同的组合投资。此外，张明从长期经济增长、短期周期波动和大类资产配置角度提出了自己的宏观分析框架,[①] 也值得借鉴。

(二) 长短期结合分析框架

基于上述多位经济学者和投资者的理论架构，本书总结分析一国或地区宏观经济运行的框架体系为：长短期结合框架(图2-3)。

在这一分析框架中，长期角度是看经济的增长情况，即国家财富是如何增长、人民如何过上更加幸福生活，宏观经济学中称之为经济增长潜力(潜在产出)问题。表现在图中是增长线如何上升(①箭头所指向上)。长期角度，主要探讨经济增长的动力和源泉，源自宏观经济学的新古典经济学派的一个函数表达式：$Y=T \times f(K, A \times L)$，其中，$T$ 表示全要素生产率，来自制度变革和技术进步两个方面；K 表示实物资本，是投资的集合；A 表示人力资本；L 表示劳

[①] 张明：《宏观中国：经济增长、周期波动与资产配置》，北京：东方出版社2020年版，第2~7、92~96、188~193页。

动力数量。本书第七章将对其进行详细论述。

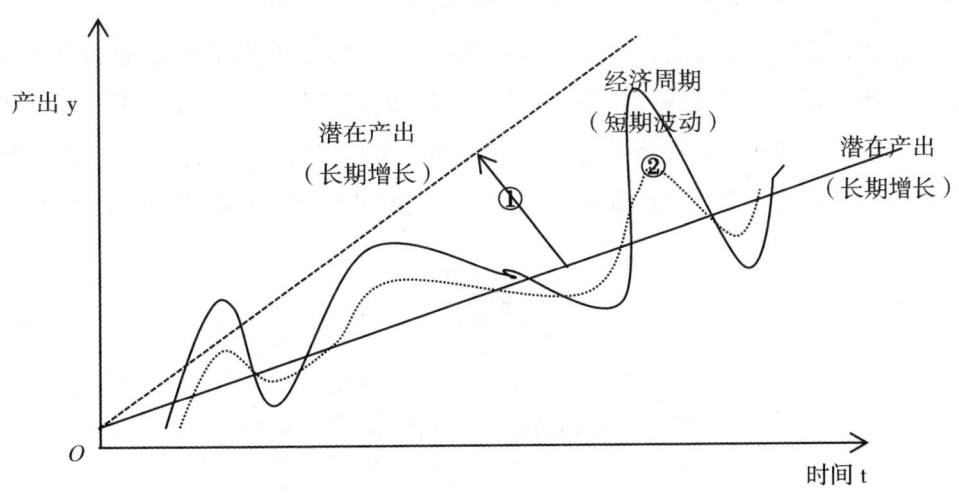

图 2-3　宏观经济运行的分析框架

长短期结合分析框架中，短期角度是指在一个相对短的时间内(比如一年、一个季度)看宏观经济是否发生波动、波动的幅度与原因，以及政府如何调控熨平波动(图 2-3 中的②)。其分析步骤为：第一步，研判宏观经济的冷热状况，在产出—通胀的坐标系中给宏观经济定位；第二步是判断可使用何种宏观调控政策、沿着何种方向来推动经济回归到宏观调控目标；第三步是在既定约束条件下挑选出合适的调控政策工具(本书第八章和第十章将对其进行详细介绍)①。

四、如何理解宏观经济中的主体联系？

在观察和分析一国宏观经济运行状况和问题时，往往绕不开各类经济主体，如，消费者、生产者、政府，它们之间是怎么连接在一起的？

首先，我们要明确，现代经济是市场经济，是在这一经济体制下开展经济生产活动的。在市场经济体制下，政府是参与经济活动的重要成员，这种经济

---

① 张明：《宏观中国：经济增长、周期波动与资产配置》，北京：东方出版社 2020 年版，第 2~7、92~96、188~193 页。

并不是完全没有控制的自由经济(古典自由经济)。当然,它与封建的、农庄式的传统农业经济,或者完全指令计划的国家主义经济不相同。

其次,宏观经济运行离不开广大的微观经济主体,例如各类企业和众多家庭,因此,我们探讨宏观经济是如何运行的,就可以从经济主体入手。假定我们把一个国家和地区的经济参与主体抽象为三类:居民、企业、政府。此三类主体的经济活动和主要生产要素,以及它们之间的相互关系可用图 2-4 表示:

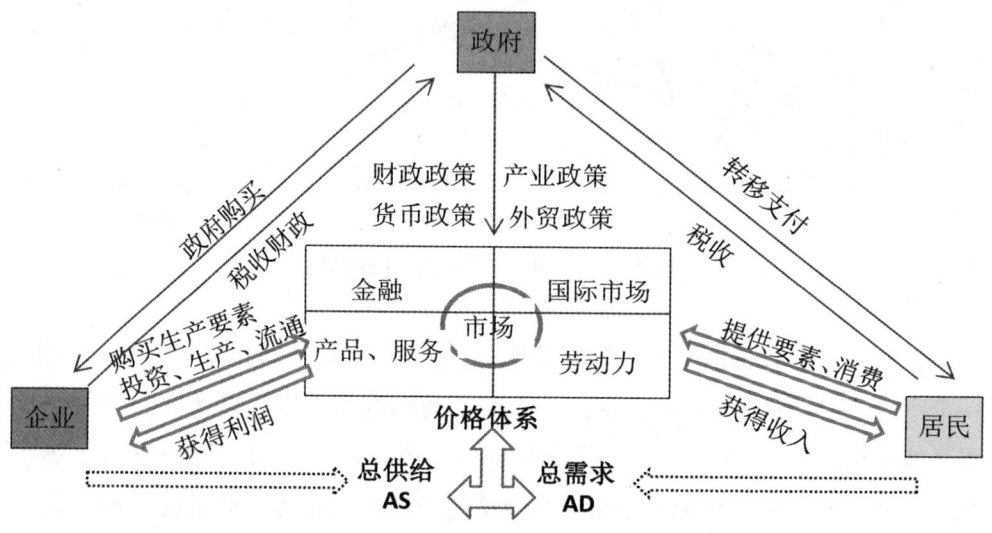

图 2-4　宏观经济运行中的各经济主体和要素相互关联示意图

在市场经济体制下,各类经济主体围绕市场开展活动,因此在图 2-4 中市场是处于核心位置的,包括国内外的生产要素市场和产品市场。当然,市场中的这些生产要素和产品是居民、企业、政府提供的,也是其消费的。简而言之,(1)居民:提供——劳动力等要素,消费——产品和服务;(2)企业:提供——产品和服务,消费——生产要素;(3)政府:提供——政策、土地等,消费——产品与服务。

在市场经济体系中,企业和居民是两个参与经济活动的主要主体,分别形成了总供给 AS 和总需求 AD 的主体。从这一角度看,一国和地区的宏观经济主要是依靠企业和居民来实现长期增长(把蛋糕做大)的。

市场经济体系下,政府也会参与经济活动之中,它是一个国家和地区的宏观经济运行掌舵者,因此在图 2-4 中处于顶层。政府通过提供制度政策资源、社会环境，以及土地等自然生态资源，同时还要负责对宏观经济运行进行调节。图 2-4 中的财政、货币、产业、外贸等政策，就是政府根据宏观经济运行状况进行调节的手段。至于宏观经济运行状况如何，政府则是依据主要经济指标来进行判断。

有了上述分析框架，我们就有了分析和理解一国或地区宏观经济问题的法宝，从而能认识该问题所带来的系列影响，进而找到相应的治理对策。

第三章　GDP 指标家族群与中国奇迹

◎内容提要

本章主要介绍：(1)GDP 是一个什么样的指标？(2)GDP 指标家族群中还有哪些成员？(3)为什么不能以 GDP 论英雄？(4)从 GDP 指标家族群看中国过去 70 余年的经济发展"奇迹"。目的是让读者了解 GDP 指标的意义及缺陷，以及新中国成立 70 余年来 GDP 的巨变。

用宏观视角来看待一国或地区的经济，首先就要看它的产出(output)或者说财富状况。有哪些核心或者关键指标来反映这种产出和财富状况呢？国内生产总值(GDP)及其家族群指标——人均 GDP 和 GDP 增速指标，是最为重要的反映指标。

一、GDP 是一个什么样的指标？

GDP 是国内生产总值英文 Gross Domestic Product 首字母的缩写，它是衡量国家财富和国家经济规模的最佳指标。它的前身是 1937 年美国商务部提出的国民生产总值(Gross National Product，GNP)统计指标。在 20 世纪 30 年代世界经济大萧条期间，当时美国总统罗斯福和他的顾问们焦虑不安、不知所措，主要是由于缺乏美国经济全貌的信息，他们只知道铁路货运量骤减、钢产量下降、几百万人失业，却很难对整个经济大局有比较全面的了解，因而制定政策时无从下手。为满足当时需要，美国商务部委托西蒙·库兹涅茨(Simon Smith Kuznets)开发一套国民经济账户以反映美国整体经济状况。1937 年，库兹涅茨向国会提交了第一套综合的国民收入核算账户(System of National Accounts,

SNA），提出了国民生产总值 GNP 这一核心指标，以此简要反映国家生产产出情况。1944 年联合国货币金融大会（布雷顿森林会议）决定把这一指标作为衡量一国经济总量的主要工具，1993 年联合国统计司要求各国用 GDP 代替 GNP。美国商务部 20 世纪末回顾其历史成就，评价 GDP 是"世纪性杰作"，萨缪尔森评价它是"20 世纪最伟大发现之一"。[①]

（一）GDP 是如何界定的？

从基本含义上说，GDP 是指一个国家或地区在一定时期内，所生产出的所有最终产品和劳务的价值总和。

这一定义，有五层意思需要厘清。第一，GDP 强调的是一国或地区范围内的产出价值，是一个地域概念，无论生产者是否具有这个国家或地区的永久居留资格，其生产出来的产出（output）都被计入该国或地区的 GDP 中。与此联系的国民生产总值（GNP）则是一个国民概念，只要是该国国民，哪怕它不在该国国土上生产出来的东西的价值，也要计入 GNP 中。例如，一个在中国工作的美国公民，其产出品的价值要计入美国的 GNP 中，不计入美国的 GDP 中，而是中国的 GDP 之中。很显然，GDP 与 GNP 数量上的差异，反映了该国公民从国外获得的收入与外国公民从该国获得收入之差，通俗地说，GDP－GNP＝外国人在该国获得收入－本国人在外国获得的收入。如果一国 GDP 超过 GNP 说明有很多外国公民在该国工作，创造了更多价值。可以看到，随着人口流动加速和国际交往增多，以及公民在国外收入不容易纳入统计等原因，GDP 这一指标取代 GNP 指标是必然的，国际上更通用的指标是 GDP。对于中美等经济大国，GDP 与 GNP 之间的差别比较小。

第二，GDP 概念强调它是一定时期内所生产的最终产品（商品和劳务）的价值总和，不包括过去生产的产品，所以旧货市场中交易的二手商品不被计入当期的 GDP 之中，这种计算一定时期的变量情况，称之为流量概念。例如，某人花 20 万元人民币买了一套旧房子，包括 19.8 万元的旧房价值和 2 千元的中介费用，这 19.8 万元就不能计入该年的 GDP 之中，因为它在房子生产出来

[①] 洪功翔等：《从 60 个指标数据看懂宏观经济》，北京：中国传媒大学出版社 2011 年版，第 3~9 页。

（做出来）的年份已经计算过了，但是买卖这套旧房子所花费的2千元中介费要计入该年的GDP之中，因为这笔费用是经纪人的服务价值、获得的劳务报酬。

第三，GDP讲的是最终产品和劳务的价值，不包括中间产品，否则会造成重复计算。所谓最终产品，就是最终由消费者或投资者使用的。例如一件衣服生产出来，要经历很多部门、很多环节，如农民种植棉花、卖出棉花时叫价150元，然后纺织工厂购买后纺纱织布、出卖棉布叫价300元，制衣厂购买该棉布材料后制成衣服，在市场上卖给消费者定价500元。在衣服生产这一过程中，棉花、棉布就是中间产品，成品衣服才是最终产品。那么，GDP测度的就是最终产品和劳务的价值即500元，不是所有生产产品的价值150元、300元、500元之和（150+300+500=950元）。当然，我们也可以将各生产环节的增加值计算出来，用以衡量该产品价值，比如纺织厂的生产增值就是150元（300-150），制衣厂的生产增值就是200元（500-300），然后将这些增加值合计起来，150+150+200=500元，这就是用各产业的增加值也可以统计出GDP的原理。

值得注意的是，GDP概念所说的最终产品不仅包括有形的产品，还包括无形的劳务，比如前述棉花到成衣的生产过程中，实际上忽略了销售服务，制衣厂定价500元中也包含了销售服务成本。现代经济生活中，很多部门"生产"的产品都是无形的劳务，如教育、卫生、旅游、家政服务部门，它们创造的价值也会以最终产品价值计入GDP之中。

第四，GDP是一个市场价值的概念，也就是说所有生产出来的最终产品和服务都要经过市场交换、能用货币来衡量的。这就说明，有些经济活动，比如自给自足的经济活动（自己种植东西自己吃、自己维修自行车、全职太太不请家政服务人员自己做家务），以及地下经济活动（黑市上的非法交易）所创造的价值不会计入GDP之中。同时，由于一国或地区在一定时期内生产的最终产品和劳务是多种多样的，计量单位并不相同，因此无法直接加总。如果按照市场价格，都转化为统一货币衡量其价值，那就可以加总了。比如，2020年某地区生产了苹果、汽车、衣服，以及其他产品和劳务，那么就可以将这些最终产品的市场价格乘以其数量进行加总，从而得到GDP数值。

第五，GDP强调的是一定时期内生产的而不是销售的最终产品和劳务价值，即生产出来就算数，不管价值是否实现。例如某企业一年生产100万元的产品，当年仅销售出去 80 万元（为消费者使用），20 万元产品被当做存货（视为企业自身使用—投资存货），那么 GDP 统计是 100 万元而不是 80 万元。如果一个企业当年生产 100 万元产品，但销售了 120 万元产品，很显然，多出的 20 万元是上一期积压的存货，在这一期卖出去了，那么计入该年 GDP 的是 100 万元而非 120 万元。

同时，GDP 强调"生产"，也就是说与生产无关的，既不提供物品也不提供劳务的活动所带来的价值是排除在外的。例如出售股票、债券的收益，本质上既未提供物品也未提供劳务，只是财富的再分配，所以它带来的价值不在 GDP 统计之内。但是，提供股票债券交易的服务，如证券公司提供劳务的价值会计入 GDP 之中。

（二）GDP 指标有何作用？

GDP 被诺贝尔经济学奖获得者保罗·萨缪尔森评价为"20 世纪最伟大发现之一"，可见其作用重大，主要体现在以下三个方面：

第一，GDP 这一指标可以对一国范围内经济的总体运行状况做出概括性衡量，粗略反映一国经济实力，便于国家或地区之间进行比较，为制定国家和地区经济发展战略、分析经济运行状况及政府调控和经济管理提供依据与参考。我们看到，2021 年"两会"前国家统计局发布了国民经济和社会发展统计公报，第一部分的第一和第二个指标就是"国内生产总值"及其增速；十四五规划中的第一个指标也是关于 GDP 的，这说明 GDP 是反映国家宏观经济运行、制定国家经济发展战略的重要参考指标。

第二，GDP 这一指标一定程度上能够影响一国在国际上的经济利益和政治利益。例如，联合国根据连续六年的 GDP 和人均 GDP 来决定一个国家的会费，世界银行根据人均 GDP 等指标划分国家所处的发展水平并以此决定优惠贷款利率。可以说，GDP 既能对内提供发展指导和决策参考，又能在一定程度上决定该国在国际舞台上的话语权，影响该国所承担的国际义务和享受的优惠待遇，各国政府都很重视 GDP 这一指标。

第三，GDP 这一指标与其他指标相结合，可以大致反映一国或地区经济发展的健康程度。例如，GDP 与债务结合得出杠杆率，可以衡量一国的债务风险；GDP 与能源结合测算单位 GDP 能耗反映增长效率。我们看到国家"十四五"发展规划目标中，至少有三个与 GDP 指标相关的、反映经济是否高质量发展的指标：反映创新驱动能力的数字经济核心产业增加值占 GDP 比重，反映绿色生态的单位 GDP 能源消耗、单位 GDP 二氧化碳排放。

我们之所以如此关注 GDP 指标，还有一个最关键的原因，在于 GDP 与就业相关。后面我们会讲解一个"奥肯定律"——GDP 增速与失业率负相关，GDP 增速每下降 2 个百分点，失业率就上升 1 个百分点。

总之，GDP 可以反映一国或地区在一定时期内的国民财富、经济增长情况，有了这一指标我们就找到了观察宏观经济的入口和路径。

(三) GDP 是如何统计出来呢？

GDP 的统计方法有生产法、收入法、支出法三种。这三种统计方法是统一的，我们可以从市场经济的逻辑出发来理解：市场经济是一个由产出、收入、需求三个阶段组成的无尽循环过程(图 3-1)。市场经济中，人们的生产活动形成了产出(output)，它可看做生产要素(劳动力、资本、土地等)的回报，最终成为居民、企业、政府的收入(income)；经济主体获得收入后，又会消费/投资(含政府投资)出去，从而形成各种需求(demand)；这些需求再刺激下一轮的产出。在这个循环过程中，从产出到收入是收入分配问题，从收入到需求是

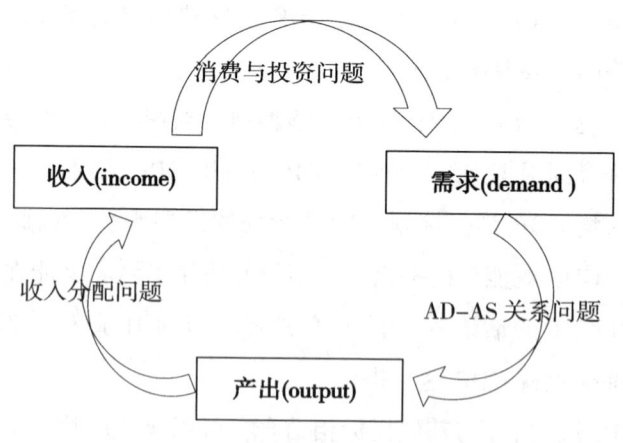

图 3-1　GDP 三种统计方法的基本逻辑

消费和投资行为问题,从需求到产出是 AD-AS 关系问题。①

图 3-1 所展示的市场经济循环三个环节中,每一个环节都代表了观察宏观经济的一个视角,也对应着一个统计 GDP 的方法:生产法、收入法和支出法。

1. 生产法

GDP 可通过加总各个部门生产活动的增加值来予以统计。它衡量一定时间内所有最终产品的价值总额。例如,通过三次产业增加值的加总方法来反映国内生产情况。图 3-2 就是用三次产业增加值来反映我国 GDP 状况的。

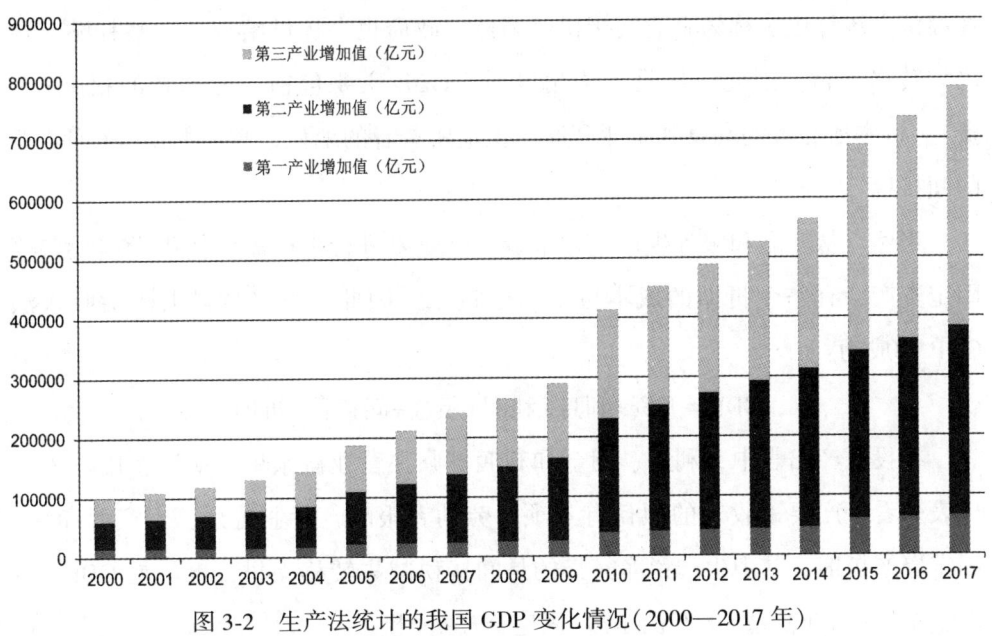

图 3-2　生产法统计的我国 GDP 变化情况(2000—2017 年)

2. 收入法

收入法是指生产要素的收入,亦即产品和服务的生产成本来核算 GDP。如果说生产法是说一国产品和服务通过三次产业生产出来了,也就是蛋糕做出来

---

① 徐高:《宏观经济学二十五讲:中国视角》,北京:中国人民大学出版社 2019 年版,第 25~26 页。

了,那它如何被分掉(分配)?当然按照生产贡献来分:公司企业里的工人贡献了自己的劳动或技术(要素),得到工资或酬金;企业主或资本家贡献了资本(要素),得到利息和利润;土地所有者贡献了土地(要素),得到地租收入。日常生活中,一些非公司企业的生产要素持有者,例如医生、律师、农民和小店铺主,他们自己雇佣(劳动)、使用自有资金等,因而其工资、利息、利润和租金往往会混合在一起,我们把这些收入统统纳入前述公司企业内生产要素持有者的收入之中。此外,还有一些非公司企业类的公共部门,主要指政府,因为提供服务也有收入,即税收收入,从成本角度看就是公司企业类和生产要素持有者的成本。这种税收成本,对于企业来说是公司所得税、社会保险税等,在经济学统计中统称为企业间接税;当然,政府也会提供给企业一些补贴,称之为转移支付。因此,从收入法角度看,GDP 主要包括:劳动者的报酬(工资)、资本所有者的利息和企业利润、土地所有者的地租、政府的税收(即企业的间接税)。

当然,从产品和服务生产过程来看,企业要进行生产需要使用设施设备等固定资产,有一个折旧的成本也要考虑进来。因此,很多教科书概括收入法GDP 构成为:

$$GDP = 工资 + 利息 + 利润 + 租金 + 间接税 + 折旧$$

在投入产出表中,利息、租金和利润都归在营业盈余里,所以,用投入产出表来看生产要素收入的项目有 4 项:劳动者报酬、营业盈余、生产税净额、固定资产折旧,其中生产税净额指的是间接税减去转移支付,也就是 GDP = 劳动者报酬 + 营业盈余 + 生产税净额 + 固定资产折旧。

以收入法来统计 GDP 涉及的经济主体比较多,随着市场经济发展,生产要素也出现多种形式,因而很难进行准确统计。在我国,国家统计局也不发布通过收入法统计的 GDP 数据。一般可以通过《中国统计年鉴》或统计局年度数据中的"投入—产出表"[①]进行核算,例如,用收入法核算的 GDP:2010 年40.36 万亿、2015 年 68.03 万亿(图 3-3、图 3-4)。

---

① 国家统计局数据库:http://www.stats.gov.cn/tjsj/ndsj/2018/indexch.htm。

一、GDP 是一个什么样的指标？

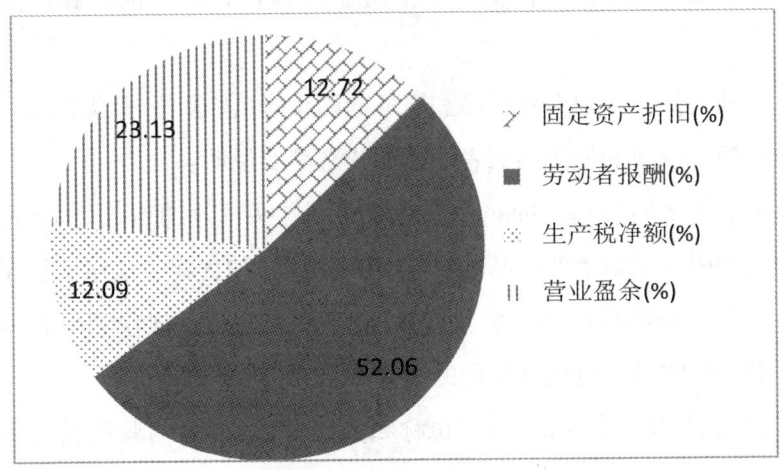

图 3-3　2010 年中国收入法核算的 GDP 构成

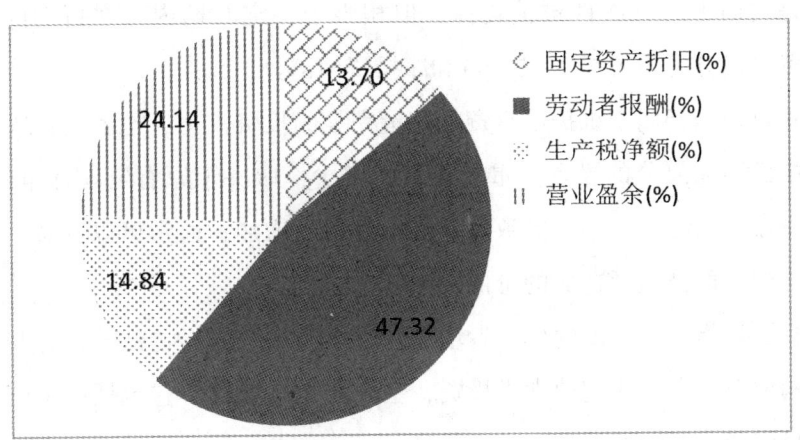

图 3-4　2015 年中国收入法核算的 GDP 构成

3. 支出法

支出法核算 GDP，就是通过核算在一定时期内整个社会购买最终产品和服务的总支出，亦即最终产品的总卖价来计量 GDP。这是从产品和服务的最终去向来衡量 GDP 的，它与生产法衡量 GDP 是对应的一个过程；如果说生产（提供）出来产品和服务，是一个总供给问题，那么，这些产品和服务最终是被社会消耗掉的，即有一个总需求的过程。社会上的总需求，就是一个花费收入、进行支出的过程(图3-1)。因此,支出法是一种比较简便的核算国民产出的方法。

通常,我们把一个社会对产品和服务的购买者(需求者)分为四类:居民消费者、生产商、政府和外国购买者,下面依次简要说明:

(1)居民消费支出(Consume)——主要包括购买耐用消费品(如小汽车、电视机等使用期限一年以上的产品)、非耐用消费品(如食物、衣服等使用期限在一年以内的产品)和劳务(如医疗、旅游等)。也就是说,居民消费者的消费支出既包括有形的物品,也包括无形的劳务。

(2)生产商投资(Investment),也称私人投资(主要是与政府投资相对应),主要指生产企业增加或更换资本资产的支出,这里的资本资产,主要是厂房、住宅、机械设备及存货。企业要进行生产和提供服务,一定会支出以上这些项目,只是它们不是一次性被消耗掉,但相当于一定时期内存在折旧问题。因此,投资可以分为重置投资(折旧)和净投资两部分。

重置投资是指用于维护原有资本存量完整的投资支出,也就是用来补充资本存量中已消耗部分的投资。重置投资的多少,取决于原有资本存量的数量、构成和寿命等情况,它不会导致原有资本存量的增加,通常可以看做原有资本存量的折旧,即被损耗造成的价值减少部分。①

净投资是指一定时期内生产者增加到资本存量中的增量部分,它与重置投资一起构成总投资。我们通常讲投资,主要就是净投资,它包括固定资产投资和存货投资两大类(图3-5)。

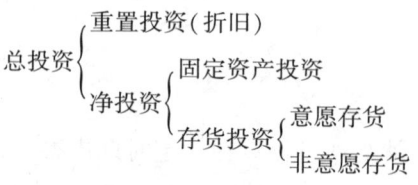

图3-5 投资的构成

---

① 张延:《中级宏观经济学》,北京:北京大学出版社2010年版,第38页。

固定资产投资，主要包括厂房、机器设备、新住宅的增加等。为什么住宅建设没有列入居民消费支出之中而是计入投资，而且是固定资产投资之中呢？因为住宅像其他固定资产一样，是长期使用、慢慢被消耗的，不是一次性消耗掉。

存货投资是厂商企业掌握的存货价值的增加或减少。如果年初全国企业存货价值为1000亿元而年末为1200亿元，则存货投资为200亿元。存货投资的存在主要有两个方面：一是为保证生产过程连续性的需要而储备原材料和生产中流转的在制品（半成品），二是为保证销售供货的需要而储备的产成品。因此，存货有意愿和非意愿两类。意愿存货是指厂商根据市场供求情况和生产销售计划而主动存货，这是因为他们不会把所有生产出来的产品都投放到市场上去，总会适度留存一些，这就是意愿存货。非意愿存货是指厂商不愿意保留的一种存货，由于厂商错误估计经济形势，导致供过于求、造成积压，这样，相当于厂商自己买下了，构成了另一部分存货投资。由此可以看到，非意愿存货投资的增加，意味着经济形势不景气，显出衰退迹象；而意愿存货投资增加，意味着厂商看好经济发展前景，愿意扩大生产、增加产量，或者扩大生产规模，也就预示国民经济将保持增长态势，经济景气上升。①

（3）政府购买支出（Government purchase）是指各级政府购买产品和劳务的支出。政府购买支出可以分为两大部分，第一部分是政府购买支出，主要指政府兴办公共工程的开支，如修建铁路、桥梁、机场、水利设施、建设校舍等；另外，政府机构的建立、维持和运转所需的费用也归类于此。这一部分的政府支出（即政府购买支出）要计入GDP之中。这是因为此部分支出中的兴办公共工程花费，是直接购买了有形物品或服务，政府机构的建立、维持与运转的支出，是购买了无形的劳务，所以应该纳入GDP统计之中。

政府购买支出的第二部分是转移支付、公债利息等，它们不需要提供产品或劳务，没有相应的产品或劳务的交换发生，只是简单地将收入从一个组织转移给另一些人或组织，因而就被排除在GDP的核算之外。

---

① 石路明：《投资增长与经济波动》，《贵州财经学院学报》2000年第6期，第13~17页。

(4)净出口(Net export)是指进出口的差额,即出口额减去进口额。进口意味着买国外产品和服务,出口是国外购买本国的产品和服务,二者之差反映一国或地区的对外经济活动的支出情况。

把以上四个支出项目加总,就得到支出法核算的 GDP 公式:

$$GDP = C + I + G + Nx$$

这也是宏观经济学中的体现国民收入决定理论的重要关系式,一些教科书中往往把 GDP 作为国民收入,用 Y 表示,这就有体现国民收入的表达式:

$$Y = C + I + G + Nx$$

产出　内需　外需

在宏观经济分析中,有时把私人投资 I 和政府购买支出 G 合并为一项,称之为资本形成总额,这是因为政府购买支出,特别是对公共工程的购买支出可以看做政府的一种投资,因此就有我们常说的"三驾马车"之说:GDP = 消费+资本形成总额+净出口。在《中国统计年鉴》中,我们可以通过查询这三个部分支出,得到支出法核算的 GDP。图 3-6 就是用支出法衡量中国改革开放以来的 GDP 总量情况:

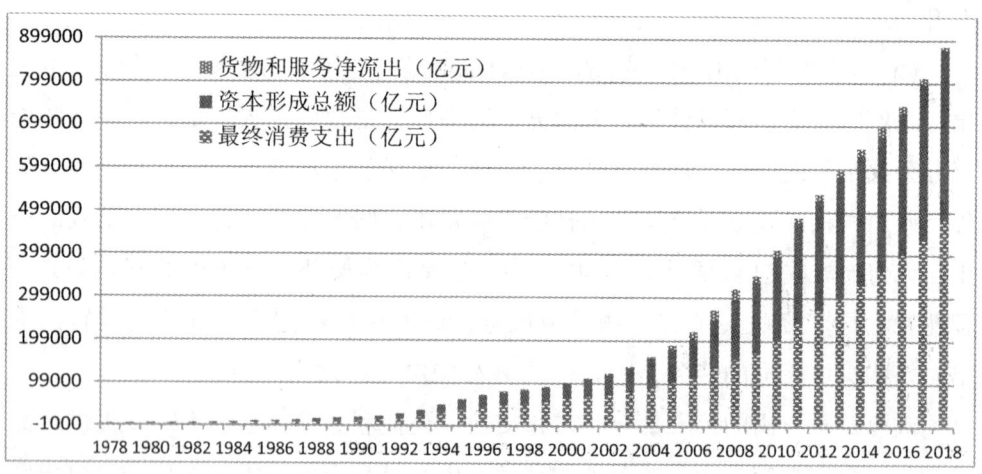

图 3-6　中国 1978—2018 年支出法衡量的 GDP

汇总一下,GDP 的三种统计方法见表 3-1。

表 3-1　GDP 的三种统计方法

统计方法	含义	计算方法
生产法	所有常住单位的增加值之和	第一二三产业的增加值之和
收入法	所有经济主体创造并分配给常住单位和非常住单位的初次收入之和	劳动者报酬+固定资产折旧+生产税净额+营业盈余
支出法	所有常住单位最终使用的货物和服务价值及净出口价值之和	最终消费+资本形成总额+(出口-进口)

总体上看，GDP 统计的国际惯例是支出法，中国则主要是生产法，一般是在次年初的国民经济社会统计公报中以生产法初步统计出 GDP，在次年底的《中国统计年鉴》中公布支出法核算的 GDP 及构成，以及各部分对经济增长率的贡献率。

值得注意的是，三种方法核算的 GDP 数值并不是一致的，这是由于统计方法造成的。下表选取三个典型年份进行比较(表 3-2)：

表 3-2　不同统计口径下的中国 GDP

年份	生产法(万亿)	收入法(万亿)	支出法(万亿)
2010 年	41.21	40.36	41.07
2012 年	53.86	53.68	54.10
2015 年	68.60	68.03	69.91

二、为什么不能唯 GDP 论英雄？

(一) GDP 指标存在三大缺陷

GDP 被认为是"20 世纪最伟大发现之一"，成为世界各国衡量经济发展状况的最佳指标之一。一段时间以来，我国从中央到地方政府都重视 GDP 指标，甚至把它作为评判官员政绩的"准绳"，此举被形容为"唯 GDP 论"。那么，GDP 是完美无缺的吗？

答案是否定的。GDP这一指标存在以下缺陷：

1. GDP不能衡量经济发展质量

GDP反映一定时期内一国或地区生产的最终产品和劳务的价值总和，是一个数量概念，衡量的是产出值。产值一样，并不意味着产品和服务质量是一样的，例如两个产业：邮政业和IT业，假定它们某一年产值是一样的，但哪个产业提供的服务质量高、信息完全呢？以准备出国留学的学生为例，往美国一所大学邮寄一封申请信，可能要花费6.4元，而且还不能装太多材料，信息量有限；反之，采用IT业中的电子邮件形式，把申请所需的个人资料、学习成绩、论文等发到美国同一所大学，可能成本是几分钱，200件电子邮件带来的IT业产值才等于邮政业一封信产值。显然，两个产业的产值一样，但是IT业提供的服务质量更高。

如果用GDP指标或者一个产业的产值占GDP比重来衡量经济发展状况或者产业的重要性，就会发现，有一些传统产业由于交易方式比较落后，其产品价值高，占GDP比重比较高，但这并不说明该产业更为重要，有可能是由于历史原因造成这一产业的产品价格居高不下，因而产值较高。也就是说，GDP指标虽然直观，但它反映不了经济的内部结构，不同的经济结构完全可以有不同的GDP水平。学习历史的人知道，1820年的大清帝国GDP稳居世界第一，占全世界GDP总量的30%多，但是其经济结构很差，以农牧业为主，而当时的英美德法等国GDP数值较小，但经济结构更为合理，以工业为主，利用现代化生产技术进行生产，其单位GDP所消耗的人力物力要低得多，也就是经济发展有质量，以致他们能够造出坚船利炮，轻易打败了大清帝国。这就是GDP反映不了经济发展质量的一个实例。

当前一些地区GDP总量很大、增速很快，但大部分是来源于粗放式、附加值低的中低端产业，新技术含量不高，这就说明GDP这一指标还不够完美。

2. GDP不能很好考量社会公共服务(非市场经济活动和非法活动)

GDP虽然是反映一国或地区一定时期内生产出来的全部最终产品和劳务的市场价值总和，但是，有一些必不可少的活动却不能用市场经济的概念来看待，比如军队、警察、公务员这些公职人员提供的生产和服务，是不好用市场经济的概念(市场价格)来计量的。同时，也有一些活动，比如，农民自己种粮食自己吃、自己织布自己穿、自己盖房自己住，种粮、织布、盖房子都创造了价值，但由于是自给自足，没有市场化，就会在GDP中漏损掉了；还有一些活动，如，地下博彩业、色情业、非法药物生产和买卖等非法活动都难以统计。也就是说，由于统计方法和信息问题，GDP指标的数据可能会高估或低估。

3. GDP没有考虑生态和社会成本

GDP只考虑最终产品的市场价值，而不考虑生产该产品所造成的环境成本和社会成本，乃至产品的安全性，不能体现绿色和幸福。也就是说，GDP这一指标仅仅考虑产品生产出来多少，而不考虑其怎么生产出来、为谁生产？这将带来严重后果，比如，生态环境破坏、资源浪费、产品不安全、贪污腐败乃至财富分配不平等。我们经常听说某地GDP上去了，但河流污染了、土地酸碱化了、农产品不敢吃了，就是批评GDP指标只考虑数量不考虑质量问题。有人说，GDP指标只考虑当前不考虑未来，说的就是它没有将环境成本和社会成本考虑进去。

特别是进入21世纪以来，人类面临着越来越严重的环境问题，极端气候频现、疫情肆虐、资源逐渐枯竭，世界各国都在反思，认为这些是人类过于重视GDP导致的，GDP指标不能反映经济对自然的依赖，也不能反映经济对自然的影响，因此主张用新的指标来替代GDP，例如绿色GDP指标，以此来替代现行的国民经济核算体系。

"绿色GDP"，即从现行GDP中扣除环境资源成本和对环境资源保护的服务费用。绿色GDP这一概念在国际上也很流行，甚至一些国家还运用这个核算指标(挪威、芬兰等)。① 但是，由于生态环境和与之相关的环保活动，如何用货币性的数值计量和统计出来，从技术和实践上都有一定难度，所以迄今为止还没有一个国家公布绿色GDP数据。联合国近年一直致力于构建一个环境经济核算系统框架，认为GDP这样的统计数据虽然可以很好地显示市场上交

---

① 殷俊明、王平心：《绿色GDP的理论基础及发展实践》，《中州学刊》2004年第6期，第73~75页。

换的商品和服务的价值,但它并不能反映经济对自然的依赖,也不能反映其对自然的影响,例如水质的恶化或森林的损失,因此主张将自然的贡献纳入对经济繁荣和人类福祉的衡量中。2021年3月10日,联合国统计委员会通过了一个环境经济统计与生态统计体系,采用空间核算方法,把生态系统对人类社会的贡献以货币形式表示出来。据了解已有超过30多个国家正在试验性地编制生态系统核算标准。但是,由于生态环境和与之相关的环保活动,如何用货币性的数值计量和统计出来,从技术和实践上都有一定难度,加之各国发展理念不一样,因而绿色GDP指标要在全世界推行开来还需要一段时间。

(二)高质量发展理念

中国共产党和中央政府早就认识到GDP指标的缺陷,果断对地方政府"唯GDP论",片面追求经济增长而出现环境污染、生态失衡、产业无序等恶果进行纠正,提出"经济增长≠经济发展"的指导方针和发展理念。在发展经济学中,"经济增长"是从"量"的结果看一国或地区的产出状况,而"经济发展"不仅包括"量",还包括"质",即这个量是如何增长变大的,因而会涉及经济增长的结构、资源的消耗、产出的分配乃至体制的安排等体现发展质量的内容。例如,导致经济增长的投入结构及其变化情况——到底是手工还是机械,是劳动密集型还是技术或资本或知识密集型,是小生产企业还是大公司生产等。再例如,反映国民产出结构及其变化的情况——产业构成、部门构成、人口流动、工农关系、产品质量等方面是怎样的,以及反映居民生活水平和分配状况——衣食住行、卫生医疗、文化教育及贫富差距、自然环境和生态变化,以至生活变迁等多方面的内容。①

为纠正"唯GDP论"观念和做法,中国共产党和中央政府先后提出"可持续发展""以人为本的发展"等概念,习近平总书记在党的十九大报告中提出"高质量发展"这一表述,说明中国经济由追求数量和高速增长的阶段转向重质量、重效益的发展阶段。习近平总书记指出:"高质量发展,就是能够很好满足人民日益增长的美好生活需要的发展,是体现新发展理念的发展,是创新成为第

---

① 张培刚、张建华主编:《发展经济学》,北京大学出版社2017年版,第9~10页;谭崇台主编:《发展经济学概论》,武汉大学出版社2018年版,第2~3页。

一动力、协调成为内生特点、绿色成为普遍形态、开放成为必由之路、共享成为根本目的的发展",① 这对于我们理解高质量发展的科学内涵、弥补 GDP 指标缺陷有着重要指导作用。

关于"高质量发展"的内涵,学者们目前还在归纳之中,例如中国社科院工经所的三位学者认为,要从三个层面理解它的深刻内涵,一是"从宏观层面理解,高质量发展是指经济增长稳定,区域城乡发展均衡,以创新为动力,实现绿色发展,让经济发展成果更多更公平地惠及全体人民";二是"从产业层面理解,高质量发展是指产业布局优化、结构合理,不断实现转型升级,并显著提升产业发展的效益";三是"从企业经营层面理解,高质量发展包括一流竞争力、质量的可靠性与持续创新、品牌的影响力,以及先进的质量管理理念与方法等"。②

三、GDP 家族群指标揭示新中国成立 70 多年来发生了什么?

观察和衡量一国国家财富或者说国民产出变化情况的主要指标是 GDP,实际上,GDP 家族群还有两个指标——人均 GDP 和 GDP 增速,也能反映一国或地区的经济变化。新中国成立 70 年来,在中国共产党的坚强领导下,全国各族人民团结一心,迎难而上,开拓进取,奋力前行,从温饱不足迈向全面小康,从积贫积弱迈向繁荣富强,创造了一个又一个人类发展史上的伟大奇迹。2021 年是中国共产党建党一百周年、新中国成立 72 周年,我们的国家发生了什么呢?本节通过 GDP 指标家族群来观察一下。

(一) GDP 总量变化情况

2020 年 7 月,国家统计局发布《沧桑巨变七十载 民族复兴铸辉煌——新中国成立 70 周年经济社会发展成就系列报告》,开篇指出"国民经济持续快速增长,经济总量连上新台阶"。该报告指出:新中国诞生时,我国经济基础极为薄弱。1952 年我国国内生产总值仅为 679 亿元,经过长期努力,1978 年我国国内生产总值增加到 3624.1 亿元,占世界经济的比重为 1.8%,居全球第 11 位。

---

① http://news.youth.cn/sz/202112/t20211223-13364329.htm。
② 史丹、赵剑波、邓洲:《从三个层面理解高质量发展的内涵》,《经济日报》2019 年 9 月 9 日,第 14 版(理论版)。

改革开放以来，我国经济快速发展，1986年经济总量突破1万亿元，2000年突破10万亿元大关，超过意大利成为世界第六大经济体，2010年达到41.2万亿元，超过日本并连年稳居世界第二。这介绍的是GDP总量变化情况。

现按照前面介绍GDP的三种统计方法，即生产法、收入法和支出法分别来看GDP总量变化情况。首先是生产法，它是通过加总各个部门生产活动的增加值来统计的，我国是用三次产业增加值来统计的。国家统计局每年2月底公布上年的GDP总量情况，就是用生产法统计的。

按照生产法统计，新中国建立初期，1952年GDP总量为679亿元（当年价，下同），不到1000亿元，三次产业增加值分别为：342.9亿元、141.8亿元、194.3亿元；1978年GDP总量为3624.1亿元，一二三产业增加值分别为1018.4亿元、1745.2亿元、860.5亿元；到1986年GDP总量突破1万亿元，2000年GDP突破10万亿元，2012年突破50万亿元，2020年突破100万亿元，三次产业分别为7.8万亿、38.4万亿和55.4万亿元（图3-7）。

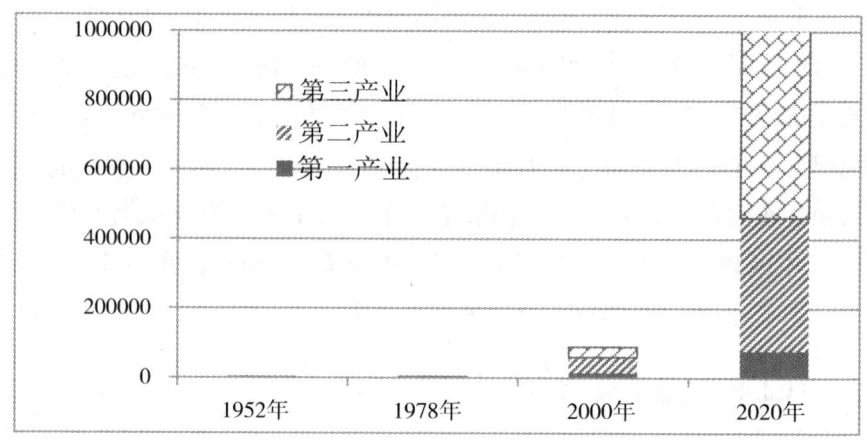

图3-7 生产法衡量新中国成立以来GDP的变化（单位：亿元）

生产法衡量的GDP总量变化展示中国经济快速发展态势。国家统计局总结指出，2018年我国GDP总量超过90万亿元，占世界经济的比重接近16%，比1952年增长174倍。[①] 其中，从绝对数看，21世纪以来国民财富就翻了3.5倍（图3-8）。

---

① 国家统计局：《沧桑巨变七十载 民族复兴铸辉煌——新中国成立70周年经济社会发展成就系列报告》，http://www.stats.gov.cn/tjsj/zxfb/201907/t20190701_1673407.html。

三、GDP 家族群指标揭示新中国成立 70 多年来发生了什么？

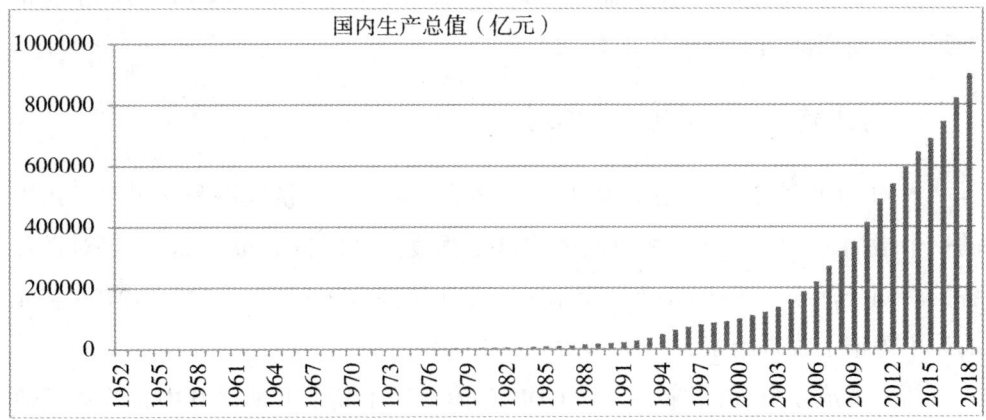

图 3-8　生产法下的我国 GDP 变化（1952—2018 年）

再来看第二种统计方法——支出法所统计的 GDP 总量变化情况。在支出法下，国内产出等于消费+资本形成总额+净出口三个支出部分。其中，消费包括城镇居民消费、农村居民消费、政府消费；资本形成总额，即投资，包括固定资产投资和存货投资；净出口是出口减去进口。我国一般是在次年年底的《中国统计年鉴》中公布支出法核算的 GDP 及构成情况。

图 3-9 是 1978 年至 2018 年支出法衡量的 GDP，可以看到 GDP 总量是不断

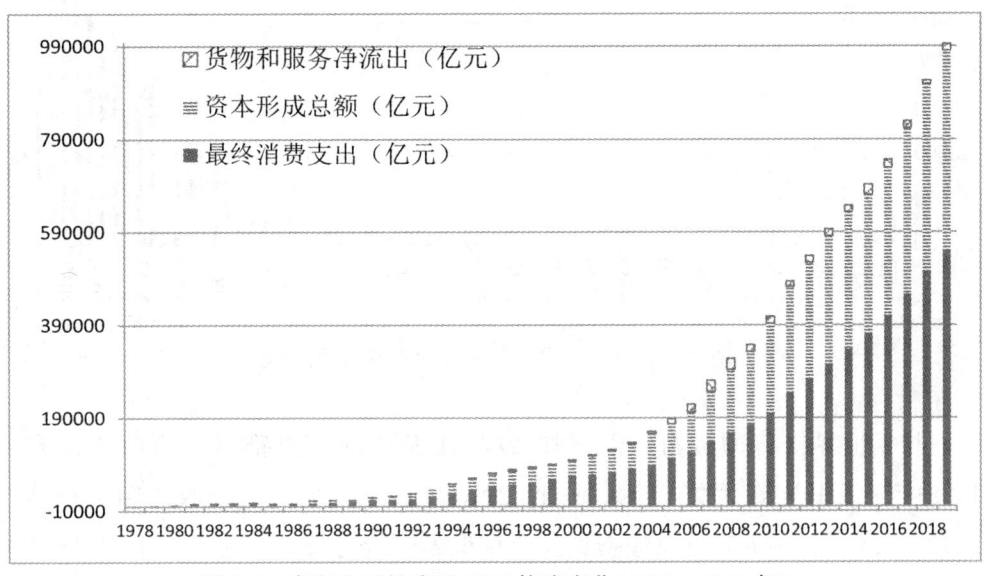

图 3-9　支出法下的我国 GDP 构成变化（1978—2019 年）

增加的,且2000年后的增长幅度比较大,也可以看到在我国GDP构成中,消费支出和投资支出占有很大比重。

(二) 人均GDP总量变化情况

人均GDP等于GDP除以总人口,它是衡量一国经济发展和居民生活水平的一个指标,反映一个国家和地区的富裕程度。按照世界银行2014年对世界各国的划分标准:人均GDP高于12735美元是高收入国家,4126—12735美元的是中等偏上收入国家。

新中国成立70余年来,人均GDP总体上是不断上升的。其中,改革开放前增长比较缓慢,1952年为119元,到1978年增长到385元,25年间增长了3倍多。改革开放后,人均GDP不断攀升,到1987年突破1千元,1995年超过5千元,2003年上升到1万元,2015年突破5万元,2018年超过6万元,2020年全年GDP总量为102万亿元,除以14亿总人口,得到人均国内生产总值(人均GDP)72447元(图3-10)。

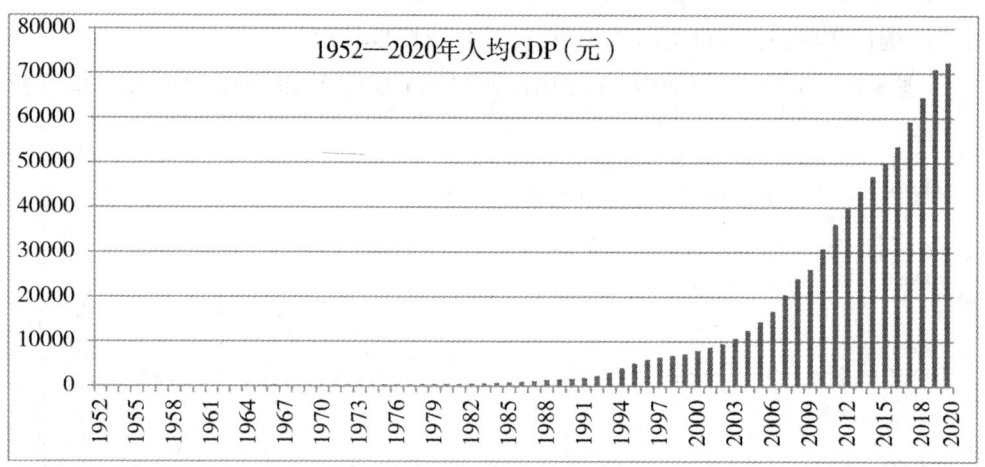

图3-10 新中国成立以来人均GDP变化情况

根据世界银行的资料,中国在1997年及以前一直都属于低收入国家,1998年进入中等偏下收入国家行列,2010年进入了中等偏上收入国家行列。2012年11月,国务院副总理李克强会见世界银行行长金墉时说,中国已经进入中等收入国家行列。2020年人均GDP为72447元,按全年人民币平均汇率1

美元兑 6.8974 元人民币换算，达到 10504 美元，在世界上处于中等偏上水平。

但要指出的是，我国 GDP 总量较大，人均 GDP 则还是比较低的，在全球经济体中排位中等。例如，按世界银行数据，2018 年中国 GDP 总量为 131736 美元，仅次于美国 195559 美元，排世界第二；但人均 GDP 为 8583 美元，排第 74 位，美国为 59495 美元，排第 8 位；排第 1 位的卢森堡为 107708 美元。

(三) GDP 增速情况

GDP 增速，是指统计期内一国或地区的 GDP 相比于上一期的增长速度，一般用指数或百分数表示。它是衡量一国或地区的经济发展水平变化的动态指标，可以反映该国或地区是否有活力、有潜力、经济是否景气。

在我国国家统计局的年度数据库中，"国内生产总值指数"，是以某年为基期(=100)，说明要报告年份相对于该基期的变动情况，如"国内生产总值指数(上年=100)""国内生产总值指数(1978 年=100)"，即分别对比以上年和 1978 年数值为基础计算出来的变化情况。这个指数在理论上被称为 GDP 的折算指数或平减指数。

图 3-11 和图 3-12 分别展示了以上年为基期和以 1978 年为基期计算出来的我国 GDP 变化情况。

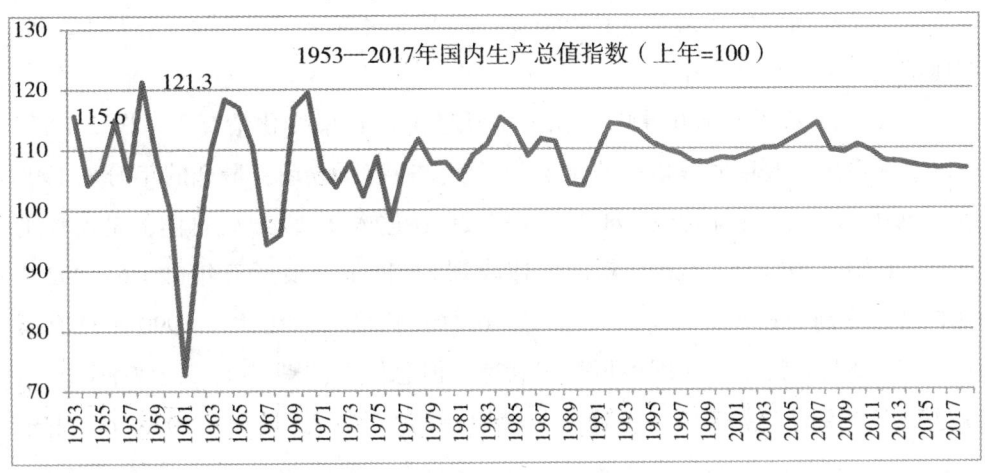

图 3-11　新中国成立以来的 GDP 增长速度情况(以上年为基期)

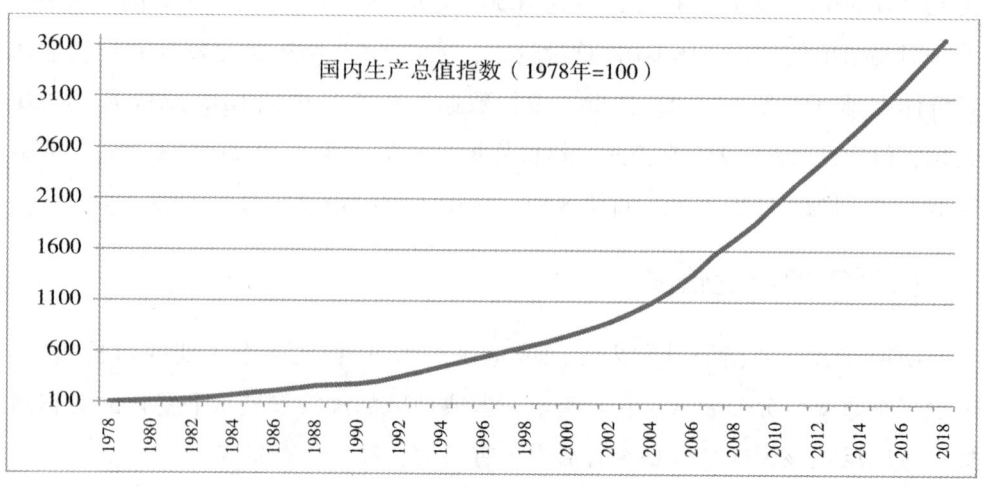

图 3-12　改革开放以来我国 GDP 增长情况（以 1978 年为基期）

衡量经济增长速度情况的另一个方式——年度经济增长率，它等于(统计年 GDP-上年 GDP)/上年 GDP，是以百分数形式(百分之几)表现出来的。

由于 GDP 有名义 GDP 和实际 GDP 之分——名义 GDP 是以生产产品和劳务的当年价格计算的全部最终产品的市场价值，实际 GDP 是用从前某一年的价格作为基期价格计算出来的全部最终产品的市场价值，因此，经济增长率有名义增长率和实际增长率之分，一般采用实际经济增长率，即剔除物价变动因素之后的经济增速。例如，2020 年我国国民经济和社会发展统计公报中："初步核算，全年国内生产总值 1015986 亿元，比上年增长 2.3%"，这里的 2.3% 增速就是实际经济增长率。

图 3-13 展示了改革开放以来我国实际经济增长率变化情况。从图 3-13 就可以直观看出，改革开放以来我国实际经济增速有所波动，最低的年份是 1990 年 3.9% 的增速，最高的是 1984 年的 15.2%；进入 21 世纪后总体上是比较平稳的，其中，2012 年至 2019 年的增速降到 8% 以下，最近五年（2016—2020）GDP 增速分别为 6.8%、6.9%、6.7%、6.1% 和 2.3%，相比于 1990 年代有所下降，也就是经济增长速度不再是超高速，但总体上波动较小、比较平稳，这就是我们常说的经济进入了平稳较低速增长的"新常态"阶段。2020 年，由于受新冠肺炎疫情的影响，经济增速下降幅度较大，降至 3% 以下。但是要注意，这一增长速度，是全球唯一的一个正增长数据。美国经济增速长期处于 3% 以

三、GDP 家族群指标揭示新中国成立 70 多年来发生了什么？

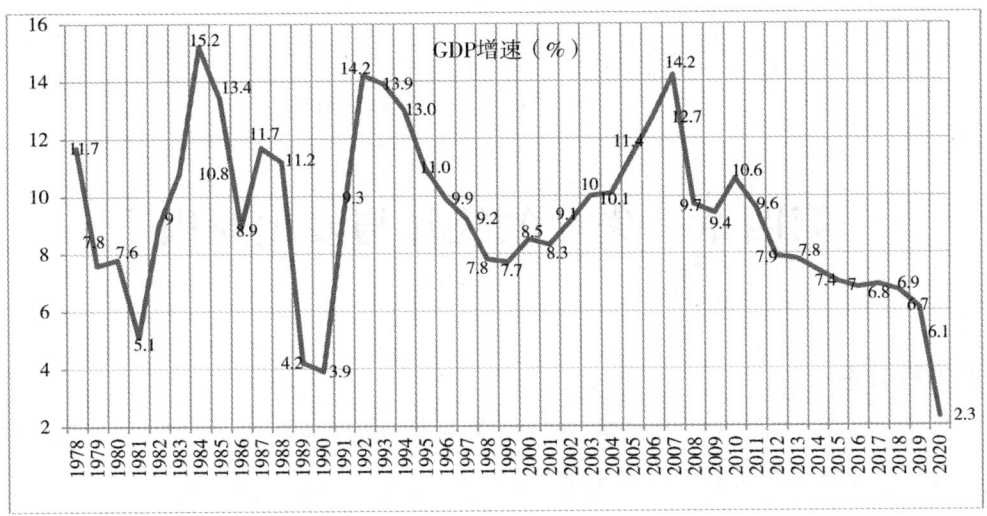

图 3-13　改革开放以来我国实际经济增长速度（1978—2020 年）

下，2020 年更是出现负增长（-3.5%），由此可见中国共产党和中国政府、中国人民在 2020 年是多么的不平凡和伟大！

一段时间以来，包括世界银行和国际货币基金组织等国际经济组织和国内外专家评价"中国经济发展态势良好"，依据之一就是从经济增长率这一指标上看的。按照有关报道："按不变价计算，2018 年（中国）国内生产总值比 1952 年增长 174 倍，年均增长 8.1%；其中，1979—2018 年年均增长 9.4%，远高于同期世界经济 2.9% 左右的年均增速，对世界经济增长的年均贡献率为 18% 左右。"李克强总理曾在 2019 年接受外媒采访时说："在当前国际形势错综复杂的背景下，在较高的基数上，中国经济还能够保持 6% 以上的中高速增长，是十分不容易的，这一速度仍然位居世界主要经济体前列。"[①]

至此，GDP 指标家族群告诉我们：新中国成立 70 余年来，经济总量、人均量和经济增速均得以较高水平提升，说明国家财富和居民生产生活发生了翻天覆地的变化，正阔步走在中华民族伟大复兴的新征程上，这让我们无比自豪，也给了我们战胜一切困难和挑战的强大信心。

[①] 中国政府网：《李克强接受俄罗斯塔斯社书面采访》，http://www.gov.cn/premier/2019-09/16/content_5430131.htm。

第四章　失业的统计与发生原因

◎内容提要

本章主要介绍：（1）失业是如何衡量和统计的？（2）失业是如何发生的？以便让读者全面理解真实的失业情况。

本章主要介绍以宏观视角看一国经济的一个重要指标：失业率。它是观察宏观经济运行的重要指标，与经济增长和经济发展是紧密相连的；同时它也是一个很敏感的指标，能够反映当前和未来一段时间的经济形势，被称为所有经济指标"皇冠上的明珠"。

一、如何界定失业和失业率？

宏观经济学中所说的失业，是指凡在一定年龄范围内的一个人愿意并有能力为获取报酬而工作，但尚未找到工作的情形。

在这个定义里，指明了两点：一是一定年龄范围内的人口，也就是这个人属于工作年龄人口。一般是指年龄大于 16 周岁的人口，但除去其中的退休、上学、生病、失去劳动能力等非劳动力人口。也就是说，失业人口是属于通常所说的劳动力的一部分。

二是失业是指那些有工作意愿，但尚未找到工作的人口。后面会介绍，现实中有一些工作年龄人口，他们并不愿意工作，属于自愿失业情形的。这里的失业，是指非自愿失业；那些"不愿工作而赋闲的人，或虽有工作愿望而尚未达到规定下限年龄的人，均不得算作失业人口"。[1] 未毕业大学生、军人等均

---

[1] 360 百科词条，失业率，https://baike.so.com/doc/730340-773203.html。

不纳入失业人口统计之中。

工作年龄人口、劳动力、失业人口的关系如图4-1所示。

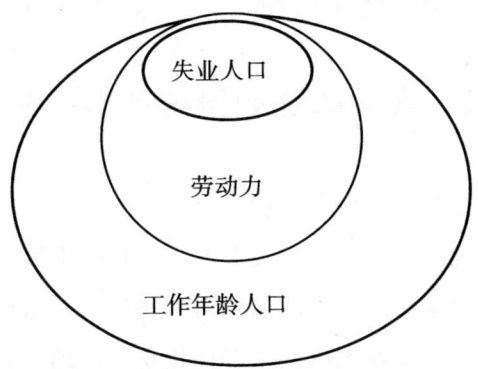

图4-1 工作年龄、劳动力与失业人口关系

中国国家统计局以2015年11月1日零时为标准时点进行的全国1%人口抽样调查显示，中国总人口为13.7亿人，其中劳动年龄人口（15~59岁）为9.08亿人，占全国总人口的66.3%；全国就业人口为7.7亿人，其中城镇就业人口3.93亿人。

由人口关系，我们就有两个指标：劳动参与率和失业率。劳动参与率，就是劳动力人口占工作年龄人口的比重，即：

劳动参与率=劳动力人口/工作年龄人口=劳动力人口/（劳动力人口+非劳动力人口）

那么，失业率就是失业人口占劳动力人口的比重，即：

失业率=失业人口/劳动力人口=失业人口/（失业人口+就业人口）

也就是说，失业率并不是失业人口占总人口或者占工作年龄人口的比重，而仅仅是占劳动力人口的比重，排除了一些退休、上学、失去劳动能力、没有工作意愿的工作年龄人口。

对应地，就业率，就是就业人口占劳动力人口的比重。大学生毕业后，通常都理解为愿意工作且有能力工作的劳动力，在3个月内积极寻找到工作，就可视为就业人口了，否则算是失业人口了。

值得指出的是，就业概念里提到3个月这一时间段。在美国，对失业的定义是，在一定时期内，通常为四周（一个月）一直没有工作，但一直在积极寻找工作的情形。也就是说，这个定义强调失业所界定的状态是要持续一段时间，即超过四周。这就排除了某些可能，比如第一周被公司解雇，第二、三周就在另一家公司找到工作，这就不属于失业人口的统计范围。

二、失业率是如何统计出来的？

世界上大多数国家都采用两种失业统计方法，一种是行政登记失业率，另一种是劳动力抽样调查失业率。两种失业率都是政府决策的重要依据。

美国的失业率是由美国劳工部下属的劳工统计局采取随机抽样方式，即抽样调查得到的。在我国，失业率有两个具体指标——城镇登记失业率、城镇调查失业率，前者是指城镇居民到公共就业服务机构（如，人力资源与社会保障部门）进行失业登记、享受失业保险待遇并求职的失业人员数量占总劳动力人口的比例。城镇调查失业率，则是调查统计部门到市场上进行抽样调查计算出来的数据。

城镇调查失业率与城镇登记失业率是不同的，主要体现在三个方面：一是数据来源不同。前者的失业人口数据来自劳动力调查，而后者的失业人口数据来自政府就业管理部门的行政记录。也就是计算公式有所不同：调查失业率＝调查失业人数/（调查从业人数＋调查失业人数），登记失业率＝登记失业人数/（城镇从业人员总数＋登记失业人数）。

二是失业人口的指标定义不同。调查失业率采用国际劳工组织的失业标准，即年满16周岁，调查前一周内没有工作的人员；而登记失业率的失业人口是指16岁至退休年龄内，男的是16~59岁、女的是16~49岁，他们没有工作而想工作，并在就业服务机构进行了失业登记的人员。因此，如果那些没有登记的失业劳动力，包括城镇和非城镇户口的失业者，就没有统计进来。

三是统计范围不同。调查失业率是按照常住人口统计（既包括城镇本地人，也包括外来的常住人口），登记失业率则是按本地非农户籍的人员进行统计，也就是说，对登记失业人员的规定是户口在城镇的劳动力，它不包括进城务工经商的进城农民工，也不包括在城市间迁徙流动而未转移户籍的城镇户籍人口。

由于我国就业服务体系和社会保障体系还不完善，到劳动保障部门就业服务机构登记求职的失业人员数量不够全面，再加上就业和失业登记办法还不健全和规范，存在着实际失业率高于登记失业率的现象。因此，城镇调查失业率比城镇登记失业率更能真实反映出实际的失业和就业情况。

我国调查失业率是通过劳动力调查取得的。2005年，国家统计局开始建立全国劳动力调查制度，每年调查两次。2009年，为了及时反映国际金融危机对我国的影响，又建立了31个大城市月度劳动力调查制度，每月在31个省会城市开展调查。① 2010年，国家统计局和人社部提出"十二五"时期（2010—2015年）实施调查失业率制度，由国家统计局进行统计。2013年9月9日，中国首次向外公开了调查失业率的有关数据。国务院总理李克强在英国《金融时报》发表署名文章《中国将给世界传递持续发展的讯息》时透露："今年（2013年）上半年有5%的调查失业率"，该数据高于此前人社部公布的4.1%的登记失业率数据。② 2017年10月10日，国家统计局发布数据，2013—2016年，我国31个大城市城镇调查失业率基本稳定在5%左右。③ 此后，国家统计局发布每月调查失业率数据和年度调查失业率数据。图4-2展示了自1978年以来我国两种统计口径的城镇失业情况。

据2020年国民经济和社会发展统计公报，2020年我国城镇调查失业率为5.2%，城镇登记失业率为4.2%。总体来看，我国城镇调查失业率与城镇登记失业率差别不太大。

国际上，通常把7%的失业率作为一个警戒线，超过了就进入经济警戒区。美国诺贝尔经济学奖第一人保罗·萨缪尔森曾说："当失业率达到10%的时候，政治家们可能就会失去理智。"④我国失业情况要远远好于世界其他国家。图

---

① 2016年，调查范围覆盖全国所有地级市（州、盟）和约1800个县（市、区、旗）。参见国家统计局：《国家发展改革委副主任、国家统计局局长宁吉喆就发布城镇调查失业率有关问题答记者问》，http://www.stats.gov.cn/TJSJ/sjjd/201804/t20180417_1594334.html。

② 李彪：《我国首次公布调查失业率：5%仍合理可控》，http://www.nbd.com.cn/articles/2013-09-10/772307.html。

③ 国家统计局：《十八大以来我国城镇调查失业率稳定在5%左右》，http://www.ce.cn/xwzx/gnsz/gdxw/201710/10/t20171010_26489305.shtml。

④ 洪功翔等：《从60个指标数据看懂宏观经济》，北京：中国传媒大学出版社2011年版，第120~121页。

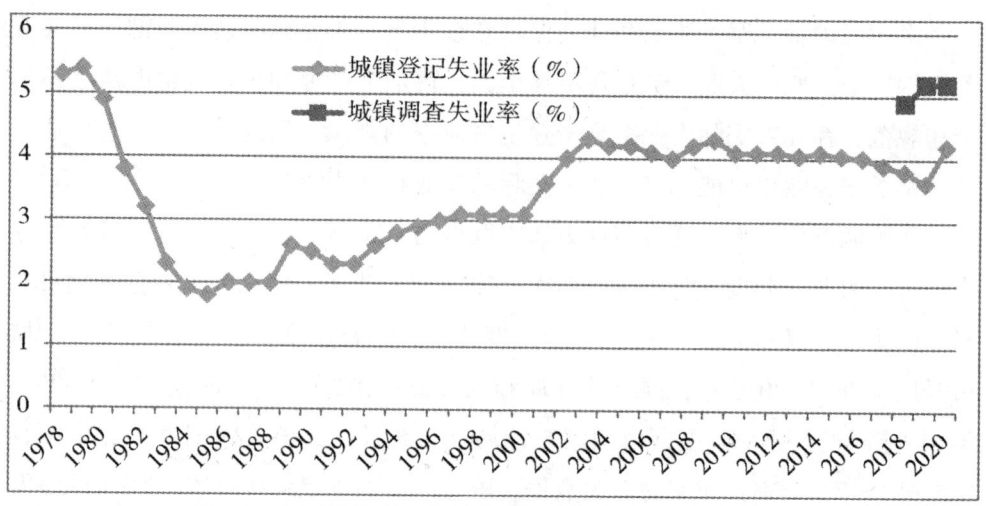

图4-2 我国城镇登记失业率和调查失业率(1978—2020)

4-3显示1980年以来中国与世界主要经济体的失业率,可以看到中国城镇登记失业率是最低的。

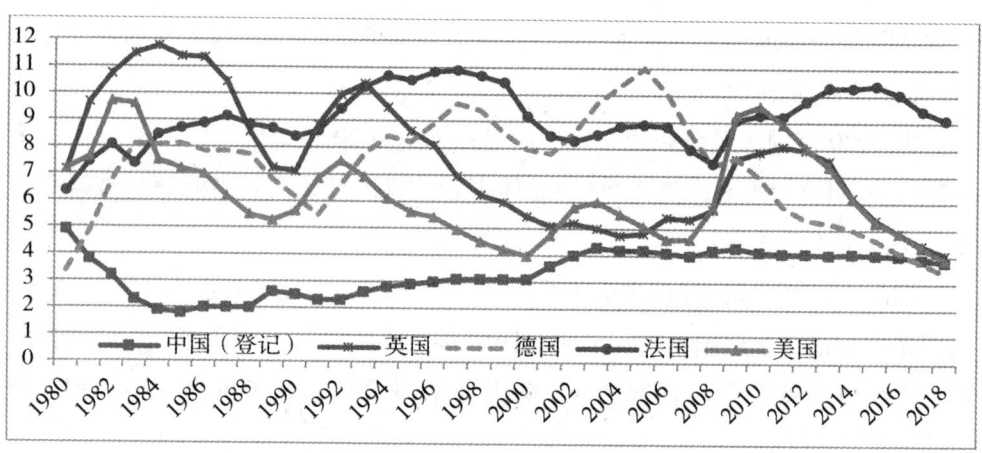

图4-3 中国与世界主要经济体失业率比较(1980—2018年)

数据来源:国际货币基金组织、中国国家统计局。

三、失业意味着什么?

失业是一件可怕的事情,它不仅是一个经济问题,也是一个社会问题。失业威胁着每一位居民的个人收入和家庭稳定，使人精神遭受打击，会引发很多诸如犯罪、吸毒等社会问题。失业还影响着一个国家和地区的经济发展，导致生产产品和服务减少，带来很大的经济损失，简要地说，它会影响经济增长。

宏观经济学中有一个理论描述了失业与经济增长之间的数量关系，这就是奥肯定律。20 世纪 60 年代，美国经济学家阿瑟·奥肯（Arthur M. Okun, 1928—1980）根据美国数据总结了失业变动与产出变动之间的经验关系，即：失业率每高于自然失业率或者说上升一个百分点，实际 GDP（相对于潜在 GDP）将下降两个百分点。图示情况如下：

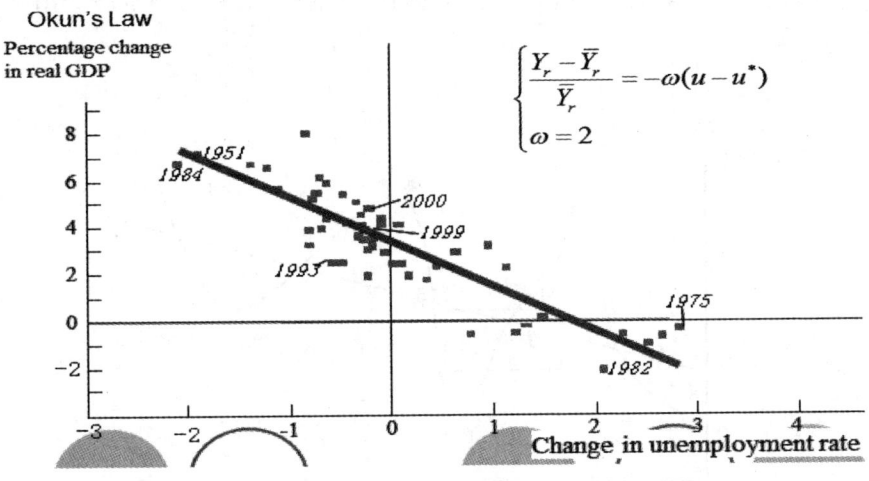

图 4-4　奥肯定律的简要示意图

在图 4-4 中，纵坐标表示实际 GDP 的变动率，即通常所说的经济增长速度；横坐标表示失业率的变动，可以看到失业率与经济增长率之间存在一个负方向的趋势关系，这种负向关系用数学公式表达就是：$\frac{Y-\bar{Y}}{\bar{Y}}=-2(U-U^*)$。

上式中，Y 表示实际 GDP，$\bar{Y}$ 表示潜在 GDP，U 表示实际失业率，U^* 表示自然失业率。奥肯提出的失业率与经济增长率之间的数量关系，存在一些争议。一些经济学家认为美国在 1980 年代之后并不存在这种数量关系。需要指出的是，这一定律的主要贡献是说明了失业与经济增长之间的联系，劳动力市场与产品市场之间存在极为重要的关联。通常，人们可以通过失业率的变动来推测或估计 GDP 增速的变动，也可以通过经济增速变动来预测失业率的变动。

四、失业是如何发生的？

失业是不是因为经济增速下降而导致的呢？大部分原因是的。但是，有一些失业可能不是经济增速下降放缓而出现的，可能是经济结构调整但增速未下降而导致的。下面按照失业类型来说明。

第一类：周期性失业。即由于总需求不足所引起的失业。宏观经济学中有一个经济周期理论，当总需求不足时经济会出现衰退和萧条，当总需求旺盛时经济会出现复苏和繁荣。在这一经济周期中，经济衰退和萧条阶段会出现大量失业（图4-5）。

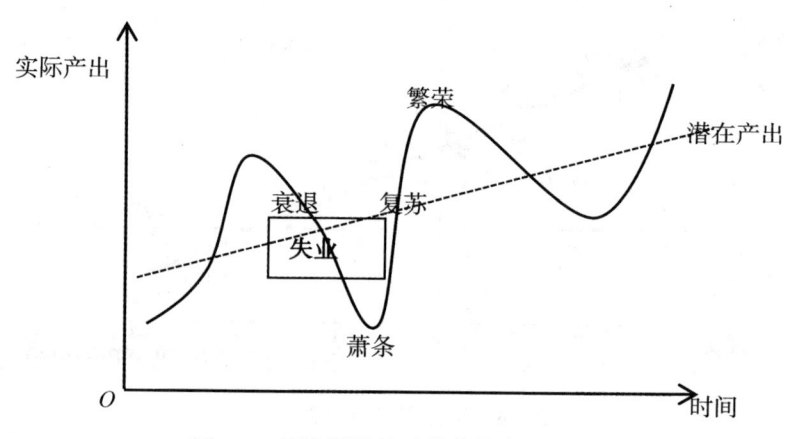

图4-5 经济周期波动带来的失业情形

前述奥肯定律说的就是这一种周期性失业情形下，总需求不足，对最终产品和服务不需要了，企业就会减产，减少雇佣劳动力，即劳动力需求少了，也就出现了失业。当然，当经济开始复苏、总需求上升时，企业对劳动力的需求也增加，失业就会减少。

第二类：摩擦性失业。它是指由于劳动力市场供求信息的不完善，以及劳动力在异地之间流动的成本所引发的失业。我们知道，劳动力市场上雇主和寻找工作的人存在信息的不对称，一个劳动力也不能够洒脱自由地到各地就业，存在搜寻成本和异地就业成本的因素。例如，A地有一个厂商需要一个工人，同时B地正好有一个人C能够胜任这项工作，且他正处于非自愿失业状态。但是，由于这一劳动力的供求信息并不是恰好能够被 A、C 知道，不能很好地传递下去，或者这位失业者存在到异地就业的障碍，那么，C 就会得不到这一工作岗位，仍然会处于失业状态。这种失业，就是摩擦性失业。

对于任何经济体来说，摩擦性失业是无法完全避免的。劳动力市场的不完善、供求信息的不完全、职场歧视、户籍制度等，均是导致摩擦性失业发生的原因。我们看到，经济中大量存在的职业介绍所、人才交易市场、招聘平台和服务组织，以及政府致力于消除职场歧视、取消户籍限制等，都是为了消减摩擦性失业而做出的努力。

第三类：结构性失业。这是 20 世纪 60 年代美国约翰逊政府为解决阿巴拉契亚地区的一些居民由于普遍缺乏技术和训练而导致大量失业问题而提出的一个概念。后来，宏观经济学就把经济结构变动中，由于现有劳动力的技能水平与新兴产业不适应而引发的失业，称为结构性失业。可以看到，这种情况下，失业和岗位空缺是同时存在的，并不是经济下滑或信息不完善原因造成的。

为什么会发生结构性失业呢？简要地说，产业结构的变化、工资刚性是主要原因。产业结构变化好理解，在一个经济不断发展中的经济体系下，新型产业的出现、旧产业转型，是很常见的现象，因而，结构性失业是难免的。

另一个原因是工资刚性，指的是雇员的工资等级一经确定后就相对稳定，具有一定的刚性或者说黏性(sticky)，很难随着劳动力需求的减少而降低，这时就形成了劳动力的需求结构与供给结构不匹配，厂商为了保证经济效率会解雇工人，于是就产生了失业现象。

经济学中对失业问题有一个劳动力市场供求模型的解释(图 4-6)。在这一模型中，劳动力的供求如果恰好相等，即劳动力市场均衡了(图中 E 点)，均衡时的工资为 W^*。市场中有一部分劳动力想要高工资，不愿在现行工资 W^* 下工作，就是自愿失业者(N^*-N_E)。

假如一次经济波动使市场工资显得过高，$W^{**} > W^*$，也可以理解为工资刚性、不愿意降薪，此时市场上愿意工作人数为 N_2，但雇主需求量却为 N_1，则 N_2-N_1 为非自愿失业，劳动力市场就无法实现均衡，这种失业就是结构性失业。在高工资 W^{**} 时的自愿失业者将减少为(N^*-N_2)。

一般来说，结构性失业要比摩擦性失业存在的时间要长，解决起来也更困

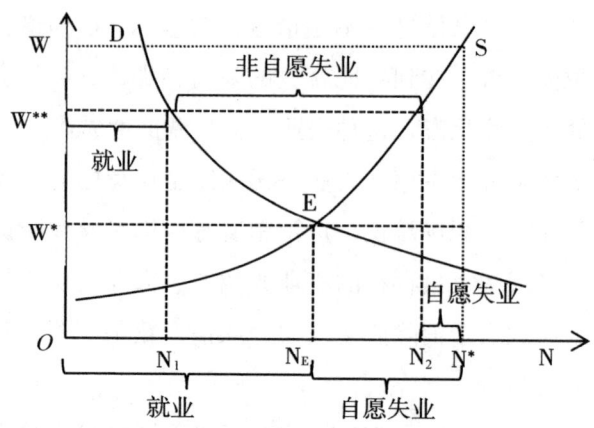

图 4-6 劳动力市场中的就业与失业情形

难。这是因为摩擦性失业是因为劳动市场不完善或者工作转换而产生，是短期的、局部性的失业问题；摩擦性失业的失业者都可以胜任可能获得的工作，所以增强劳动力市场和服务机构的作用，增加劳动力供求信息，协助劳动者流动等可以解决这些问题。

但是，结构性失业是由经济结构变化、产业兴衰转移，以及雇佣合同、最低工资法、工会力量存在等原因导致工资刚性，从而造成了劳动力需求结构和供给结构不匹配，一些部门需要劳动力，存在职位空缺，但失业者缺乏到这些部门和岗位就业的能力，或者他们不愿意降薪来接受原工作岗位。同时，针对改变这一现状的能力的培训、刚性工资的改变，需要一段较长的时间才能完成，因而结构性失业问题比摩擦性失业更严重一些。在宏观经济学中，经常把结构性失业看做失业问题中的"硬核"。

需要说明的是，宏观经济学理论认为，摩擦性失业和结构性失业是一个经济体中不可避免出现的现象，它们与周期性失业是不同的，周期性失业的产生是与经济波动相关的，只要经济逐步复苏它就会减少，也就是说它是可以避免出现的。

第五章　物价指数与通货膨胀

◎内容提要

本章主要解释和回答以下问题：(1)衡量物价水平的CPI指标是一个什么样的指标？它是如何得到的？(2)物价水平还有哪些指标得以反映？(3)通货膨胀是怎么一回事？是如何发生的？

以宏观视角看一国或地区的经济运行情况和经济问题，除产出指标（GDP）、经济增长指标(实际GDP增长率)和就业指标(失业率)之外，还有一组比较重要的指标——物价水平指标。这一指标家族有哪些？它与人们常说的"通货膨胀"有无区别？通货膨胀又是如何发生的？本章将予以解答。

一、CPI是一个什么样的指标？

CPI，是消费者价格指数（Consumer Price Index）的英文缩写。它是反映一定时期内城乡居民所购买的生活消费品和服务项目的价格变动趋势和程度的相对数，是对城市居民消费价格指数和农村居民消费价格指数进行综合汇总计算的结果。通过该指数可以观察和分析消费品的零售价格和服务项目价格变动对城乡居民实际生活费用支出的影响程度，被认为是影响居民生活水平和收入水平的"晴雨表"。

CPI指标的获得，是有关部门通过选取能够代表居民消费结构的一篮子商品和服务，计算购买这一篮子商品和服务的成本，把它在今天所花费的支出与过去某一时间购买支出的变化进行比较，也就是CPI的计算公式为：

$$CPI = \frac{一组按当期价格计算的固定水平价值总和}{一组按基期价格计算的固定水平价值总和} \times 100\%$$

CPI 指标实际就是反映代表性居民家庭购买具有代表性的一组商品,在今天所花费的支出与过去某一时间购买支出的变化比较情况。例如,2018 年某代表性家庭每月购买一组代表性商品和服务的费用是 800 元,而 2019 年购买同样这一组商品和服务的费用是 1000 元,那么该国 2019 年该月的消费价格指数为:

$CPI = \dfrac{1000}{800} \times 100\% = 125\%$,即物价同比上涨 25%。

二、CPI 是怎么统计得到的?

从上述例子可看到,CPI 指标的计算公式中,有一个代表性家庭(即统计局抽样的家庭)和一组代表性商品和服务(称为固定篮子或商品篮子),它们通过专业的统计调查人员进行采集和核实后,然后计算单个商品或服务项目的价格指数,最后根据各类别相应的权数,计算出各类别价格指数和 CPI。其流程和具体步骤如下(图 5-1):

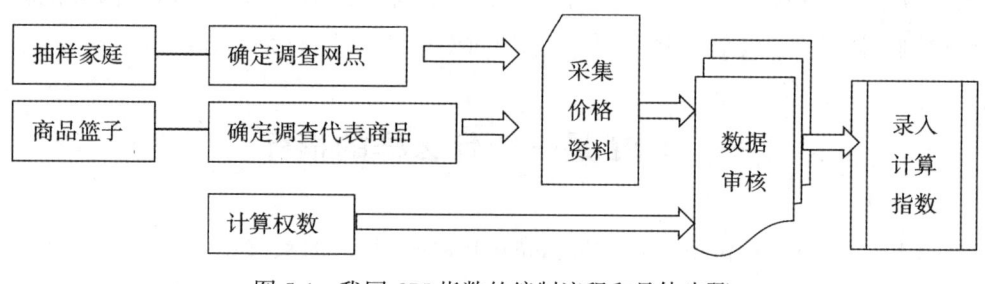

图 5-1 我国 CPI 指数的编制流程和具体步骤

这个代表性的抽样家庭购买一篮子商品和服务,可以通过在调查点来进行调查更为方便。在我国,是在全国 500 个县市设置 6.3 万个调查网点,涉及杂货店、便利店、超市、农贸市场和一些消费单位,由专业调查员"定人定点定时"进行统计调查。

抽样调查的商品和服务共分八大类,分别是食品烟酒类、衣着类、居住类、生活用品及服务类、交通和通信类、教育文化娱乐类、医疗保健和其他用品和服务类。每一大类下又分小类,2016 年至 2020 年基期有 262 个小类;从 2021 年开始到 2025 年这一基期,小类增加到 268 个。

值得注意的是，一篮子商品中居住类消费是指房租和水电燃料的价格，并不包括房价，这是由于房产本身并不是消费品，是把它作为投资来看待的。同样，股票也不是消费品，股价波动也并不计入CPI之中。

国家统计局每隔五年调整一次一篮子商品和服务的构成，称之为基期轮换。一般将逢"5"和"0"的年份作为基期，在基期年选取"一篮子"商品和服务，五年保持不变，以兼顾指数的连续可比。在基期轮换时，会设置这一固定篮子中的每一大类消费品和服务所占的权重。例如，在2016—2020年基期中，食品类占的权重为31.79%，居住类为17.22%，烟酒类为3.49%，这里的权重是指该类商品在居民家庭生活消费中所占的重要性、支出所占的比重大小。例如，食品类商品消费较多、支出较大，权重也就较大，烟酒类的重要性则小一些，权重也低一些。从2021年开始，食品烟酒、衣着、教育文化娱乐、其他用品及服务的权重比上一轮有所下降；居住、交通通信、医疗保健类的权重则有所上升(图5-2)。①

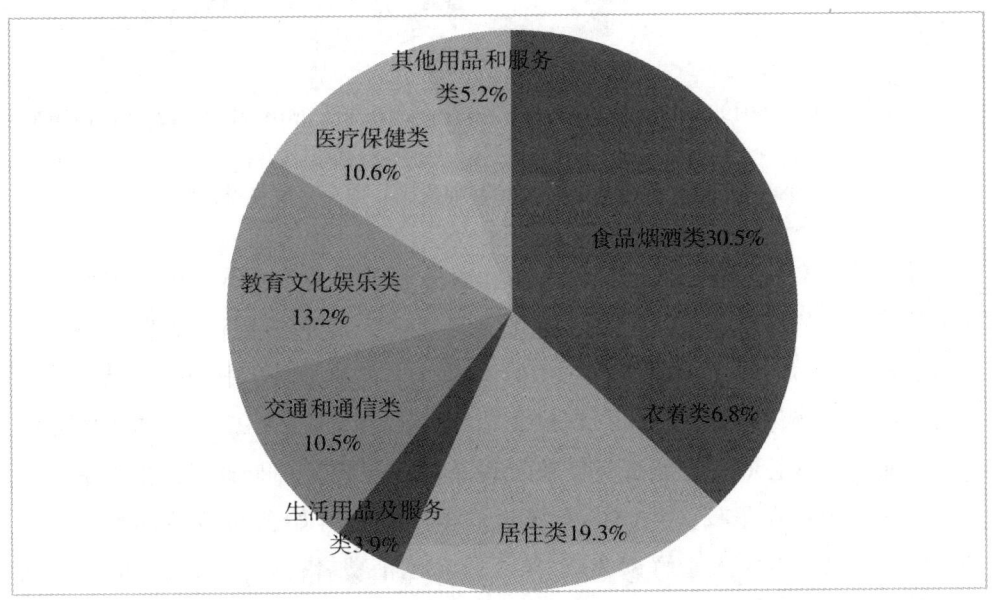

图5-2　2021—2025年CPI固定篮子的权数(以2020年为基期)

---

①　国家统计局：《城市司负责人就价格指数基期轮换接受中国信息报专访》，http://www.stats.gov.cn/tjsj/sjjd/202102/t20210210_1813306.html。

权重大小告诉我们，在 CPI 指标的商品和服务篮子中有一些消费品和服务的价格波动与整体的 CPI 变动紧密相连，可以说是主导了 CPI 的变化。例如，我国商品篮子中的食品烟酒类商品和服务价格的变动对整体 CPI 影响较大，而食品烟酒类中又以猪肉价格的地位尤为重要。所以，一些学者会根据猪肉价格的波动来预测和分析 CPI 变动。图 5-3 显示我国 1984—2020 年消费者价格指数变化和食品及肉禽制品类价格指数变动情况，八大类商品和服务中，食品类的价格波动与 CPI 波动基本一致；而食品类中肉类及制品价格波动就是一个提醒表征。

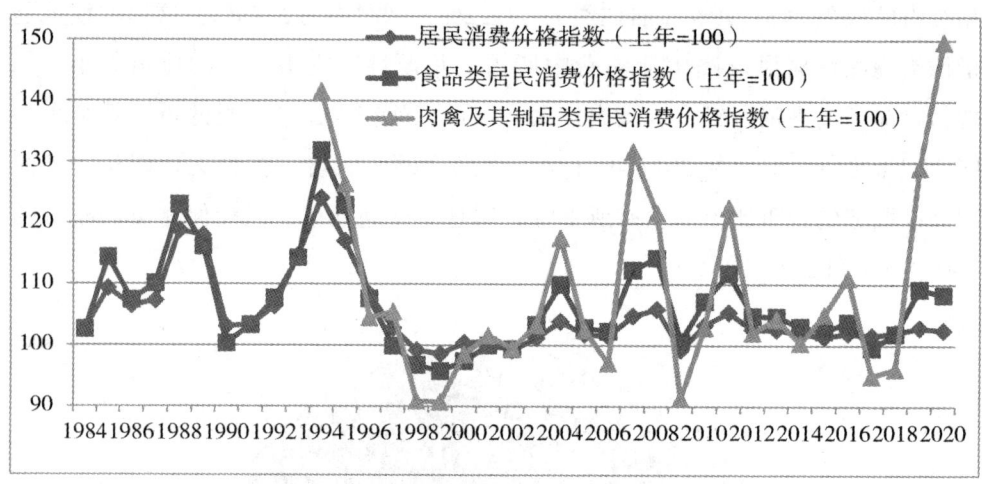

图 5-3　1984—2020 年我国 CPI 与食品和肉禽制品类商品消费指数变动情况

在国外，交通类商品在居民消费品和服务篮子中是非常普遍的，因此，石油能源等价格的波动就会引发整体 CPI 变动。1975 年美国经济学家罗伯特·戈登（Robert Gordon）提出一个核心 CPI 的概念，即从 CPI 篮子中扣除食品和能源之后的价格的变化。也就是说，剔除了这两类消费品后，CPI 的波动率较低一些，进而认为核心 CPI 更能真实反映宏观经济运行情况，即通货膨胀水平。当然，这一概念存在争议，我国国家统计局多年前也开始公布该指标数据。例如，国家统计局有关人士解读 2021 年 3 月全国消费者价格指数 CPI 时，就指出，扣除食品和能源价格的核心 CPI 同比上涨 0.3%，一季度核心 CPI 与去年同期持平。①

---

① 国家统计局：《城市司高级统计师董莉娟解读 2021 年 3 月份 CPI 和 PPI 数据》，http://www.stats.gov.cn/tjsj/sjjd/202104/t20210409_1816125.html。

需要强调的是，CPI 不是绝对价格，是相对于上年或者上个月相比较而言的价格变动情况，分别称之为同比和环比。同时，CPI 是衡量一个国家或地区的总体情况，涉及不同地区的调查点和居民家庭，因此，有些地区、有些个体的感受与总体数据可能存在差异。在我国，还区分了城市居民消费者价格指数和农村居民消费者价格指数。此外，CPI 也不是越低越好，CPI 很低意味着通货紧缩，会损伤厂商企业的投资和生产积极性，不利于经济发展。

三、物价指数家族还有哪些成员？

CPI 这一指标是反映一国或一地区在一定时期内的物价水平和通货膨胀情况。在宏观经济观察中，除了这一指标外，还有其他几个常见的价格指标，例如生产者价格指数、采购经理人指数、商品零售价格指数、固定资产投资价格指数、农业生产资料价格指数、房地产开发和销售价格指数等。

生产者价格指数（Producer Price Index，PPI），在我国价格统计中称为"工业生产者出厂价格指数"，它是衡量工业企业的产品出厂价格变动趋势和变动程度的指数，是反映某一时期生产领域的价格变动情况的重要经济指标，也是制定有关经济政策和国民经济核算的重要依据。PPI 与 CPI 不同，主要的目的是衡量企业购买的一篮子物品和劳务的总费用。由于企业最终要把它们的费用以更高的消费价格的形式转移给消费者，所以，通常认为生产者价格指数的变动对预测消费物价指数的变动是有用的。[①] 由于生产环节是先于流通和消费环节，因此，一般把 PPI 作为一个领先指标。

在我国价格指数家族中，与生产者相关的价格指数还有一个工业生产者购进价格指数，它是与 PPI 相对应的一个指数，反映生产者在采购原材料时的价格变动情况。在经济学分析中，与此相连的为采购经理人指数。

采购经理人指数（Purchasing Managers Index，PMI），顾名思义它是那些制造型企业进行原材料采购和订单销售时的价格变动情况，被称为经济是否景气的"体检表"。它包括制造业在生产、新订单、就业、供应商配送、存货、新出口订单、采购、产成品库存、购进价格、进口、积压订单等 11 个方面的状况。

---

① 360 百科词条，生产价格指数，https://baike.so.com/doc/6675114-6888969.html。

其中，它是以不断变化的五项指标进行一个综合性加权后得到的指数。五项指标和权数分别为：新订单指数（权数30%）、生产指数（权数25%）、从业人员指数（权数20%）、供应商配送时间指数（权数15%）和原材料库存指数（权数10%），其中，供应商配送时间指数为逆指数，在合成PMI综合指数时进行反向运算。PMI计算公式为：PMI=新订单×30% + 生产×25% + 从业人员×20% +（100-供应商配送）×15% + 主要原材料库存×10%。

  PMI是一个经济先行指标。美国商业部对PMI与制造业发展趋势和GDP之间的关系进行了研究，结果表明：一般情况下，当PMI大于50%时，预示着制造业经济的扩张发展；而小于50%时，则预示着制造业经济的衰退。50%为衡量制造业是否扩张或陷入衰退的临界点。而当PMI在一段时间内持续高于42.8%，则预示着GDP将进入扩张期；而当PMI在一段时间内持续低于42.8%，则预示着GDP将进入衰退期。

  2005年4月底，我国在北京和香港两地发布了"中国采购经理人指数"。这是中国首次发布这一经济指数。它由国家统计局和中国物流与采购联合会共同合作完成，是快速及时反映市场动态的先行指标，它包括制造业和非制造业采购经理人指数，与GDP一同构成中国宏观经济的指标体系。[①] 图5-4展示了2019年1月以来我国PMI变动情况，其中2020年2月受因新冠肺炎疫情影响一度低于50%，此后在中国政府强有力的控制之下，PMI持续超过50%，表明制造业在逐步回暖，经济有所恢复。

  商品零售价格指数（Retail Price Index，RPI），是指反映一定时期内商品零售价格变动趋势和变动程度的相对数。零售物价的调整变动直接影响到城乡居民的生活支出和国家的财政收入，影响居民购买力和市场供需平衡，影响消费与积累的比例。因此，计算商品零售价格指数，可以从一个侧面对上述经济活动进行观察和分析。

  我国物价指数家族中还有反映房地产开发和销售情况的价格指数，例如，全国70个大中城市商品住宅销售价格指数、全国房地产开发景气指数。

  (1) 全国70个大中城市商品住宅销售价格指数，用以反映我国城市化进

[①] 百度百科词条，采购经理人指数，https://baike.baidu.com/item/%E9%87%87%E8%B4%AD%E7%BB%8F%E7%90%86%E4%BA%BA%E6%8C%87%E6%95%B0。

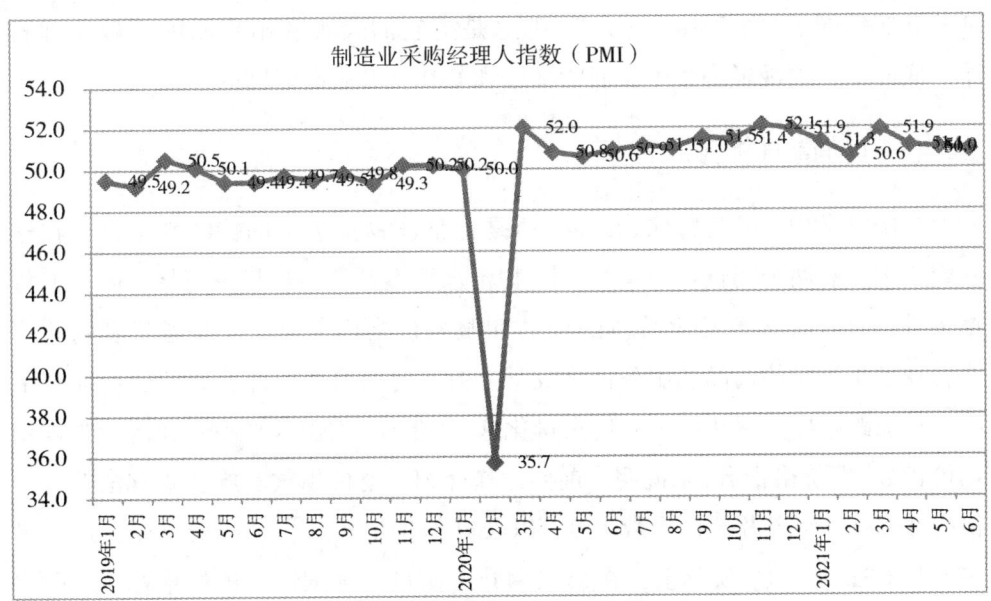

图5-4 2019年1月至2021年6月月度PMI指数变化情况

程、居民生活、经济景气状况等的综合性指标。我国国家统计局分月公布该指数变动情况。

(2)全国房地产开发景气指数(国房景气指数),是综合反映全国房地产业发展景气状况的总体指数。它从房地产开发投资、资金来源、土地开发面积、土地转让收入、新开工面积、竣工面积、空置面积、商品房销售价格等8个统计方向进行分类指数的综合测算。它显示全国房地产业基本运行状况、波动幅度、预测未来趋势,为国家宏观调控提供预警机制,为投资者选择投资机遇提供统计信息。中央政府和各级地方政府比较重视国房景气指数,这是源自房地产业对国民经济的拉动作用、财政作用、金融风险预警和经济稳定作用。

总之,以上这些主要价格指数,同CPI指标共同构成了价格指数家族,成为观察和理解国民经济和社会运行,以及有关经济政策的重要依据。

四、通货膨胀是什么意思?

与CPI和PPI等物价指数紧密相连的还有一个概念"通货膨胀"。谈到它,很多人以为就是物价上涨、货币贬值了,表征就是CPI和PPI升高了,甚至把通货膨胀等同于"物价水平上升"。① 这是把它的表现和出现原因简单化理解了。实际上，宏观经济学中，通货膨胀和 CPI 上升是有区别的。

（一）何谓通货膨胀？

在经济学中，通货膨胀（Inflation）是指整体物价水平的持续性上升。在这一定义中，有两个要点：一是"整体"物价水平上升，不是某一商品和服务的价格上升，只有大多数乃至总体的商品和服务价格都上升，才是通货膨胀。那么，现实生活中的商品和服务价格成千上万，有的价格上涨，有的还可能在下降，其涨跌幅度不尽相同，如何去量化这一"整体"物价水平呢？经济学中常用物价指数（即价格指数）来说明。前面已作介绍，物价指数家族主要有消费者价格指数 CPI、生产者价格指数 PPI，以及其他价格指数，其中最重要、运用最多的是 CPI 和 PPI。实际上，在第三章介绍衡量一国国民产出的指标——国内生产总值 GDP 时，提及名义 GDP 和实际 GDP 之分，这里面也存在一个价格指数——GDP 折算指数（教科书中也称为"GDP 平减指数"）。它是名义 GDP 与实际 GDP 的比率。例如，某国在 2016 年生产一组数量为 X1 的商品和劳务，当年价值 215 万元，这就是名义 GDP；在 2020 年，生产出数量为 X2 的同类商品和劳务，当年价值 330 万元（名义 GDP）；如果按照 2016 年此类商品和劳务的单位产品价格计算，2020 年的生产值仅为 260 万元，这就是实际 GDP，即扣除了 2016—2020 年的价格变动造成的影响，仅考虑产出量（X2 和 X1）的变化。这样，就有了 GDP 折算指数概念：某一时期的 GDP 与其相比较的基期 GDP 的变动差别，用以反映价格变动程度。上例中，GDP 折算指数为：330/260 = 126.9%，说明 2016 年到 2020 年物价水平上升了 26.9%；GDP 实际增长率为：（260-215）/215 = 20.9%，比名义增长率要低一些。以上 CPI、PPI 和 GDP 折算指数等三个重要价格指数，通常以 CPI 和 GDP 折算指数来反映通货膨胀水平。但 GDP 折算指数涉及更多环节和更多数据，因此并不常用，人们常用 CPI 指数来反映通货膨胀。

通货膨胀定义的第二个要点是物价水平的"持续性"上升。它包含两层意思，一是时间——不是短时间的物价上涨，而是持续一段时间，例如三个月；

---

① 黄达：《通货膨胀与物价目标》，《金融评论》2011 年第 5 期，第 1~10 页。

二是上涨幅度，正因为物价有了较长时间的上涨，因而其幅度也将可能由小变大，通货膨胀程度就不同了。

在宏观经济学中，通货膨胀的程度通常用通货膨胀率来衡量。通货膨胀率被定义为：从一个时期到另一个时期价格水平变动的百分比，用公式表达为：

$$\pi_t = \frac{P_t - P_{t-1}}{P_{t-1}}$$。

上式中，π_t 表示 t 期(报告期)的通胀率，P_t 和 P_{t-1} 分别表示 t 期和 $t-1$ 期(基期)的价格水平。如果用上面介绍的 CPI 来衡量物价水平，则通货膨胀率就是不同时期的 CPI 变动的百分比。假定一个经济体的 CPI 从上年的 100 增加到今年的 127，则这一时期的通货膨胀率为：$\pi_t = (127-100)/100 = 27\%$。我国国家统计年鉴中，有以 1978 年为定基的(1978 = 100)、1985 年为定基的(1985 = 100)和上年为基期(上年 = 100)的 CPI 指数，其中，上年为定基的 CPI 指数最能反映过去一年的通货膨胀率。

还需指出的是，日常人们议论通货膨胀就是货币贬值，这是源自货币数量论。货币数量论认为，在信用货币制度下，流通中的货币数量超过了经济实际需要而引起的货币贬值和物价水平全面而持续的上涨，此种情形称之为通货膨胀。这是从通货膨胀发生原因角度来说明何谓通货膨胀。当然，通货膨胀不一定完全是由货币"超发"引起的，货币贬值只是通货膨胀的一个结果和表现特征。同时，谈论货币贬值还会涉及汇率问题，即它是指两个经济体的货币币值相对性地降低了，如 A 国货币相对于 B 国货币来说，贬值了，也就是说"货币贬值"。这又分"对内贬值"和"对外贬值"两种情形，前者影响该国货币在国内使用时的价值，而后者影响了该国货币在国际市场上的价值，两者的相关性是经济学上的争议话题之一。通货膨胀指的是特定经济体内的货币价值下降(对内贬值)，它是否造成"对外贬值"还取决于外汇市场、资本流动，以及通货膨胀的国际传导机制等一系列条件。

(二)通货膨胀有哪些类型?

前面介绍通货膨胀有高低(程度)之分，那么，它到底有哪些类型呢?

1. 按照价格上升的速度划分

按照价格上升的速度，通货膨胀分为三类：(1)温和的通货膨胀，指每年物价上升的比例在10%以内，也称为"一位数的通胀"。这是最为常见的通货膨胀情形。一些经济学者认为，温和的通货膨胀并不可怕，甚至有些人认为这种缓慢而逐步上升的价格对于企业生产和居民收入增加有着积极的刺激作用。当然，不同人群(比如，富人和穷人)和不同时期人们对通货膨胀的承受力或容忍度是不同的。一般认为，经济中存在2%~3%的通货膨胀率社会是可以接受的，也对经济增长有利。当今，西方一些经济发达国家明确或实际地将2%~3%的通货膨胀率纳入其货币政策的目标。[①]

需要指出的是，通货膨胀率比较低，比如低于2%或者更低，乃至为负数，就是一种"通货紧缩"(deflation)情形。它是经济衰退的一个指示性指标。诺贝尔经济学奖获得者保罗·萨缪尔森将其定义为："价格和成本正在普遍下降即是通货紧缩。"一般认为，当CPI连续下跌两个季度(6个月)，就表示出现了通货紧缩。通货紧缩通常被认为是因产能过剩或需求不足而导致物价、工资、利率、粮食、能源等各类价格持续下跌，在此情形下将会导致社会总投资减少和总需求进一步减弱(因为名义收入下降)，加剧了经济衰退。

(2)奔腾的通货膨胀，指年通货膨胀率在10%和100%之间，即"两位数或三位数"的通胀。此时，物价水平就比较高，货币购买力急剧下降，人们普遍不愿意持有现金，会采取各种措施(包括囤购实物商品、购买不动产或黄金、换汇等)来保护自己的货币资产，并且由于预期通胀将会加剧，导致通货膨胀进一步恶化。在这种情况下，政府可能采取价格管制或外汇管制措施，乃至全面的经济管制措施，才能遏制其上涨势头。

(3)超级的通货膨胀，是指年通胀率在100%以上，也称为恶性通货膨胀。这种程度的通货膨胀发生，对一国货币和经济的打击比较致命，国内物价将持续猛涨，人们将尽快脱手本国货币，对其信心丧失，货币购买力急剧下降，各种正常的经济联系遭到破坏，直至经济和社会出现动乱。这种通货膨胀，往往发生在战争和政权混乱期间。历史和现实中，一些国家都曾发生过通货膨胀率超过100%甚至超过四位数现象，例如2001年到2015年的津巴布韦，发生超过三位数以上的超级通货膨胀，最后不得不废除旧币，不断更新货币，经济也陷入恶性循环之中。

---

① 黄达：《通货膨胀与物价目标》，《金融评论》2011年第5期，第1~10页。

2. 按照对价格影响的差别划分

按照对价格影响的差别，通货膨胀分为：（1）平衡的通货膨胀，即每种商品的价格都按相同比例上升。（2）非平衡的通货膨胀，即各种商品价格上升的比例并不完全相同。

3. 按照人们的预期程度划分

按照人们的预期程度，通货膨胀分为：（1）未预期到的通货膨胀，即价格上升的速度超出人们的预料或根本没想到价格会上涨。（2）预期到的通货膨胀，即能够预期到的物价水平持续上涨，它具有自我维持的特点，又称惯性的通货膨胀。例如，人们普遍预期未来一段时间，通货膨胀率将会维持在10%的水平，那么，在没有外力干预情形下，人们会将这一因素考虑进去，并做出相应决策。例如，在签订劳务或贸易合同时，会要求雇主或交易对手将报酬提高10%，以维持实际收入不变。

（三）通货膨胀发生后有什么后果？

前面介绍通货膨胀定义的两个要点，就知道在经济学中对通货膨胀这一概念并没有"好坏"的价值判断。生活中人们"谈虎色变"，大多是因为比较高的、未预期到的通货膨胀带来的负面影响。在宏观经济学中，通货膨胀发生后会带来相应的代价和后果。

经济学中的成本，是相对于收益而言的，也就是一种负面影响。通货膨胀的成本和代价主要体现为五个方面：[①]

（1）鞋底成本。在通货膨胀发生后，一是因为每笔交易所使用的货币增加了，个人将更多次地去银行取款来满足日常交易，在此过程中要跑更多的路，更多的鞋底被磨破，带来成本增加；二是因为人们会选择减少货币现金的持有量，更多地选择硬通货、固定资产或不动产，以及实物资产，这样就需要多跑路，频繁光顾银行、证券交易所、房地产公司、商品市场等地，付出更多精力

[①] 颜色、郭凯明：《宏观经济学与中国政策》，北京：北京大学出版社2020年版，第148~150页。

和物力，就形成了皮鞋成本。这是一种形象的说法。事实上，它指的是通货膨胀造成的交易成本上升。

（2）菜单成本。这个观点认为，通货膨胀提高了价格，使得饭店不得不频繁更新菜单，造成了浪费。这也是一种形象的说法。它实际指的是通货膨胀造成的价格调整成本。因为在现代经济活动中，厂商企业并不会经常改变所售卖商品和劳务的价格，有的可能几年不变，以此来维持平稳的交易活动。例如，一家汽车生产商为明年上市的新款车型定价，一旦确定了就会给下游的汽车销售商带来便利——确定订购量、优惠政策等；但是，如果汽车生产商到了明年调整了价格，那么就造成下游销售商需要相应地改变其销售方案，也就带来了"麻烦"——成本增加。经济学家们形象地描述，菜单成本包括：因价格调整的决策、印刷新的价格目录、打印新的标签和价格信息、说服代理商和消费者接受新价格、处理他们不满情绪所产生的成本，以及企业形象等。因此，在通货膨胀率较低情况下，企业一般不会调整价格，减少调整带来的"菜单成本"，从而使得价格具有了黏性。当然，奔腾和超级的通货膨胀发生后，菜单成本相较于不调整价格的损失会小得多，也就不得不频繁调整价格。

（3）资源配置无效率。这一观点认为，通货膨胀导致不同时期的价格变动较大，使得市场经济体系下资源配置的价格信号作用失效。例如，人们在年初预期价格上涨，就会提前购买商品，导致商品需求量上升；生产企业如果以此为依据，扩大生产量，就有可能到年中或年末时因购买量减少而出现供过于求现象。在这一过程中，生产企业为扩大生产量而配置生产要素，如土地、劳动力、原材料，就造成了浪费（经济无效率）。市场经济体系下，价格机制是最为重要的机制，其信号功能失效，也就意味着经济无效率。

（4）税收扭曲。这一观点认为，个人所得税累进制下，一个人的收入越高，所面临的累进税率也就越高。通货膨胀提高了人们的名义收入，使得人们面临着更高的税率，这就增添了个人税负，使得个人的实际收入并没有增加。例如，当个人所得税起征点为5000元时，一个人的月工资收入为4000元时就无须缴纳所得税；如果发生通货膨胀造成所有产品价格上涨50%，工资价格也上涨50%，即其月工资收入达到6000元时，超过起征点，就需缴纳所得税。但是，名义工资收入上涨只是由于发生了通货膨胀，6000元的购买力与之前的

4000元购买力是一样的，税前实际收入并没有增加，但是现在将缴纳更多的税，增加了个人的税收负担，相当于成本提高了。

(5) 再分配效应。前面介绍过，不同人群对通货膨胀的承受力是不同的。如果通货膨胀没有被预期到，会带给不同人群不同影响，例如，这将对那些依靠固定货币收入维持生活的人群（例如工薪阶层）不利，因为其实际收入并没有增加，反而因物价上涨而生活支出上升；而那些依靠变动收入维持生活的人（例如合同中订有随物价上涨条款①的工人、强大工会支持的工人）则会因通货膨胀获益，他们的货币收入会上升更高幅度。又如，通货膨胀对储蓄者，以及依靠退休金、养老金和保险金生活的人群不利，使得他们的存款实际价值下降。同时，通货膨胀还在债务人和债权人之间发生收入再分配作用，使得债务人获益、债权人受损。假如甲向乙借款1万元，一年后因通货膨胀，物价上升一倍，则一年后甲归还给乙的1万元相当于借款时的一半，乙拿到的1万元（名义）的实际购买力只有5千元。

在货币理论中有一个涉及利率的公式：实际利率＝名义利率－通货膨胀率，当通货膨胀率高于名义利率时，实际利率为负值。这就很清晰地告诉我们：当通货膨胀率较高时，银行存款其实在贬值，实际获利为负。

总体来说，通货膨胀对于国民经济、企业生产和居民财富分配都带来负面影响，一国政府要尽量避免出现较高幅度的通货膨胀。

五、通货膨胀是怎么发生的？

关于通货膨胀发生的原因，经济学者对此问题存在一定争议，他们主要从三个角度来予以解释：(1) 货币数量论的解释；(2) AD 和 AS 的解释；(3) 经济结构变动的解释。②

(一) 货币供给过多产生了通货膨胀

这是货币数量论的观点，即，每次通货膨胀的背后都有货币供给的迅速增

---

① 经济学中称为"工资指数化"条款——名义工资随通货膨胀率同步上升。
② 高鸿业：《西方经济学·宏观部分》(第7版)，北京：中国人民大学出版社2018年版，第474~478页。

长。该理论认为，通货膨胀就是一种货币现象。其理论的出发点是货币交易方程：

$$MV = Py$$

其中，M 表示货币供给量，V 表示货币流通速度，P 表示价格水平，y 表示实际收入水平。公式的左边 MV 反映经济中的总支出，即，整个国家在一定时期内需要多少货币总量来标示其产出（GDP）的价值；右边 Py 反映名义收入水平，即该国在此时期内的产出价值多少，二者是相等的——有多少产出，就用多少货币量来标示出来。

由上述交易方程式，可得如下关系式：

$$\pi = \hat{m} - \hat{y} + \hat{v}$$

式中，π 为通货膨胀率，$\hat{m}$ 为货币增长率，$\hat{y}$ 为产量增长率，$\hat{v}$ 为流通速度变化率。因此，可以得到通货膨胀来源于三个方面：产量增长、货币增长和货币流通速度。进一步地，假定货币流通速度不变，则有：$\pi = \hat{m} - \hat{y}$，即通货膨胀率等于货币增长率减去产量增长率。同时，在长期内，实际产量的增长率是固定不变的，因此，上述方程意味着：通货膨胀率＝货币增长率。也就是说，货币供给的增加是通货膨胀发生的基本原因。

货币数量论论断在美国 19 世纪 70 年代至 21 世纪前 10 年的货币增长率和通货膨胀率之间的紧密关系得到佐证。货币供给迅速增长的年代，如 20 世纪初和 70 年代，往往是通货膨胀率高的年代；货币供给放缓的年代，如 20 世纪 20 年代和 30 年代，也是通货膨胀率低的年代。货币供给过多会导致通货膨胀的观点，在现代宏观经济学中基本达成一个共识，这就是货币主义代表人物弗里德曼（Milton Friedman，1912—2006）的一句名言："通货膨胀时时处处都是一种货币现象。"（Inflation is everywhere and always a monetary phenomenon）

（二）需求拉动导致出现通货膨胀

需求拉动的通货膨胀，又称为超额需求的通货膨胀，是指总需求 AD 超过总供给 AS 所引起的一般价格水平的持续显著的上涨。这一理论把通货膨胀发生原因解释为："过多的货币追求过少的商品。"下面用图示说明（图 5-5）。

在 AS-AD 模型中，横轴 Y 表示一国或地区的总产出（国民收入），纵轴 P

五、通货膨胀是怎么发生的？

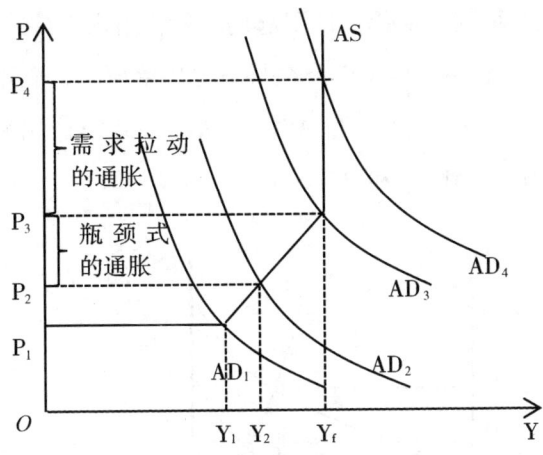

图 5-5 需求拉动的通货膨胀

表示一般价格水平。总供给曲线 AS 起初呈水平状态，表示此时总产出量较低，总需求 AD 的增加不会引起价格水平上涨（即 AD_1 时的价格为 P_1）；当总产量达到 Y_1 后，总需求 AD 继续增加，就会遇到生产过程中的瓶颈现象，即由于劳动、原料、市场设备等的不足而使得生产成本提高，因而引起价格水平上涨。图 5-5 中，总需求 AD 继续增加时，总供给 AS 曲线便开始向右上方倾斜（即不是无限供给，AS 线不再呈水平状），价格水平上涨幅度就快一些。当总需求 AD 曲线增加到 AD_3 时，价格上涨到 P_3，增长幅度更高、速度更快，此时的通货膨胀率还不算太高，称之为瓶颈式的通货膨胀。在生产达到潜在水平 Y_f 时（即充分就业，生产要素全部使用），总供给 AS 曲线呈垂直状态，此时，总需求增加（AD_3 到 AD_4）不会引起总供给的增加，只会引起价格水平的大幅、快速上升（P_3 到 P_4），这就是需求拉动而产生的通货膨胀。

在现代宏观经济学理论中，不论总需求的过度增加是来自消费 C、投资 I、政府支出 G，还是国外需求，都会导致需求拉动的通货膨胀。也就是，总需求方面的原因或冲击主要包括财政政策、货币政策、消费习惯的突然改变、国际市场的需求变动等。

(三) 成本上升推动发生通货膨胀

这是 AS-AD 模型解释的另一个角度，是从总供给 AS 变化来解释为什么会出现通货膨胀，又称为成本通货膨胀或供给通货膨胀，是指在没有超额需求的情况下，由于供给方面成本的提高所引起的一般价格水平持续和显著的上涨。

在 AS-AD 模型中，生产成本上升会导致总供给减少，表现在图 5-6 中总供给 AS 曲线向左移动（AS_1 到 AS_2 和 AS_3），从而导致总产出减少（Y_1 到 Y_2 和 Y_3）、价格水平上升（P_1 到 P_2 和 P_3）。

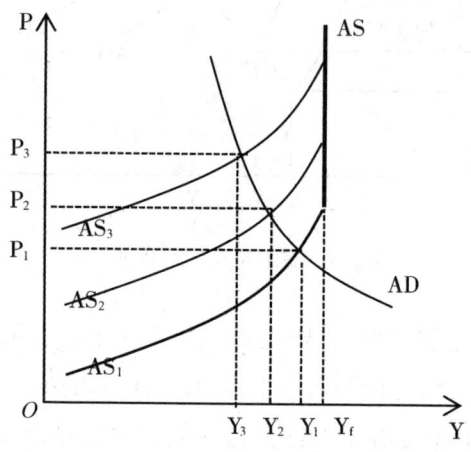

图 5-6　成本推动的通货膨胀

如图 5-6，当 AD 一定，而 AS_1 由于成本提高移动到 AS_2 时，$P_1\uparrow \to P_2$；当成本进一步上升时，$AS_2\downarrow \to AS_3$，$P_2\uparrow \to P_3$，而 $Y_3\downarrow < Y_2 < Y_1$。

西方学者认为，生产成本上升的原因在于工资成本（即劳动力成本）上升、垄断或寡头企业利用其市场势力谋取过高利润，因此就有：

(1) 工资推动的通货膨胀：在不完全竞争的劳动市场上，因为工资$\uparrow \to$P（价格）$\uparrow \to$工资$\uparrow$，出现工资—价格螺旋上升情形。

(2) 利润推动的通货膨胀：在不完全竞争的产品市场，垄断企业追求更大利润，导致 P$\uparrow$。

以上是从总供给角度来说明为什么会发生通货膨胀。一些西方学者还提出从总供给和总需求两个方面及其相互影响来说明为什么会发生通货膨胀，即混合通货膨胀理论，其对于我们理解通货膨胀问题有一定启发意义。

（四）经济结构调整导致发生通货膨胀

这种情形的通货膨胀称之为结构性通货膨胀，是指由于经济结构因素的变动而出现一般价格水平的持续上涨。

这一理论把通货膨胀发生原因归结为经济结构本身具有的特点:(1)从生产率提高的速度看,一些部门生产率提高速度快,另有一些部门生产率提高速度慢;(2)从经济发展过程看,一些部门正迅速发展,另有一些部门渐趋衰落;(3)从同世界市场的关系看,一些开放部门同世界市场联系十分密切,而非开放部门同世界市场没有密切联系。

由于这种经济结构性的特征(即存在差异),使得经济发展中难以做到统一。但是,这些部门在工资和价格问题上却都要求"公平"、要求"统一",例如:由于生产率提高的快慢不同,两个部门的工资增长快慢也应有区别,但慢部门要求工资增长向快部门看齐,结果全社会工资增长速度高于生产率增长速度,从而引起一般价格水平的上涨(即发生通货膨胀)。

六、通货膨胀为什么会持续下去?

在大多数情况下,通货膨胀一旦发生后,不会短时间内消除,会有不断持续下去的趋势,在经济学中称为"通货膨胀螺旋"。这是因为如果大多数人都预期到同样的通胀率,它就会变成经济运行的现实。

以工资为例,在通货膨胀发生后,工人要求工资↑→物价↑→工资提高↑→工资提高和价格上涨,形成螺旋式的上升运动,图示如下(图5-7):

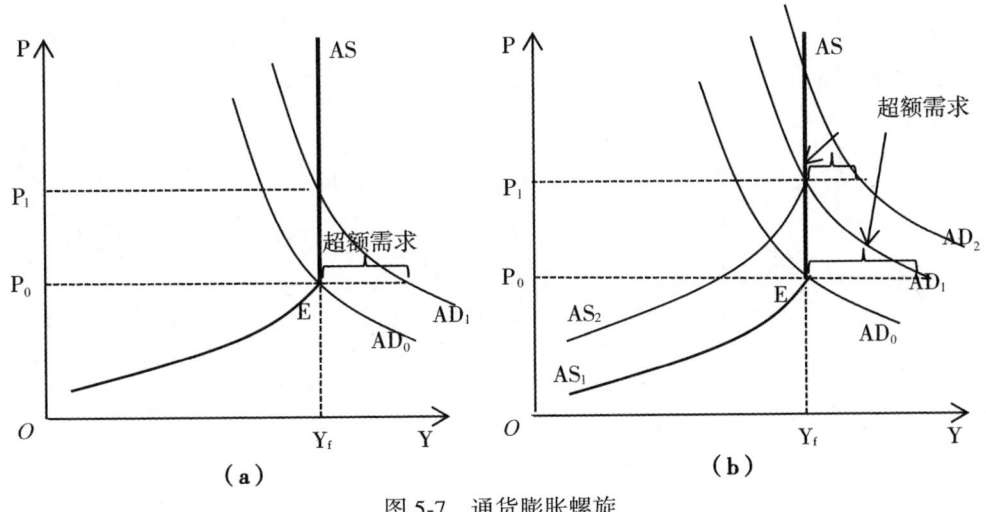

图 5-7　通货膨胀螺旋

在图 5-7(a)中，初始均衡点为 E，假定出现总需求冲击(即意外出现)：$AD_0\uparrow \to AD_1$，这使得在原价格 P_0 上出现了超额需求，结果 $P_0\uparrow \to P_1$。依据前述成本推动的通货膨胀模型中的工资—价格螺旋，价格上升引起工资$\uparrow \to$AS 向上移动，表现在图(b)中 AS 曲线由 AS_1 左移到 AS_2，$AS_1\uparrow \to AS_2$，更高的工资率意味着人们有更多的收入，导致更多的消费，所以，总需求 $AD_1\uparrow \to AD_2$；在新价格 P_1 下，AD_2 与 AS_2 之间仍有差距，于是又存在一个对商品的超额需求。这将导致价格进一步上涨，又引发了另一轮工资上涨，这样，通货膨胀的压力在整个经济运行中不断循环下去。

前面介绍过，通货膨胀对一国和地区的宏观经济和居民都将带来不利影响，特别是未预期到的通货膨胀发生后，将导致：(1)不确定性的增加：会导致储蓄、投资等决策代价加大，导致经济效率降低。(2)不合意的财富再分配——不利于靠固定货币收入维持生活的人，这是因为物价上升，在货币收入一定情况下，则实际收入下降，导致生活水平下降。这些人群主要是那些领取救济金、退休金的人，以及工薪阶层、公务员、靠福利和转移支付生活的人。也有些学者认为，通货膨胀是利于政府不利于公众，这有两种解释：一是因为政府是债务人而居民是债权人，通胀时意味着货币收入的提高，意味着纳税等级的提升，因而要多缴税；二是因为通货膨胀相当于政府征收的一种税收，称之为货币铸造税，因为通货膨胀是政府为筹资而发行货币过多造成的，通货膨胀发生后，每位居民持有货币的购买力下降了，相当于政府对每个人征收了一笔税。

第六章　货币供给与债务危机

◎内容提要

本章主要介绍：(1)如何知道社会上有多少货币？(2)货币是如何供给和创造的？(3)政府能超发货币吗？(4)债务危机是如何发生和化解的？以便让读者更清楚理解现实中的货币供应量和债务危机是如何发生的。

第五章介绍通货膨胀发生原因时提到，货币主义者认为是因为政府供给货币过多造成了通货膨胀，通货膨胀是一种货币现象和问题。那么，政府能不能任意发行货币？货币供给过多是否还会引起其他问题，比如债务危机呢？本章试图对此予以解释。

一、怎么知道社会上有多少货币？

首先需要说明的是，一国掌管货币供应的部门机构一般称之为中央银行(央行)，它与政府是有区别的，宏观经济学中的"政府"往往是指负责财政的部门(财政部)，也就是负责财税的部门。但为了简便起见，也把中央银行作为政府的一部分，因此，第五章中的货币数量论者认为通货膨胀的发生是政府发行过多的货币而导致的。

政府真的能任意发行货币吗？这就引出货币供给问题。要了解这一问题，首先要知道社会上有多少货币量。在宏观经济学和货币金融学中，反映货币供给量(货币供应量)的指标有三个：M0、M1和M2，这是按照货币的流动性(即流动的速度)来划分的。

M0：基础货币，包括：流通中的现金，也就是在银行体系以外的各个单位的库存现金和居民手中持有的现金之和。在中国，M0 数量等于中国人民银行发行的现金货币扣除各银行的库存现金。这一数据是央行可以获得的，也是真实可信的。

M1：狭义货币，包括：银行外的现金（M0）+企业活期存款（支票存款）。世界上绝大多数国家 M1 包括 M0、企业活期存款和居民活期存款。企业和居民都可以用活期存款账户直接开支票。过去我国居民是不行的，现在，居民可以通过信用卡、网络支付工具使用活期存款，具有开支票功能，理论上属于 M1 口径，但由于牵涉很多行政手续，中国人民银行并未把它归入 M1 之中。M1 代表一国经济中的现实购买力，与实体经济发展有很高的相关性。著名的"克强指数"中的领先指标之一就是 M1 增速，是跟踪中国实体经济增长状况的一个较好指标。

M2：广义货币，包括：M1+城乡居民储蓄存款（包括活期和定期）+单位定期性质的存款+单位其他存款（如外币存款、信托类存款）+证券公司客户保证金（我国 2001 年 7 月起纳入统计）。很多国家（例如美国）倾向于通过 M2 数据来观察和调控货币供应量。中国人民银行称 M2 为"货币和准货币"。

M3：金融理论上的广义货币指标，包括：M2+金融债券+商业票据+大额可转让存单等，但我国目前没有这一统计指标。

货币供应量是一个存量概念，中国人民银行每个月都会发布上月末这个时点的 M0、M1 和 M2 三组数据，例如 2021 年 6 月，M0 为 8.4 万亿元，M1 为 63.7 万亿元，M2 为 231.8 万亿元，可以看到，货币供给的口径不断扩大。其中，M0 与 M1 和 M2 之比分别为 13.2% 和 3.6%，也就是说，现实生活中以现金形式的货币是占较小比例的，更多的是存款类货币。

为什么存款也算作货币供给呢？这是因为现实交易中，各类存款是可以通过转账或提取等形式转化为现金，发挥货币的各项职能（如交易、储存）。事实上，存款也只是银行系统的电子数字而已，也可以看成为一种电子货币。由于中国 M0 与 M2 之比已经低于 4%，可以说货币供给中 96% 以上是存款形式的电子货币。从这一角度看，比特币等所谓的数字货币并非新鲜事物。目前，中国央行已经开始试点数字货币，未来还可能出现它取代 M0 的情形，数字货币在跨境交易、移动支付、安全可追踪等方面都有着广阔的应用前景。①

---

① 颜色、郭凯明：《宏观经济学与中国政策》，北京：北京大学出版社 2020 年版，第 110 页。

二、货币是如何供给和创造的？

需要注意的是，货币供应量的统计口径中涉及"存款"一项，这也间接反映了现代银行体系中货币是如何供给和创造的过程。也就是说，货币供给是通过银行系统向经济体中投入、创造、扩张（或收缩）货币的一个过程。其基本原理是：中央银行通过调节基础货币来控制货币供应量。这里的基础货币，按照国际货币基金组织的定义，包括中央银行为广义货币和信贷扩张提供支持的各种负债，主要指银行持有的货币（库存现金）和银行外的货币（流通中的现金），以及银行与非银行在货币当局的存款（即存入中央银行的准备金，包括法定准备金和超额准备金）。由于库存现金较少参与社会流通，因此，基础货币是指流通中的现金与银行准备金的总和。

简单地说，基础货币就是从中央银行发行出来的货币。中央银行通过一定的渠道将基础货币注入市场，例如，中央银行给商业银行发放贷款，中央银行"花钱买入"商业银行持有的国债或者外汇，通过这些渠道，商业银行获得了大笔资金，这些资金可以用于放款，从而也就开始了货币创造派生存款的过程。商业银行也可以吸收流通中的现金（即商业银行的存款业务），将这些现金中的一部分用于放款，也能进行货币创造。当然，这些流通中的现金同样是来源于中央银行的。

货币创造派生的过程，是一个银行系统放贷款和资金使用的过程。这一机制可用一个简单情形来进行说明：假定公众不持有现金（即通货），全部将以存款形式持有货币；银行吸纳存款后，按央行规定20%的比例作为准备金（即法定准备金率），剩余80%转化为贷款。设想中央银行某一时期增加了1000万元基础货币，经过市场交易后，持有者以存款形式存入A银行（当然，这1000万元也可以存入多家银行，并不影响后面的分析）。A银行将其中20%即200万元作为准备金存入中央银行，剩余80%全部贷款给某一企业。该企业在得到A银行的贷款后，会用来购买机器设备、支付工资等，总之，最终被另一些企业或个人持有。由于公众并不持有现金，他们仍然会以存款形式将这800万元存入第二家银行B银行。B银行得到800万元存款后，会将其中的20%即160万元作为准备金存放在中央银行账户上,余下640万元全部贷款出去。经过一系列交易,这640万元再次以存款形式进入第三家C银行,C银行也将其20%(即128万元)存入中央银行准备金账户,余下80%(即512万元)被贷出。由此,不断存贷下去,各银行的存款总和为:

$1000+800+640+512+\cdots$

$= 1000+1000\times(1-20\%)+1000\times(1-20\%)^2+1000\times(1-20\%)^3+\cdots$

$= \dfrac{1000}{20\%} = 5000(万元)$

由此可以看到,存款总和(用D表示)与最初的基础货币(用R表示)和法定准备金率(用r_d表示)之间的关系是:$D = \dfrac{R}{r_d}$

由于不存在通货(流通中的现金),这些存款就是货币供给,也就是说此时社会上的货币供给量为存款总和,即货币供应量是央行新增的一笔基础货币和贷款放大创造的结果。这里的$\dfrac{1}{r_d}$称为货币创造乘数(用k表示)。r_d越小,乘数k的值就越大。因此,要想不让社会上的货币供给太多,就可以提高r_d,即提高法定准备金率——它是央行控制货币供给的一个政策工具。

由上述分析可知,货币的供给不能只看到央行最初投放了多少货币(基础货币),还必须重视货币创造(乘数)而派生增加的货币供给量。这个乘数的大小,与法定准备金率高低有关。法定准备金利率高,说明商业银行系统要把更多的资金存放到中央银行的准备金账户之中,用于贷款的资金就少了,因而创造和派生出来的货币就少了。

需要注意的是,准备金有法定的和超额的两种。所谓超额准备金,是指商业银行自己愿意(不是法定强制的)存放到中央银行的准备金,这是由于商业银行感觉经济不景气、贷款风险较大,因而存放到中央银行准备金账户上。因此,货币创造乘数k的大小就由法定准备金率和超额准备金率(用r_e表示)两个因素决定了。

同时,上述例子中是假定公众不持有现金,都以存款形式持有货币;实际生活中,公众(包括居民和企业单位)多少持有一定现金的,这就是通货—存款的比例(用r_c表示)因素也会影响货币创造乘数。假定超额准备金率为5%,通货—存款之比为5%，这样，上例中第一家A银行1000万元就有三部分资金不能放贷出去：法定准备金200万+超额准备金50万+通货50万，其货币创造乘数改变为：$k=\dfrac{1}{r_d+r_e+r_c}=\dfrac{1}{20\%+5\%+5\%}=\dfrac{1}{0.3}$，而不是最初的$\dfrac{1}{0.2}$，货币供给就少一些了。

正因为货币供给过程中涉及中央银行最初投放的货币（基础货币）、商业银行所要遵守的法定准备金率和自愿控制的超额准备金率，以及现实中的通货—存款比例等诸多要素，不完全是中央银行能够控制的，从而引发宏观（货币）经济学理论中常出现"货币外生性"（货币供给不是央行控制的）和"货币内生性"（货币供给是央行控制的）的争论。

对于中央银行来说，基础货币（存款扩张的基础，包括准备金+通货，比M0稍大）比货币供应量（如M1和M2）更容易控制。在货币供应量的形成过程中，有商业银行和社会公众的共同参与，中央银行不容易对这一过程施加直接的影响。但中央银行很容易控制基础货币。例如，中央银行可以把国债卖给商业银行，商业银行向中央银行付款，中央银行也就实现了回笼基础货币的目的；反过来，中央银行可以购买商业银行持有的国债，向商业银行投放基础货币。

还需指出的是，中央银行投放货币不是直接发行货币给民众，而是通过一定政策工具投放到各个商业银行和金融机构之中，再由商业银行和金融机构以一定方式释放到社会公众手中（图6-1）。

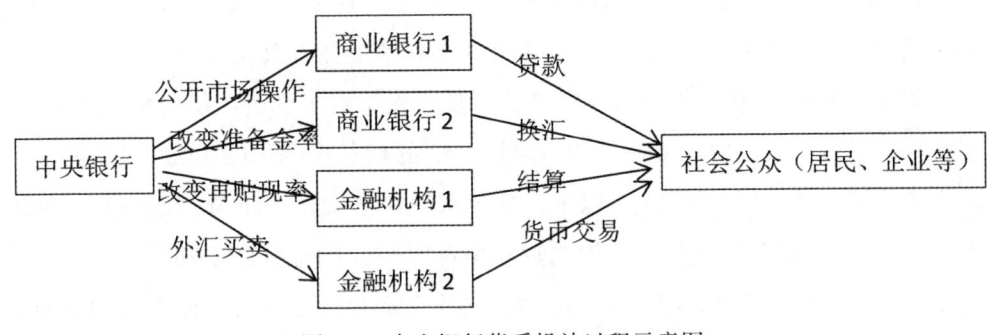

图6-1 中央银行货币投放过程示意图

中央银行投放货币最常见的方式是进行公开市场操作，例如，购买财政部发行的国债(国债通常是由商业银行和金融机构代销)、购买外汇市场上的外汇、购买商业银行和金融机构的债券或票据(逆回购)等。此外，为完成国家特殊建设项目，直接贷款给政策性银行或商业银行(如国家开发银行的棚改项目贷款)，也是货币投放的一种方式。近年来，包括中国在内的各国中央银行，不断创新货币投放的渠道和方式。

三、政府能超发货币吗？

不论学者们在货币供给"内生性""外生性"问题上存在多大争论，但大家都关心一定时期内国家的货币供应量是否与其实际产出(GDP)价值相一致：如果货币供应量远远超过 GDP 总值，那就有可能引发通货膨胀；如果货币供应量远远少于 GDP 总值，则总产出的价值标价就要低一些，物价水平持续下降，有可能引发通货紧缩。

货币供应量与通货膨胀率是否紧密相关，在第五章中已经在通货膨胀为何发生时予以介绍过。但一些学者认为：(1) M1 增速与 CPI 变化率之间有明显的正相关性；(2) M2/GDP 可看出一国是否"超发"货币的情形和问题。[①] 我们从相关统计数据看，中国 1995 年以前的货币供应量(以 M2 为口径)低于 GDP 总值，1996 年后 M2/GDP 的比值开始大于 1，2015 年以来超过 2 倍。1994—2019 年，货币供应量平均为 GDP 总值的 1.59 倍，总体上波动幅度并不太大；波动较大年份为 2006—2009 年，其间 M2/GDP 一度下降(2007 年和 2008 年约为 1.49)，这是当时采取紧缩货币政策所致，但由于全球金融危机发生，2009 年实施刺激性货币政策，使得 2009 年的 M2/GDP 值陡然上升至 1.75。

图 6-2 展示了 1994 年以来我国经济增长、物价水平和货币供应量之间的变动趋势。可以看到，除 2008—2010 年外，M2 的增长率与 CPI 和经济增速的变动趋势比较一致。但自 2014 年以来，物价水平并不太高，而 M1 增长率变动却很大，M2 增长率有下降趋势，说明货币是否"超发"的证据还不甚明显。

同时，政府能否为刺激经济增长而"超发"货币，是受到多种因素的影响。

[①] 徐高：《宏观经济学二十五讲：中国视角》，北京：中国人民大学出版社 2019 年版，第 222 页。

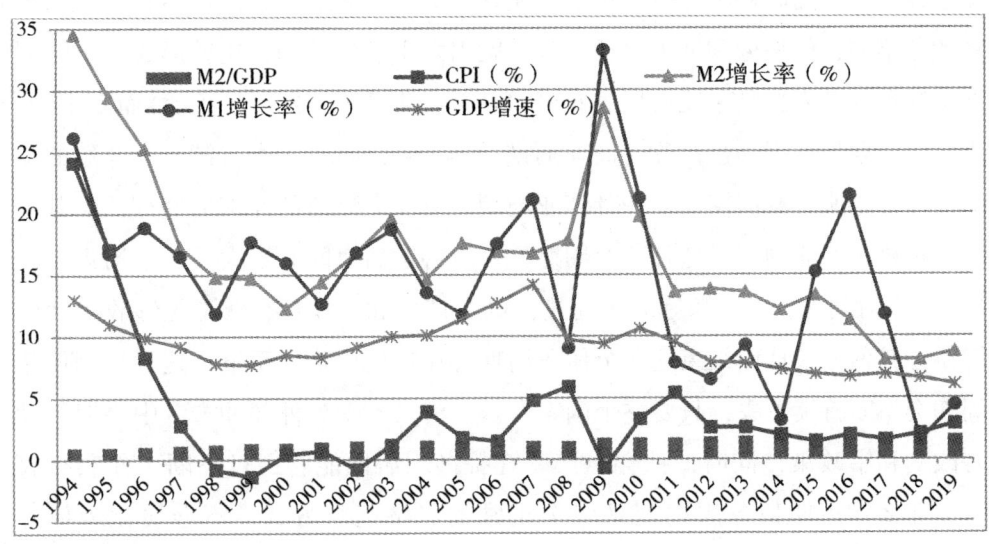

图 6-2　1994—2019 年中国货币供应量与经济增长和物价水平的变动趋势

在现代经济体系中，一国货币政策的第一目标究竟是经济增长还是物价稳定，一直是宏观经济学理论争论的话题。也就是说，政府是不能随意动用货币政策的，政策纪律性和约束性决定了其难以"超发"货币。

四、债务危机是如何发生的？

美国著名的对冲基金"桥水基金"创始人雷·达里奥在视频《经济机器是如何运转的？》中指出，现代信用经济体系下，所有经济活动的变化以及金融市场价格变化都来自：（1）货币以及信贷总量的变化（Total $ = Money + Credit），（2）所卖产品和服务以及金融资产的数量的变化（Total Q = Total $ ／ Price），其中前者（$）的变化比后者（Q）的变化对于经济的影响要大，因为改变货币以及信贷的供应相对其他因素来说显然要容易得多。事实上，政府（包括中央银行和财政部）在制定和执行相关政策过程中，会改变总的货币量和信贷量（Money + Credit = Total $），相应也就形成了短期债务周期和长期债务周期（见本书第二章）。

短期债务周期，往往发生在中央银行和财政部门通过货币政策和财政政策促进经济复苏的时候，此时政策是宽松的，央行和政府鼓励人们借贷，从而导致债务增多；但债务到期需要还款时，就引发了经济波动，这就形成了一个周期。这种债务周期是居民开展各种经济活动(或者称之为商业活动)而发生的，因此，短期债务周期也被称为商业周期(business cycle)。本书第五章介绍的周期性通货膨胀，其周期就是一种商业周期。第八章介绍的经济周期理论，其中就包括这种商业周期。这种商业周期，一般持续的时间并不太长，平均为5~8年。8年时间内，一个家庭居民通过提高生产率和工作量，获得足够收入就能够偿还其债务，从而结束这一个债务周期。在现代信贷体系下，这种短期债务周期会不断持续下去，只要整个国家宏观经济没有受到外部冲击，中央银行没有改变利率政策，同时，社会生产率在提高、居民能够通过不断工作获得收入，那么，短期债务周期就是一个正常的经济运行方式，不会演化为债务危机。

但是，在一个相对较长的时间内，例如50~75年，情形就可能是这样的：(1)经过了多个商业周期(短期债务周期)，虽然政府和居民努力缓解，但是居民还是积累了太多的债务(或者称为负信用)，所以当又一个外部冲击到来、经济开始衰退的时候，居民就还不起债务了。因为此时其债务远高于资产(debt > asset)，几乎成为无产者或者负产者，即使原来借债购买的不动产，例如房屋，其价值也可能为负。(2)在这个时候，中央银行无论怎样降低利率，都无法鼓励居民去借债，低利率政策无效；此时，唯一的方法是要等待居民修补好他们的资产平衡表，而这一修补过程一般会花8~10年时间。此时，就演变为一种债务危机。只不过此时的债务危机，是居民层次的债务危机。

中央政府会不会也形成这种债务危机？当然会。按照达里奥的债务周期理论，在现代信贷经济体系下，由于信用这一因素的存在，使得原本无收入无资产的居民可以通过借贷开展经济(商业)活动，中央政府也是一样的。中央政府也可能因为收不抵支、存有较大赤字，因而通过发行债券来获得所需资金，这样就形成了公共债务。当一国宏观经济出现下滑态势，中央政府为刺激经济增长，会继续扩大开支和投资，使得公共债务量不断扩大，而在下滑阶段税收收入也在减少，最后可能演化为公共债务危机。

一般来讲，中央银行的利率政策可以左右居民的借贷行动，决定居民的债务量，中央政府的财政政策决定了公共债务量。但是，当经济出现较长时间衰退的时候，居民和政府都还不起债务，就演化为债务危机了(图6-3)。

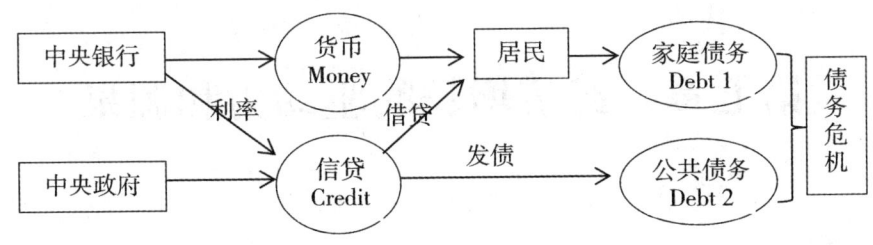

图6-3 信贷体系下的债务危机

2007年，美国发生次贷危机，即居民到期还不起向银行和金融机构所借贷的债务而形成危机。此时，中央银行的低利率政策无效，加之中央政府的赤字财政政策，引发出更大的债务危机；金融系统内的投融资机制无节制的"创新"，引发银行倒闭，进而演变为影响更广泛的系统性金融危机。此轮危机被称为"全球金融危机"，致使全球经济走向衰退，一直到2020年一些国家和地区还未走出其阴影。

本书第八章介绍，中国政府为缓解2008年全球性金融危机推出"4万亿计划"，其中很大一部分资金来源于地方债券，也成为影响地方和国家经济发展的重要风险之所在。

对于居民和政府来说，有四种方法可解决债务高企不下的问题：(1)勒紧裤腰带，减少消费支出，(2)债务重组免去或减少债务，(3)通过战争或革命对财富再分配，(4)债务货币化，即通过中央银行购买这些债务资产，相当于改变图6-3中的社会上的总体资金结构(money↑，credit↓)，也就是通俗说的"印钞票"。这四大方法中，前三个都会导致通货紧缩(经济更加紧缩)，而且还会引发财富外流；印发钞票几乎是解决债务太多的唯一有效的和平方法。一方面，中央银行印发钞票购买金融资产，保持它们的价值，使得很多债务得到保值而不会违约；另一方面，中央银行印发钞票相当于直接向经济体系中投放货币，刺激经济，控制通缩。当然，这种印钞方法的后果也可能导致该国货币贬值，影响到汇率。

第七章 经济增长的驱动力和源泉

◎内容提要

本章通过理论介绍和实践案例解答以下问题：(1)经济增长的驱动力和源泉有哪些？(2)改革开放以来我国经济增长的动力源泉有哪些？(3)人口红利、制度红利、后发优势是怎么回事？如何进一步挖掘"红利"与"优势"？(4)如何驱动"三驾马车"促增长？(5)中国经济存在"外贸依赖症"吗？(6)2012年以来中国经济增速为何放缓？以便让读者理解中国为何长期保持经济增长态势。

第三章介绍观察一国或地区经济总量和财富增长的最佳指标GDP及其增速，了解到新中国成立70余年来经济总量已超过100万亿元，年均增速也保持较高水平，从一个积贫积弱的落后国家发展成为富足繁荣的世界第二大经济体，创造了人类经济发展历史上的"中国奇迹"。那么，从理论和实践上怎样理解中国经济增长的"秘诀"？这就涉及经济增长的驱动力及源泉问题。

一、经济增长的驱动力及源泉有哪些？

首先需要指出的是，经济增长≠经济发展，经济增长是体现国民产出数量和速度上的变化，经济发展不仅体现国民产出数量和速度变化，还体现经济结构、资源消耗、生态环境成本，以及收入分配和制度变化等社会内容，是一个质量概念。但是，经济发展一定包含着经济增长，是以经济增长为基石的。因而，在宏观经济学理论中，讨论一国或地区经济是如何增长(即经济增长问题)是最重要的，它被视为一个长期视角，事关人类发展。只有经济不断增长，才能为国民提供物质和精神产品，才能不断满足人们的需求。

一、经济增长的驱动力及源泉有哪些?

宏观经济学中对一国如何促进或实现经济增长,有两种解释思路,一是从驱动力角度,即从总需求方面来看待经济如何增长;二是从源泉角度,即从总供给方面来看如何实现经济增长。这可以通过总供给-总需求(AS-AD)模型示意图来理解。在图7-1中,横坐标代表一国产出Y,Y_0到Y_1、Y_2或Y_3表示经济增长了。怎样让最初的产出Y_0向右移动呢?一是让总需求AD曲线向右移动,可以达到Y_1;二是让总供给AS曲线向右移动,可以得到Y_2。当然,也可以让AS和AD两条曲线同时向右移动,得到更高水平的Y_3。

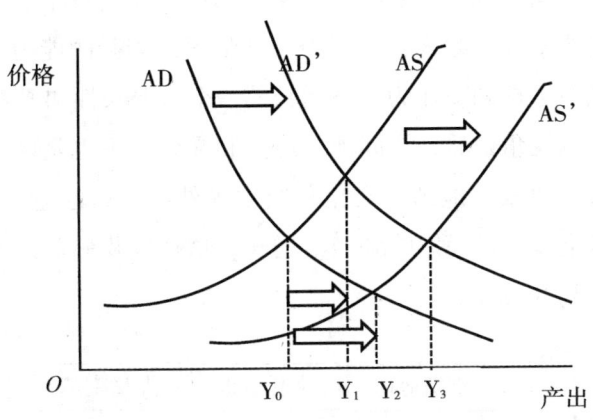

图7-1 经济增长的AD-AS分析框架

从总需求AD角度来理解一国经济增长,类似于前面介绍GDP统计的支出法,一国国民有多少实际需求支出就意味着该国已经生产出了多少产品、有多少产出,即经济增长了。从总供给AS角度理解一国经济增长,意思是说只有产出增加了也就能供给更多产品,总供给增加是名副其实的经济增长。

宏观经济学理论认为,总需求AD曲线移动是短期问题,即经济为什么会波动的问题。在开放经济条件下,消费、投资、政府支出和净出口是导致总需求变动的四个"轮子"。如果把政府支出理解为投资的一部分,这样,驱动总需求曲线向右移动的就是消费、投资和净出口这"三驾马车",即经济增长的驱动力是消费、投资和净出口。用一个公式表示为:$Y = C + I + N_x$,这三个驱动力在后面会详细介绍。

总供给-总需求模型中如何让总供给曲线向右移动,实现经济增长呢?宏观经济学理论认为,总供给AS曲线移动是一个长期问题,即经济如何增长的问题，主要探讨有哪些因素可以实现和促进经济增长？通常认为，资本、劳动力、技术进步、企业家精神和制度变革是促进经济增长的五个要素，也就是五个源泉，前四个为生产要素条件，制度变革是外部软环境；也可以理解前四个是直接因素，后一个是间接要素。当然，也有一些学者认为"企业家精神"可以包含在"劳动力"要素之内，企业家无非是一种高质量的劳动力。但在发展经济学家看来，企业家精神不仅仅指的是企业家劳动力，更强调它是一种创新精神、一种组织和经营管理才能，这是一种重要而特殊的无形生产要素。对于发展中国家来说，更要强调企业家精神要素作用，它能将资本、劳动力、技术进步和制度变革等要素综合起来，体现为一种学习或创新的能力。实际上，当今很多国家提倡创新，把创新作为经济增长的一个重要条件和要素。

如果从更广阔视角来看，空间地理位置和文化意识也是影响一国或地区经济能否长期增长的要素。地理、文化和制度等外部因素通过影响劳动力质量、资本积累或技术进步，进而影响到经济增长。这样，我们可以把以上实现经济增长的要素(源泉)用图7-2表示：

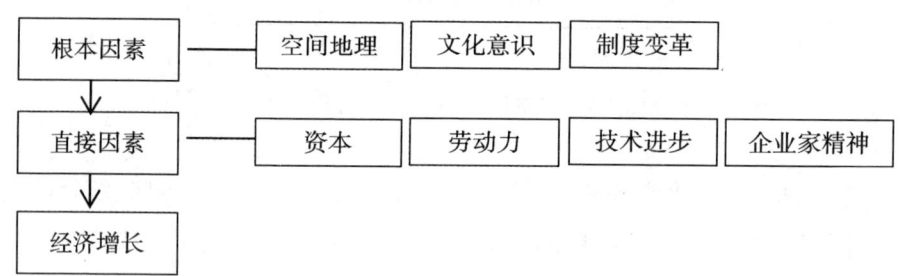

图7-2　理解经济增长要素源泉的逻辑框架

在图7-2框架中，一般把空间地理和文化意识两类因素假定为外部既定的，也就是较少考虑这两个因素对经济增长的影响，仅把其余五个要素作为经济增长的条件。一国要实现经济长期增长，就要发挥上述五个要素的作用，配置各要素并组合好，以此推动总供给增加，实现经济增长。

需要说明的是，从理论上说，经济增长的驱动力和源泉讨论的不是一回事。总供给-总需求模型中，需求侧和"三驾马车"是从宏观经济运行的结果出发来讨论经济为何波动，便于政府进行宏观调控、平抑短期波动，即应对宏观经济波动，并不是促进经济增长的原动力。而总供给侧的移动，则是经济增长的源头,它从产业和企业角度来观察认识问题。要素条件、外部环境才是引致经济增长的根本性、可持续的动力,一国要保证经济长期增长,就要从供给侧谋划着力。

二、中国经济增长的动力源泉有哪些?

本节是从供给侧讨论改革开放以来中国经济为什么能够保持高速增长?这是从影响经济增长的要素源泉——劳动力、资本、技术进步、企业家精神和制度变革等五个条件要素来讨论的。需要指出的是,企业家精神这一要素往往是在发展经济学理论中予以重点讨论的,在现代宏观经济学中,企业家精神所体现的创新(innovation)和意识(idea)最早是被技术进步要素所包含的,直到美国经济学家保罗·罗默(Paul Romer)于20世纪80年代中后期到90年代创立内生增长理论后才得到强化并予以单列。在罗默看来,知识积累和技术创新是经济增长的核心要素,也就是说,经济增长最恒久的动力源泉是知识积累所引致的创新和意识。[①] 在本节讨论中国经济增长动力源泉时,我们沿用国内常见的四要素法(将企业家精神与技术进步要素合并)。同时,此节分析中把劳动力要素等同于劳动要素,这是沿用18世纪古典政治经济学研究惯例而来。在古典政治经济学理论中,探讨一国财富是如何增长的或者说来源,最重要的结论是土地和劳动,这里的劳动实质是人们进行物质和精神活动,是一个动态行为的概念。此后,有专门研究人口要素的学者,认为人口也是促进国民财富增长的重要条件。现代宏观经济学和劳动经济学中,不是所有的人口都能参与社会生产,都能成为劳动力。劳动力是那些有劳动能力且愿意工作的人口,通常包括16~60周岁的人口。在经济增长要素源泉分析中,劳动力用劳动一词代替,实际上也是分析人口要素的作用。

(一)哪些要素对经济增长做出了贡献?

已有比较多的文献是分析资本、劳动增长率、技术进步对中国经济增长的

[①] 张建华:《罗默的内生增长论及其意义》,《华中理工大学学报(社会科学版)》2000年第2期,第73~76页。

贡献。例如，国外学者——美国经济学家保罗·克鲁格曼提出"东亚无奇迹"的观点，认为中国经济增长主要是依靠资源消耗而非效率的提高；① 世界银行专家 Indermit Gill 等认为中国经济增长奇迹很大程度上得益于全要素生产率的贡献。② 国内学者——蔡昉和吴敬琏等研究发现中国经济增长主要依赖资本、劳动力及能源资源等要素投入。③ 王小鲁认为资本形成（即投资）对高速增长做出了很大贡献，但更重要的贡献来自制度变革。④ 张维迎认为中国经济增长主要依靠技术进步。⑤ 杨小凯和林毅夫等则提出落后国家通过模仿发达国家的技术和管理，或者通过技术引进来快速促进经济增长，中国就是发挥了发展中落后国家的"后发优势"得以实现经济快速增长，特别是制度变迁（改革开放）因素对中国经济高速增长起着决定性作用。⑥

邹伟进等认为，1979—2017 年中国经济长期持续发展的贡献依次是：资本的年均贡献率为 66.29%，劳动的年均贡献率为 22.82%、全要素生产率为 10.89%。⑦ 金刚和沈坤荣对新中国成立 70 年的经济增长动力分阶段阐释，认为中国经济增长的大逻辑是政府行为的演变依靠特定的激励机制来推动增长动力的转换，最终影响经济发展（即政府行为是经济增长的源泉）。⑧

以上结论有助于我们理解中国经济增长的动力源泉究竟是什么，以及它们

---

① ［美］保罗·克鲁格曼：《萧条经济学的回归》，朱文晖、王玉清译，北京：中国人民大学出版社 1999 年版，第 37~65 页。

② Indermit Gill, Homi Kharas, Deepak Bhecttasali, et al. An *East Asian Renaissance*: *Ideas for Economic Growth*[M]. World Bank Publications, 2007: 45~81.

③ 蔡昉、王德文：《中国经济增长可持续性与劳动贡献》，《经济研究》1999 年第 10 期，第 62~68 页；吴敬琏：《中国经济增长模式抉择》，上海：上海远东出版社 2006 年版，第 30~38 页。

④ 王小鲁：《中国经济增长的可持续性与制度变革》，《经济研究》2000 年第 7 期，第 3-17、79 页。

⑤ 张维迎：《经济高增长需要技术进步》，《中华工商时报》2003 年 11 月 6 日。

⑥ 林毅夫：《后发优势与后发劣势——与杨小凯教授商榷》，《经济学（季刊）》2003 年第 3 期，第 989~1004 页；高传胜、刘志彪：《"林杨之争"与后发国家经济长期发展》，《学海》2005 年第 5 期，第 20-26 页；林毅夫、刘明兴：《经济发展战略与中国的工业化》，《经济研究》2004 年第 7 期，第 48~58 页。

⑦ 邹伟进、郑应炳、刘万里：《新时代中国经济高质量增长中长期动力：要素结构变迁》，《工业技术经济》2019 年第 11 期，第 23~30 页。

⑧ 金刚、沈坤荣：《新中国 70 年经济发展：政府行为演变与增长动力转换》，《宏观质量研究》2019 年 3 月，第 1~16 页。

是如何推动经济高速增长的。归纳起来，基本结论为：改革开放以来，中国经济能够高速增长，其要素源泉在于有充足的人口（劳动力）、丰富的资源、较高比例的投资（资本）、模仿或引进或自创的技术进步，以及政府推动的制度变革。

在以上这些要素源泉之中，资本要素（即较高比例的投资）一是来源于我国较高的储蓄率，进而有较为充足的资金供企业进行融资和投资；二是来源于我国政府执行的经济增长战略和政策，政府投资率也比较高。这一要素对经济增长的贡献，也可以从需求侧来理解，因为投资需求是推动GDP增长的"三驾马车"之一。本节侧重分析三个要素的重要作用：制度变革、劳动和技术进步。

(二) 制度变革与改革红利是什么意思？

很多经济学家认为中国经济增长的动力源泉是制度变革。例如林毅夫、迟福林、吴敬琏等大家，一直主张"制度红利"观点。[①] 改革开放推动经济增长，这一观点已经在国内外取得共识。我国的制度改革，包括经济体制（从计划经济体制到市场经济体制）、土地制度、所有制制度（允许多种所有制共存）、投融资制度、金融制度等方方面面的变革，均促进了生产要素的合理配置和效率提高。一些学者总结，制度改革通过促进技术创新、推动人力资本积累、降低寻租和腐败、提高社会资源使用效率等渠道显著地推动经济增长，从而形成一种"红利"性质。

在我国，"制度红利"是指通过各项制度改革减少了交易成本，促使生产要素配置更为有效合理，最终促进了经济增长和发展。学者们认为这种"红利"是通过改革开放来实现的，所以也称"改革红利"，即从计划经济体制到市场经济体制的体制改革，以及与市场经济体制相配套的各项改革，使得政府对经济干预下降，市场发挥基础性乃至决定性作用，极大地调动了人的积极性，让企业和国家都得到了大发展，获得更高收益，推动中国经济保持高速增长。

林毅夫总结改革开放创造了中国两大奇迹：一是经济高速增长，二是大规

[①] 魏如松、陈蔚林：《迟福林解读"改革红利"释放》，《海南日报》2013年4月21日，第A05版；王文博：《迟福林：在新起点上将改革进行到底》，《经济参考报》2021年7月2日，第007版；蔡昉、林毅夫等：《改革开放40年与中国经济发展》，《经济学动态》2018年第8期，第4~17页。

模减贫。① 改革开放前,我国人均 GDP 只有 156 美元,还有 2.5 亿左右的贫困人口。如今 40 多年过去了,我国经济实现了从 1978 年到 2019 年,连续 41 年的快速增长,是世所罕见、历史罕见的;同时在这期间,我国有 7 亿多人摆脱了国际贫困线,对世界减贫的贡献超过了 70%。"中国奇迹"是改革开放的结果。

"改革开放"一词是中国"制度变革"要素的总概括,它包含的制度变革包括两个方面:一是国内的各项制度改革,二是对外开放。值得指出的是,对外开放也是一种制度变革。在 1978 年前由于各种原因,我国经济是相对封闭的,是宏观经济学研究中的"封闭经济体",没有进出口这一驾马车的作用;十一届三中全会后确立了对外开放战略,才有了利用外部资源和市场,有了进出口这驾马车,所以对外开放战略的实施就是一种改革。

国内各项制度改革,体现在政治、经济、社会、文化、生态等各个方面,可以说中国 40 多年改革开放过程,就是一部制度变革的历史。在各项改革中,有三次 10 年一次的重大经济制度改革,为中国经济增长提供了持续动力(见图 7-3 的圆圈)。② 第一次是 20 世纪 80 年代初期,以农村土地联产承包责任制改

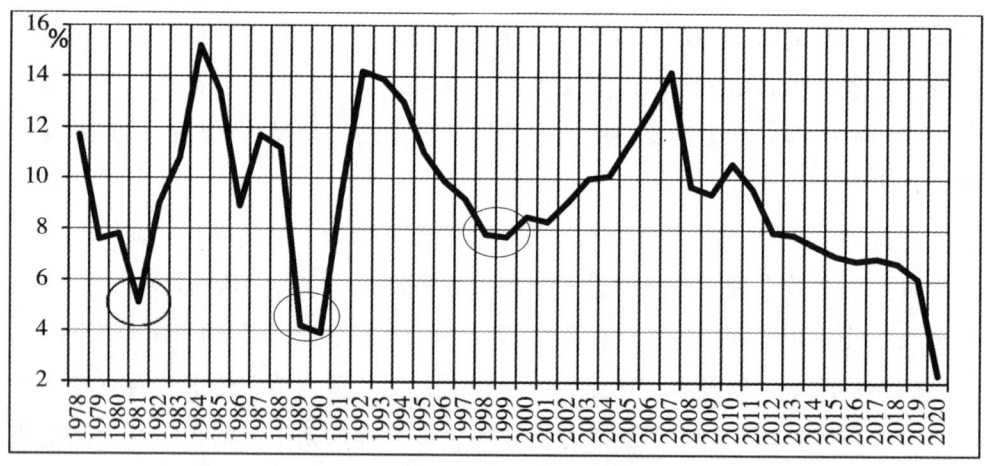

图 7-3　三次重大经济制度变革

---

① 林毅夫:《中国改革开放创造了怎样的奇迹?》,http://tv.cctv.com/2019/06/17/VIDEZy1bTIx8PfHNhw847hLm190617.shtml? spm=C22284.PzshXjuhCrMy.EgFpBGd449Yl.330。

② 张明:《宏观中国:经济增长、周期波动与资产配置》,北京:东方出版社 2020 年版,第 23~26 页。

革和城市企业承包制改革为起点，带来了中国第一个10年的高速经济增长。第二次是90年代初期，以1992年邓小平南方谈话为起点的市场经济体制改革，确立我国经济体制的重大转型，带来又一个10年的高速增长。第三次是1998—2000年的国企改革、住房制度改革，以及中国加入世界贸易组织（WTO），彻底改变了中国经济增长模式和社会发展进程。

20世纪80年代初、90年代初和1998—2000年的三次重大经济制度改革，从农村到城市，从企业到产业，从生产要素到消费市场，每一次改革都提升了经济的市场化程度，提高了微观主体（如劳动者和企业家）的工作积极性，形成了正向激励机制，把生产力彻底释放出来，从而推动了中国经济一轮又一轮的高速增长。[1]

(三) 什么是人口红利？

人口红利，是指劳动人口的持续增长，既带来了大量便宜低成本的劳动力，也带来了巨大的消费力。

众所周知，中国拥有14亿人口，其中15~64周岁的人口占70%左右（1980年代至2000年为66%左右，2000年后为70%~74%），少儿抚养比例持续下降（由1982年的54.6%下降到2000年的32.6%、2019年的23.8%），老年人口比例还未达到较高水平（比如老年抚养比还未达到12%），这样，劳动年龄人口所占比例就比较高，形成一个劳动力资源相对丰富、抚养负担轻、对经济发展十分有利的"黄金时期"，人口经济学家称之为"人口红利"。20世纪80年代到2010年，中国的人口年龄结构就处在人口红利的阶段（2011年老年抚养比才上升到12.3%），每年供给的劳动力总量约为1000万，劳动人口比例非常高，保证了经济增长中的劳动力需求。劳动力资源丰富和成本优势已经使中国成为世界工厂和世界经济增长的引擎。同时，由于人口老龄化高峰尚未到来，社会保障支出负担轻，国民财富积累速度也比较快，使得整个国家GDP积累较高。

中国的人口红利还体现在广大农村劳动力向城市转移，使得经济增长中不仅有数量巨大的劳动力，还有比较低廉的劳动力，形成低成本优势。发展经济

---

[1] 张明：《宏观中国：经济增长、周期波动与资产配置》，北京：东方出版社2020年版，第23~26页。

学中有一个讲人口流动的刘易斯模型,① 说的是一个二元经济体(即发展中国家存在传统部门和现代部门)中,由于传统部门存在大量的低成本(低收入、低工资)劳动力,他们将向高收入的现代部门转移,从而使得现代部门能够获得生产所需的充足的劳动力,最终促进经济发展,这被称之为"劳动无限供给条件下的经济发展"模型。这一模型被认为对发展中国家(包括中国)经济保持高速增长的原因有着较强的解释力。该理论模型说明要促进不发达经济体的发展,其动力源泉一是要进行劳动力转移,二是要进行城市化。当然,当传统部门或农村的劳动力成本(工资)与现代部门或城市的劳动力成本(工资)没有太大差别时,此时,剩余劳动力转移就业也就将停止,即不存在无限供给的劳动力了,"刘易斯拐点"到来,低成本优势带来的经济高速增长态势将下降下来。中国在20世纪80年代到21世纪头10年,二元经济特征明显,农村劳动力工资低廉,剩余劳动力充足;同时随着户籍制度改革,人口可以自由流动,这就造成大规模的农民进城和外出打工,彻底改变了乡村和城市经济,人口红利得以显现。

人口数量多,还有一个巨大的优势——巨大的消费市场。人们常说中国市场非常广阔,指的就是众多人口带来的需求量。前面已经阐述一个经济学的思维——需求影响着供给,有了市场需求,厂商企业就会进行生产、提供产品和服务以供需求。中国人口众多,需求量大,这就为供给者提供了不断生产和创造的可能。从衣食住行到文化服务,从生活必需品到享受型消费,从商品消费到服务消费,14亿人口将释放强劲动能和巨大潜力,成为助推中国经济增长的主引擎。这一消费驱动力,背后隐藏的就是人口优势。如果没有众多人口,也就谈不上消费力和广阔市场。

总结起来,中国的人口红利包含三层意思:一是规模巨大的劳动人口(数量优势),二是低成本优势,剩余劳动力持续向现代部门和城市转移,三是巨大的消费市场(需求优势)。这三个方面综合起来,使得劳动要素(人口)成为中国经济增长的动力源泉之一。

---

① 谭崇台主编:《发展经济学概论》(第2版),武汉:武汉大学出版社2018年版,第85~91页。

(四) 技术进步如何促进我国经济增长？

很多人对中国经济增长的动力源泉之一是技术进步持怀疑态度。这是因为在他们印象中，中国技术一直比较落后，技术创新也比较少，因而难以说经济高速增长得益于技术进步这一要素。但一些学术研究已经表明，技术进步确实成为推动中国经济增长的一大要素条件，只是在经济学研究中通常用一个专有名词"全要素生产率"来代替它。

全要素生产率(Total Factor Productivity，TFP)，通常叫作技术进步率，是新古典学派经济增长理论中用来衡量纯技术进步在生产中的作用时所用的一个指标名称。它是以罗伯特·索洛等人为首，从20世纪60年代以来发展的内生增长模型中，作为长期经济增长来源的一个组成部分。在经济增长分析中，TFP是指全部生产要素(包括资本、劳动、土地，但通常分析时都略去土地不计)的投入量都不变时，而生产量仍能增加的部分，经济学分析中常称为"索洛余项"。全要素生产率增长率并非所有要素的生产率，"全"的意思是经济增长中不能分别归因于有关的有形生产要素的增长的那部分，因而全要素生产率增长率只能用来衡量除去所有有形生产要素以外的纯技术进步的生产率的增长。①

有些初学宏观经济学的人戏称"全要素生产率"是除劳动、资本和土地之外的一个"筐"，不能用劳动、资本和土地贡献的都是全要素生产率的贡献，是一个"余值"。一般来说，全要素生产率的来源包括技术进步、组织创新、专业化和生产创新等，主要涉及新技术的创新和运用，以及管理方式和效率提升。也就是，通常把全要素生产率等同于技术进步。

当然，如果从更广义的角度(不考虑单独的制度变革因素)，"全要素生产率"还应该包括一些改革促使的效率改善，表现为宏观制度，如税收、体制等方面的优化，还有简政放权、放开非自然垄断行业、高效的财政政策或货币政策，以及微观上的企业进行科学化管理、激励机制等，都可以归纳为全要素生产率的提升。

很多学者分析了"全要素生产率"在中国经济增长中的贡献度，比如，邹伟

---

① 石枕：《怎样理解和计算"全要素生产率"的增长——评一个具体技术经济问题的计量分析》，《数量经济技术经济研究》1988年第12期，第68~71页。

进等分析1979—2017年中国经济长期持续发展的贡献中,全要素生产率的年均贡献率为10.89%,低于资本和劳动。① 换言之,技术进步要素对中国经济增长是有贡献的,是动力源泉之一。

那么,中国的技术进步是怎么出现的?这就是林毅夫等学者提到的"后发优势"理论。

后发优势,是指一些经济落后的国家可以跨越发达国家经历的技术变革阶段,直接应用最新技术,达到经济快速增长,甚至赶超发达国家或地区的一种情形。虽然这些经济落后国家的收入水平、技术发展水平、产业结构水平与发达国家有差距,但是,可以利用这个技术差距,通过引进技术的方式,来加速落后国家的技术变迁,从而使经济发展得更快。这就是"后发优势"的主要观点,这种后发优势是落后国家才具备的,可以称得上是一种"红利"。

"后发优势"理论最早是美国经济史学家亚历山大·格申克龙(Alexander Gerschenkron,1904—1978)在总结德国、意大利等国经济追赶成功经验的基础上,于1962年创立的。在他的理论中,"后发优势"常常被称作"落后得益""落后的优势""落后的有利性"等。格申克龙得出了六个重要命题:(1)一个国家的经济越落后,其工业化的起步就越缺乏联系性,而呈现出一种由制造业的高速成长所致的突然的大突进进程;(2)一个国家的经济越落后,在其工业化进程中对大工厂和大企业的强调就越明显;(3)一个国家的经济越落后,就越强调生产资料而非消费资料的生产;(4)一个国家的经济越落后,人们消费水平受到的压力就越沉重;(5)一个国家的经济越落后,其工业化所需资本的动员和筹措越带有集权化和强制性特征;(6)一个国家的经济越落后,其工业化中农业就越不能对工业提供市场支持,农业越受到抑制,经济发展就越相对缓慢。

简言之,后发优势是后起的经济落后国家在推动工业化方面所具有的特殊有利条件,这一条件在先发的发达国家是不存在的,是与其经济的相对落后性共生的,是来自落后本身的优势。后发优势侧重从时间纬度来讲,后发国家可以学习、模仿乃至引进先发国家的技术、制度、管理等各方面内容。至于国家

---

① 邹伟进、郑应炳、刘万里:《新时代中国经济高质量增长中长期动力:要素结构变迁》,《工业技术经济》2019年第11期,第23~30页。

之间的人口规模、资源禀赋、国土面积等方面的差别则不属于后发优势范畴，它们是与传统比较优势相关。①

我国学者林毅夫等②结合中国实际，提出并阐述了"后发优势驱动假说"，指出后发国家和地区通过引进、模仿、学习（包括技术和制度两方面），可获得后发利益（Late-developing Advantage），从而具有后发优势。由于其学习成本（Learning cost）大大低于创新成本，使后发优势（包括技术性后发优势和制度性后发优势）不小于先发优势。这种由后发利益而具有的后发优势是后发地区追赶式高速增长的主要动因。

三、如何进一步挖掘"红利"和"优势"？

2010年以来，全球经济因受到金融危机冲击而倍显艰难，中国经济增长速度也有所下降，进入低于7%的常态阶段。是不是前述推动经济增长的动力源泉不存在了，或者动力下降了？如果是这样，该如何进一步挖掘其"红利"和"优势"？

按照前面所述，中国经济从20世纪80年代到21世纪头10年，保持30余年的高速经济增长，消除了绝对贫困，创造了"中国奇迹"，其中离不开四大红利：(1)释放经济体制潜能的"改革红利"，(2)享受全球化进程的"开放红利"，(3)放大优势的"资源红利"和后发优势，(4)持续几十年的"人口红利"。

(一) 人口红利的拐点是否到来？

"四大红利"中，我们将"人口红利"摆放在重要位置。从根本上说，大规模的、适龄劳动力人口是"中国奇迹"的根本保障，没有人什么样的"奇迹"都难以创造。正因为"人口红利"所形成的丰富劳动力（也是低成本劳动力）和抚养负担轻的黄金时期，才创造了高储蓄、高投资、高增长的环境和条件。这是

---

① MBA智库百科，后发优势理论，https://wiki.mbalib.com/wiki/%E5%90%8E%E5%8F%91%E4%BC%98%E5%8A%BF%E7%90%86%E8%AE%BA。

② 林毅夫、蔡昉、李周：《中国的奇迹：发展战略与经济改革》，上海：上海人民出版社1994年版，第58页；林毅夫：《后发优势与后发劣势——与杨小凯教授商榷》，《经济学(季刊)》2003年第3期，第989~1004页；林毅夫、张鹏飞：《后发优势、技术引进和落后国家的经济增长》，《经济学(季刊)》2005年第4期，第53~74页。

因为人口的抚养比低，财富剩余就多，储蓄就高，转化的投资就多；因此，只要劳动力保持这样的无限供给，投资的回报率就很高，这就出现了高投资拉动的高增长。

但是，随着人口结构变化，以及二元经济的逐步缩小，传统的"人口红利"是不可持续的，直至逐步消失。特别是在经济比较发达时期，随着人口生育率的下降和人均寿命的延长，最终会导致适龄劳动力的减少，老年人口占比增加，抚养负担上升，人口红利逐步消减。一些数据表明，中国在2010年已经达到抚养比的最低谷(总抚养比为34.2%，其中少儿抚养比22.3%、老年抚养比11.9%)，也就是人口红利的消减转折点，开始转为所谓的"人口负债"，经济增长的源泉就没有了。中国社科院蔡昉教授是"人口红利"消失论的主要主张者，他从人口抚养比的变化(由最低点转向上升)分析认为，中国在2011—2013年"人口红利"趋于消失。① 当然，他的这一观点引发较大争论，一些专家学者表示中国的"人口红利"并没有消失，"刘易斯拐点"并未到来，而只是在局部地区存在，我国至少还有20年人口红利期。② 林毅夫教授在2021年3月9日表示，他不同意人口红利消失的说法。他认为，只要不断地进行产业升级，把在低附加值就业的劳动力重新配置到劳动生产力水平高的制造行业，人口红利就会一直存在。③

尽管专家们对"人口红利"拐点是否到来莫衷一是，但我国劳动力过剩程度不断降低却是一个不争的事实。图7-4显示，在2012年左右中国的劳动年龄人口的增长率与总人口的增长率达到一致，也就是说，劳动力剩余情况将不再存在了。国家统计局有关数据表明，2012年中国15岁至59岁的劳动年龄人口数量为9.37亿人，比上年末减少345万人，下降幅度为0.6个百分点，这是劳动年龄人口经历多年增长后的首次下降。我们可以将这一时间段视为"人口红

---

① 蔡昉：《人口转变、人口红利与刘易斯拐点》，《经济研究》2010年第4期，第4~13页；蔡昉：《中国的人口红利还能持续多久》，《经济学动态》2011年第6期，第3-6页；蔡昉：《人口红利与中国经济可持续增长》，《甘肃社会科学》2013年第1期，第2-4页；蔡昉、林毅夫等：《改革开放40年与中国经济发展》，《经济学动态》2018年第8期，第4~17页。

② 侯大伟等：《专家激辩人口红利拐点："延迟退休"是否现实？》，http://www.chinanews.com/gn/2013/08-21/5188338.shtml。

③ 林毅夫：《中国人口红利还会持续很长时间》，http://www.chinanews.com/gn/shipin/cns-d/2021/03-09/news882629.shtml。

利"变化的时间节点。事实上,自 2013 年以来,我国频现的"民工荒"、农民工资上升就是敲响了依赖廉价劳动力驱动经济增长模式的警钟。

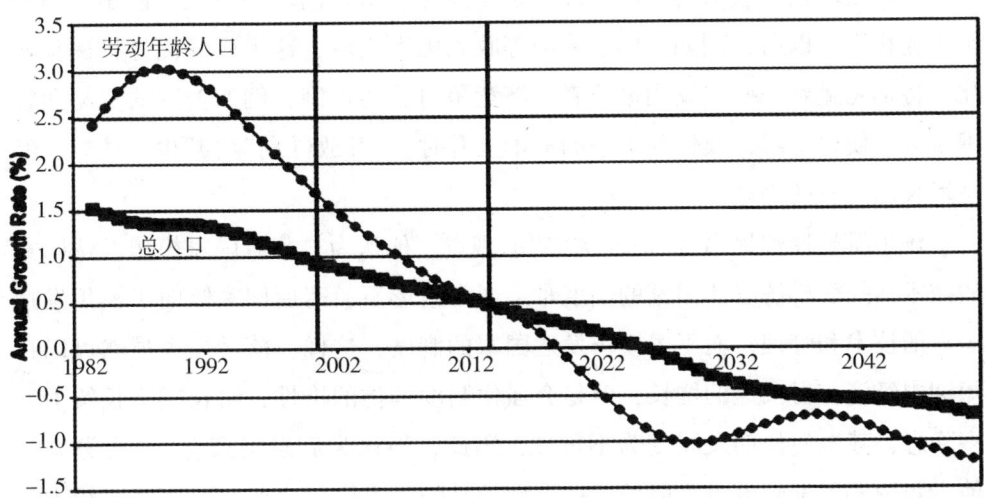

图 7-4 我国人口红利变化的时间点和态势

资料来源:[美]劳伦·勃兰特、托马斯·罗斯基主编,方颖等译:《伟大的中国经济转型》,上海:格致出版社、上海人民出版社 2015 年版,第 123 页。

随着人口抚养比的上升,以及农村剩余劳动力的减少,劳动力成本将逐步上升,依靠人口数量优势和成本优势意义上的"人口红利"将越来越少,人口优势亦将不复存在。此时,如何进一步挖掘"人口红利"优势?一是要从数量上入手,继续保持劳动力人口的增长。劳动力的增长,起源于人口出生率,因此放开"计划生育"政策是必然选择。2016 年我国全面放开"二孩"政策,2021 年继续放开"三孩"政策,就是从出生率入手,以此来维持今后一段时间的劳动人口。二是要从人口结构上入手,提高老年人的劳动参与率,例如,实行延迟退休措施,进而增加老年群体的收入和社会保障水平。① 三是要提高劳动者的就业能力,从劳动力质量上下功夫,使劳动生产率提高。四是进一步激发人口的消费需求市场优势,把传统的"人口红利"从数量和成本层面转向到市场层面,开启第二次"人口红利"。

---

① 蔡昉:《如何开启第二次人口红利?》,《国际经济评论》2020 年第 2 期,第 9~24、4 页。

（二）进一步释放"改革红利"和"后发优势"

林毅夫教授一直认为，后发优势是中国经济增长的动力源泉。但是，当一国工业化完成以后，例如中国进入中等收入国家之后，这个后发优势将逐步转化，特别是遭到一些先发国家或者经济竞争对手的抵制，例如美国的贸易和技术制裁，使得学习、模仿和引进的成本上升时，"开放红利"将减少，此时，经济增长面临新的困难。

杨小凯教授曾提出过"后发劣势"的观点。他认为，落后国家模仿发达国家的技术容易而模仿发达国家的制度难。通常情形下，落后国家倾向于模仿发达国家的技术和管理，而不去模仿发达国家的制度，这样，落后国家虽然可以在短期内经济获得快速的增长，但是会强化制度模仿的惰性，给长期增长留下许多隐患，甚至使长期发展变为不可能，因此，他认为后发国家有"后发劣势"。他主张后发国家应该由难而易，在进行较易的技术模仿之前，要先完成较难的制度模仿，才能克服"后发劣势"。

杨小凯教授"后发劣势"观点的最大不足是发展中国家不能进行"制度创新"，因此遭到包括林毅夫在内的一些学者的批评。① 实际上，中国的改革与开放，就是一种"制度创新"；正因为有这种创新而不是模仿，才使得"改革红利"和"开放红利"比较持久，才保持了中国社会主义特色。中国共产党十九届四中全会总结中国制度的十三个优势，其中基本经济制度方面的优势——公有制为主体、多种所有制经济共同发展，按劳分配为主体、多种分配方式并存，社会主义市场经济体制等社会主义基本经济制度，既体现了社会主义制度优越性，又同我国社会主义初级阶段社会生产力发展水平相适应，是党和人民的伟大创造。

2013 年 11 月，中国共产党十八届三中全会通过《中共中央关于全面深化改革若干重大问题的决定》(简称《决定》)，提出三个重要领域的经济制度改革，再次挖掘和释放"改革红利"。这三个改革是：② (1) 国有企业改革，聚焦于"混

---

① 林毅夫：《后发优势与后发劣势——与杨小凯教授商榷》，《经济学（季刊）》2003 年第 3 期，第 989~1004 页。
② 张明：《宏观中国：经济增长、周期波动与资产配置》，北京：东方出版社 2020 年版，第 71~79 页。

合所有制改革"（简称混改）。这一改革允许国有资本、集体资本、非公有资本等交叉持股、相互融合，它将突破传统观念中的社会主义由国有经济来体现，使我国经济走向混合所有制经济时代，将进一步激发企业活力。(2)农村土地制度改革，聚焦于"土地流转"。在明确土地"三权"基础上，强调"要在坚持农村土地集体所有的前提下，促使承包权经营权分离，形成所有权、承包权、经营权三权分置、经营权流转的格局"，并着手"集体资产股份权能改革试点",[①]标志着农村土地制度在继20世纪80年代家庭联产承包责任制改革后的第二次重大变革。这一改革将释放农村土地"资源红利"，产生新的增长点，带来城乡平衡发展变化。(3)金融领域的改革，聚焦于"改革+开放"。金融改革是为释放"资本"这一要素的动能作用，它可以让众多经济体获得更便捷和低成本的投融资渠道和机会，可以利用国内外两个资金市场，使金融资源快速流向实体经济，促进经济增长。

此外，我国正积极关注技术创新红利的建立。目前，我国正大力推动的技术变革和经济结构转型升级，就是要挖掘技术创新红利。我们相信，通过挖掘和建立一系列"红利"，落后国家的后发优势仍然能够得以保持，并最终赶超先发国家。

四、如何驱动"三驾马车"促增长？

前面已经介绍，驱动经济增长有"三驾马车"——消费、投资和净出口。这是从总供给-总需求(AS-AD)模型中的需求侧来探讨如何推动经济增长的，也就是讨论经济增长这驾马车的"驱动力"问题。

（一）"三驾马车"的贡献有没有大小之分？

图7-5显示，1978—2018年，我国国民产出中的消费、投资、净出口三大支出需求占GDP比重平均分别为57.9%、38.2%、3.8%，消费需求(C)是国民经济增长的主要动力。从对GDP贡献率(即三大支出占GDP比重)看，消费

[①] 《习近平主持召开中央全面深化改革领导小组第五次会议强调 严把改革方案质量关 督察关 确保改革改有所进改有所成》，《人民日报》2014年9月30日，第1版。

的贡献最为平稳(波动最小、方差小),投资和净出口的贡献不稳定(波动大、方差大)。

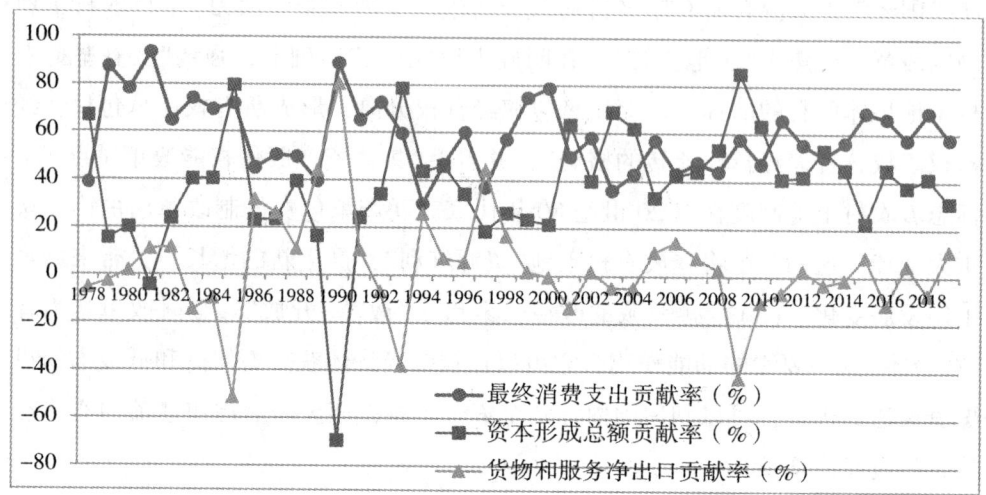

图 7-5　1978—2018 年我国三大需求对 GDP 的贡献情况

数据来源:国家统计局《中国统计年鉴》(2020)。

从对国内生产总值的拉动率(即对经济增长速度的贡献率)看,1978—2020 年消费、投资、净出口三大支出需求的拉动率平均为 5.28%、3.88%、0.13%(经济增速平均为 9.28%);消费和投资的拉动作用相对较大(图 7-6)。

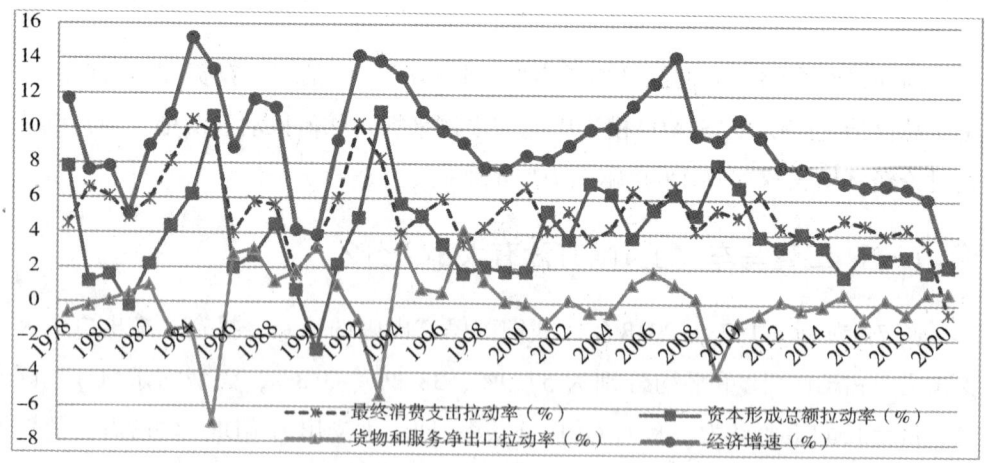

图 7-6　1978—2020 年我国三大需求对经济增长的拉动情况

数据来源:国家统计局《中国统计年鉴》(2020)和 2020 年国民经济和社会发展统计公报。

同时，在三大需求支出中，投资对经济增长的意义重大，主要表现为资本形成总额拉动国内生产总值增长的趋势(图7-7中的资本形成总额拉动率曲线)与经济增长速度趋势(图7-7中的经济增速曲线)基本一致，即投资快速上升，经济较快增长；投资下降，经济增速下降。这就是国内外一些专家常说的"依靠投资拉动经济增长"观点的最好例证。后面在介绍我国经济增长的周期性波动特征时，相应有一个"投资周期"观点，也是说投资对经济周期性变化的重大影响。

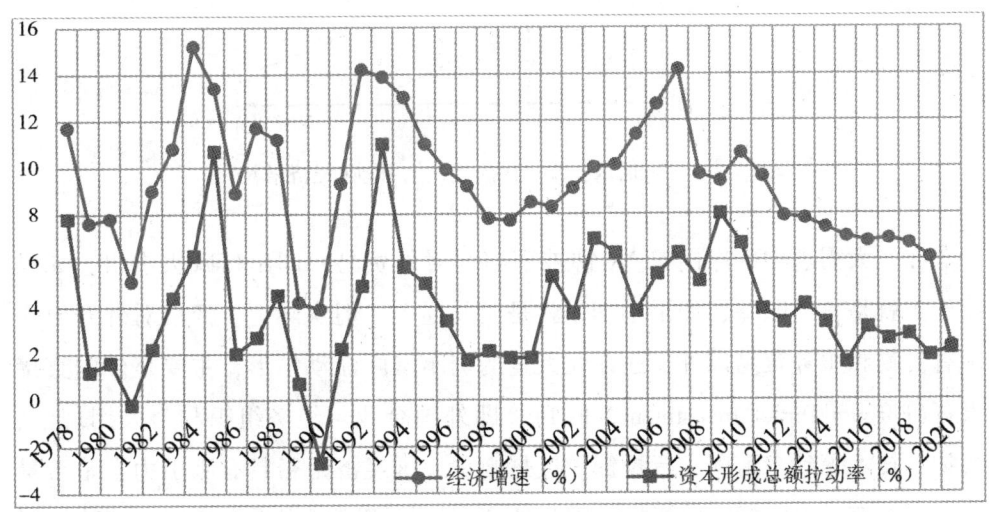

图7-7　1978—2020年我国经济增长与投资相关关系

数据来源：国家统计局《中国统计年鉴》(2020)和2020年国民经济和社会发展统计公报。

(二) 中国经济存在"外资依赖症"吗？

前述中国经济在改革开放后保持平均9.28%的增速，是什么原因引起如此高速增长呢？从需求角度，或者说从经济增长的驱动原因来说，有人认为是出口贸易使然，并且由外贸出口量占GDP较高比重，得出中国经济存在"外贸依赖症"的结论。这一说法准确吗？

首先，我们从宏观经济学的基本理论出发，理解进出口贸易和外国直接投资等开放经济活动对一国经济增长的影响。我们知道，现代经济体系下一国的经济发展不是孤立的，离不开世界经济体系。因此，进出口贸易是常见的经济活动。从凯恩斯总需求理论看，Y=C+I+G+Nx，消费 C、投资 I 和净出口 Nx 这"三驾马车"拉动总需求曲线向右移动，表明经济增长、国家产出增加(图 7-8)。

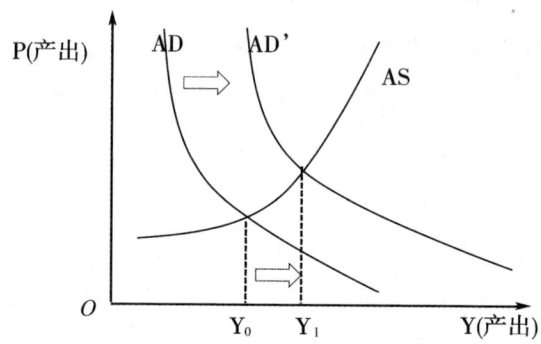

图 7-8　三大需求拉动 AD 曲线向右移动(经济增长)

在三大需求中的净出口 Nx 常被理解为对外贸易，即出口减去进口，如果大于零就是贸易顺差，如果小于零就是贸易逆差。但实际上，经济对外开放除了有货物和服务贸易以外，还存在大量的资本国际流动情形，主要是外国直接投资(Foreign Direct Investment，FDI)，即外国企业、经济组织和个人用现汇、实物、技术等到东道国进行投资。这是衡量一国经济是否具有吸引力、是否景气、是否有潜力的标志性指标。因为外商直接投资可以提供东道国经济建设所需要的资金，加速资本形成；能通过产业之间的关联效应，提高某个产业群的整体实力，改进产业结构；能增加东道国的就业机会，并通过对员工进行教育和职业培训，提高人力资源的素质，还能给东道国带来先进的技术和管理理念等。外资的这种作用，与前面介绍过的经济增长源泉理论 Q=f(K、L、T、E、I) 紧密相关——外国直接投资提供了资本要素 K、技术要素 T，促进了劳动力要素 L 和企业家精神 E，推动了总供给 AS 曲线向右移动，促进经济增长(图 7-9)。因此，从理论上说，一国应该重视进出口贸易和外国直接投资活动。

其次，进出口贸易和外国直接投资已经成为中国对外经贸活动的重要部分。新中国成立初期，我国进出口贸易量非常小，1950 年出口额仅 5.5 亿美元，进口额 5.8 亿美元，到 1978 年出口还没突破 100 亿美元；改革开放后，进出口贸易发展迅速。1979 年进出口均突破 100 亿美元，1989 年均突破 500 亿美元，2000 年均

四、如何驱动"三驾马车"促增长？

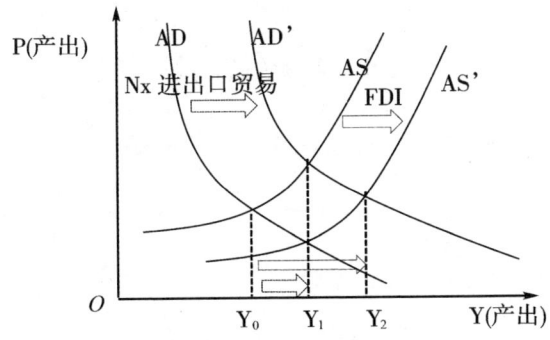

图 7-9　进出口贸易和外国直接投资推动 AD 和 AS 曲线向右移动

突破 2000 亿美元，2007 年出口突破 1.2 万亿美元，2012 年出口突破 2 万亿美元，2018 年出口额达到 2.5 万亿美元，进口额也超过 2 万亿美元（图 7-10）。

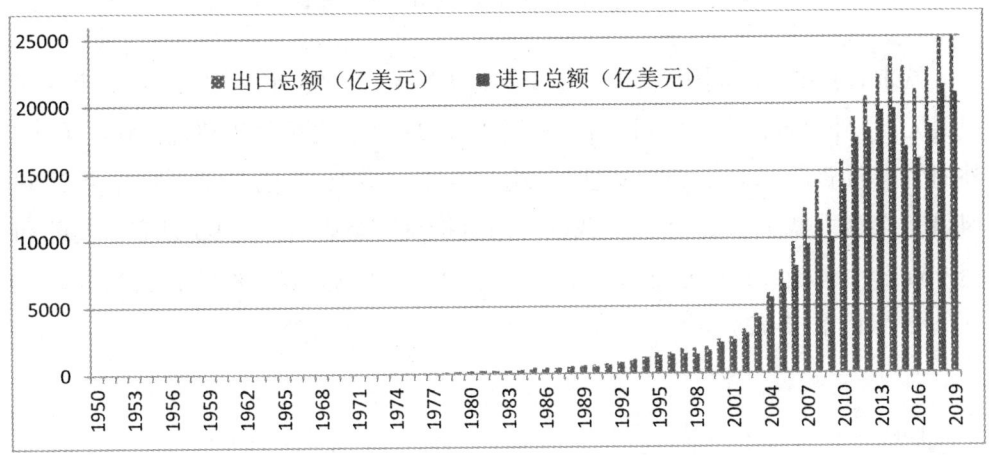

图 7-10　1950—2019 年我国进出口贸易额变动情况

改革开放前，我国外贸顺差量和逆差量，即进出口差额都比较少，以贸易赤字年份为多，但赤字最高值也不过十几亿美元（如 1978 年赤字 11.4 亿美元），贸易顺差量最高值不到 7 亿美元（1973 年最高值 6.6 亿美元）。改革开放后，随着货物和服务对外贸易增多，贸易差额也在扩大，由最初的赤字逐年改变为贸易盈余，1990 年后基本上都是贸易顺差，仅 1993 年逆差 122.2 亿美元，2000 年顺差 241.1 亿美元，2015 年最高峰为 5939 亿美元，2019 年货物贸易顺差 4210.7 亿美元（图 7-11）。国家统计局 2019 年发布报告总结新中国成立 70 周年成就之一为：贸易大国地位日益巩固，货物贸易规模跃居世界首位，服务贸易规模居世界第 2 位。

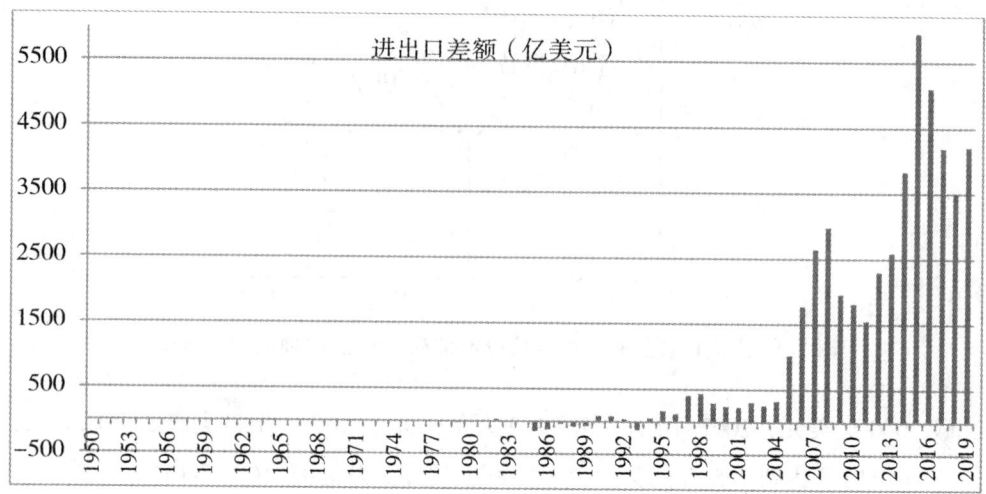

图 7-11　1950—2019 年我国进出口贸易差额变化

再来看我国实际利用外国直接投资 FDI 情况。1983 年不到 10 亿美元(9.6 亿美元)，外商直接投资项目只有 638 个。到 1992 年之后每年超过 100 亿美元，外商直接投资项目在 1 万个以上。2010 年开始超 1000 亿美元，2020 年达到 1444 亿美元。截至 2018 年底，我国外商直接投资企业累计达 95 万家，实际利用外资累计超过 2.1 万亿美元，外商直接投资已经成为我国经济社会发展的一支重要力量(图 7-12)。

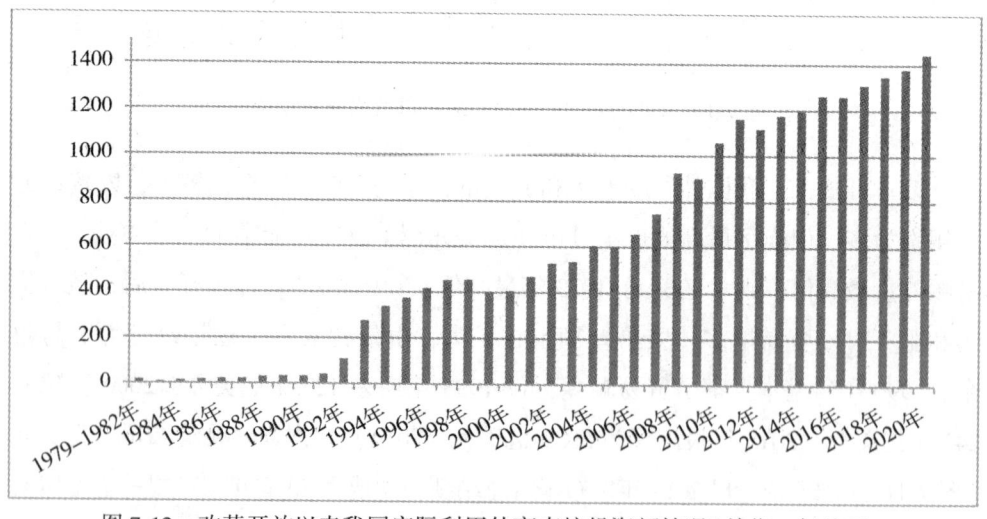

图 7-12　改革开放以来我国实际利用外商直接投资额情况(单位：亿美元)

宏观经济学理论中有一个指标反映对外贸易活动的重要性，就是外贸依存度——用外贸进出口额除以 GDP 总额，得到的百分比；其数值越大表明一国经济发展对国外市场的依赖程度越高。我们通过简单计算，可以看到我国外贸依存度在 2006 年前是逐步上升的，最高达到 64.2%，2020 年为 31.6%（图 7-13）。

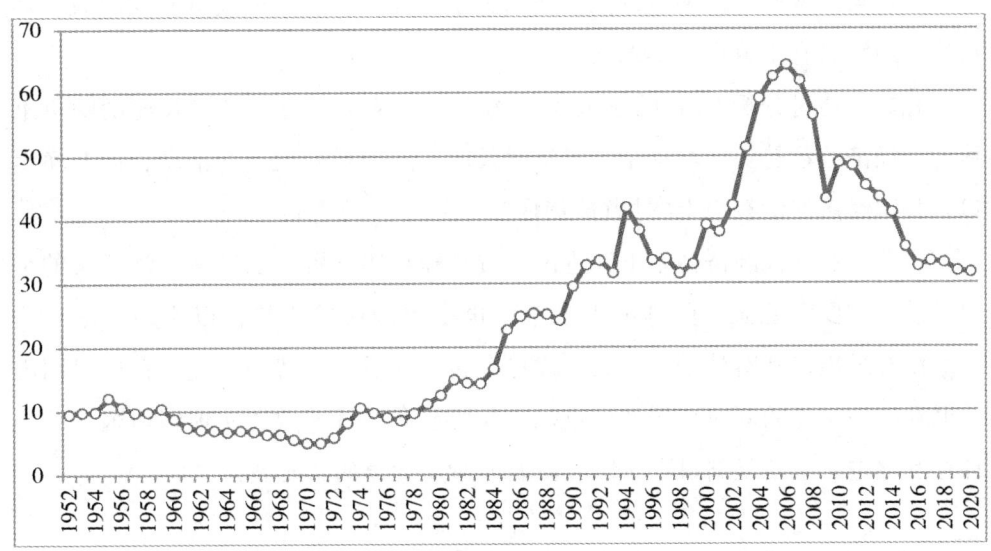

图 7-13　我国对外贸易依存度（%）（1952—2020 年）

但是，外贸依存度这一指标存在很多争议。一些批评者认为它没有考虑贸易产品结构和汇率水平，例如中国出口贸易中很大一部分为加工贸易，也就是从外国进口原材料，然后在中国进行加工后再出口，这样会在统计中进口和出口分别计算一次，与纯粹的利用国内原材料生产出成品出口的一般贸易相比，加工贸易的水分就大得多，这样的外贸依存度数值就高估很多了。同时，这一外贸依存度指标只是简单地把进口和出口额加起来计算比例。实际上，进口是对国外最终产品和服务的一种需求，从 GDP 核算角度看是国外的 GDP。这就是说，要观察一国经济发展是否依赖对外贸易，需要考虑进口和出口的双向影响，因此，真实的外贸依存度可以用净出口额与国内生产总值之比来表示。这就是前面介绍的 GDP 构成中的净出口率。

图 7-5 和图 7-6 显示，改革开放以来，净出口额在 GDP 构成中平均占比

1.97%，即净出口率不到2%，比消费和投资占比小得多；净出口对GDP增量的贡献率仅为3.7%；从对经济增长的拉动率看，净出口的拉动率仅为0.1%，低于消费和投资的贡献率。

同时，从图7-6中可以看到经济波动幅度与资本形成（投资）和消费的波动幅度比较一致，与净出口率的波动幅度并不同步。特别是2008年之后，我国经济增长与国内投资和消费的同步变动关系更加明显，国内投资和国内大循环对稳定经济具有十分重要的意义。

总之，通过分析GDP的三大支出构成，以及它们对经济增长速度的贡献程度与经济波动趋势，驱动中国经济增长的主要力量是投资和消费，而非净出口，我国经济并没有患上"外贸依赖症"。

当然，在现代经济体系下，进出口贸易和利用外资，仍然是经济增长的重要驱动力和要素源泉，国外的需求市场也是我国后发优势得以实现的重要条件。没有进出口和对外开放，后发优势会转变为后发劣势。因此，在构建国内大循环经济主体的同时，仍然要重视对外贸易和对外开放，实现国内国际双循环相互促进。这就是新时期中国经济发展所要构建的新发展格局。

五、近年中国经济增速为何放缓？

2012年以来，中国经济增长速度下降到8%以下，打破了之前保持的高速增长态势，我们称之为经济进入中低速增长的"新常态"时期。是什么原因导致经济增速放缓和下降？很多学者进行了分析，例如，金刚和沈坤荣从供给和需求两侧分析增长下滑放缓的主要原因，[①] 张明从经济增长的五大要素条件（劳动力数量、人力资本、实物资本、技术和制度）分析最近10余年经济增速持续下滑原因。[②] 本节运用前面所介绍的总供给-总需求（AS-AD）模型，以及经济增长的驱动力（"三驾马车"）和动力源泉（四个要素）进行归纳分析。

---

① 金刚、沈坤荣：《新中国70年经济发展：政府行为演变与增长动力转换》，《宏观质量研究》2019年第3期，第1~16页。

② 张明：《宏观中国：经济增长、周期波动与资产配置》，北京：东方出版社2020年版，第28~50页。

(一)"三驾马车"的驱动能力开始下降

从消费、投资和净出口"三驾马车"来看,首先是消费需求不足。由于我国的住房、教育、医疗和养老制度方面的重大改革,使得城乡居民的储蓄意愿增强,不愿进行消费,特别是一二线城市房价在2012年后不断上涨,对消费需求产生了巨大的挤出效应,消费潜能被抑制。同时,由于高质量产品和服务供给还不够充分,满足不了人们消费升级的需求,最后只得停留在较低水平的消费层面。

其次,投资遭遇瓶颈。促进经济增长的投资有两部分,一是私人(民间)投资,二是政府投资,它们分别受制于融资成本和财政收入。前面介绍过,改革开放以来我国经济增长总体上是投资驱动的模式,这里的投资一部分是私人投资,还有较大比例是政府投资。随着经济发展,资本的边际回报率(即投资的收益率)逐步下降,此时需依赖低成本和高效便捷的融资渠道。但是,由于我国金融系统发展还不够完善,银行信贷融资模式占较大比重,而银行出于风险和收益考虑,对中小企业贷款有较多限制,造成私人融资难,数量巨大的储蓄难以释放出来;同时,2012年后随着网络经济迅猛发展,金融系统的资金大量流向非实体经济,例如房地产、互联网、旅游服务等领域,造成投资结构不甚合理,实体经济领域(如先进制造业、重工业、建筑业、农业、交通通信业、商业服务业、文化产业)的私人投资明显不足。在私人融资难、成本高、投资意愿不强烈情形下,只能依靠政府投资来拉动经济增长。但是,2012年后我国中央和地方财政开始有所收紧,特别是地方政府积累的各项债务逐渐显现,为了控制债务风险,地方政府不得不减少投资支出,此时仅仅依靠中央政府的投资支出,比如铁路、公路、机场、桥梁、水利等基础设施建设(俗称的"铁公机"的新基建),其拉动能力就减弱了一些。

最后,从进出口来看,2012年后我国的货物和服务贸易环境受到较大影响,一方面是2008年国际金融危机造成全球性需求下降,一些国家开始进行自我生产,制造业出现回流态势,造成中国出口开始下降。另一方面是国际贸易保护主义开始盛行,特别是以美国为代表的西方国家对中国进出口贸易持敌对态度,中美经贸摩擦不断增加,使得中国出口和贸易格局受到较大影响,净出口的驱动作用也在减弱。

(二) 四大要素的动力源泉正在消减

从总供给角度看,资本、劳动、技术、制度等四大要素条件也发生变化,对经济增长的推动作用在减弱。

首先,从资本要素来看,它一方面来源于国内高储蓄,另一方面来自国外资金流入。虽然我国一直有着较高的储蓄率,但由于金融系统不完善,其转化率(通过信贷等方式将储蓄资金转为实际投资资金)较低,造成私人融资难、融资成本高,资本形成率也就较低。这一原理在前述需求侧"三驾马车"中的投资部分已经作过介绍。同时,2012年后全球经济形势逐渐恶化,仍然没有走出金融危机造成的衰退阴影,使得依靠国外资金流入来弥补资本形成不足难以实现。正是在国内、国外的资本形成较为困难情况下,过去依靠资本要素推动经济增长的模式难以为继,资本的贡献率逐步下降。

其次,从劳动要素来看,2012年以来我国人口结构的转变(劳动年龄人口开始下降、总抚养比上升),以及农村剩余劳动力转移情形的逆转,造成劳动力成本上升,"无限供给的劳动力"这一条件已经发生变化,"人口红利"逐渐减弱。

再次,从技术进步要素来看,2012年以前我国利用与发达国家的差距,通过学习、模仿和引进发达国家技术,发挥出"后发优势",使得技术要素对经济增长做出了较大贡献。但是,随着中国经济体量增加,以及自身技术不断进步,导致中国的"后发优势"不再显著。同时,中国的自主创新能力还不够强,其贡献还有较大挖掘空间。

最后,制度因素层面,由于前期的住房、国企、社会保障、收入分配等重大经济制度变革带来的负面影响(例如,储蓄意愿强、消费意愿弱,资金流向非实体经济,贫富差距显现等)还未完全消化,以及应对国际金融危机所出台的刺激计划带来的代价[①](例如,原本进行的房地产调控思路未能得到有效实施,形成房地产泡沫;原本比较突出的部分制造行业产能过剩问题进一步加

---

① 卢峰:《宏调的逻辑:从十年宏调史读懂中国经济》,北京:中信出版社 2016 年版,第 157~170 页。

剧，信贷扩张和地方债务过高等），使得一些需要进一步改革和完善的制度没有时间来完成，中国政府的政策重点转变为维持经济稳定，重大经济制度改革没有如期推进，造成了中国经济长期增长缺乏制度动力和制度支撑，①"改革红利"有所下降。

---

① 张明：《宏观中国：经济增长、周期波动与资产配置》，北京：东方出版社2020年版，第48页。

第八章 经济发展的阶段性与周期波动

◎内容提要

本章主要解释以下问题：(1)一国经济发展可以划分为哪些阶段？(2)经济周期是什么意思？(3)经济为什么会出现周期波动？(4)中国经济有无周期波动特征？从而使读者理解新中国成立以来我国经济发展所经历的主要阶段，以及如何划分经济周期等相关知识点。

前面已经介绍过，以宏观视角看一国经济，其中有一层意思是要从较大范围(如全球或世界各国)或者较长历史时间段(如长历史周期)来看待经济发展问题。如果从长历史周期来看，中国经济曾经辉煌过。英国经济史学家安格斯·麦迪森(Angus Maddison, 1926—2010)曾在《中国经济的长期表现：公元960—2030年》(上海人民出版社，2008年第2版)一书中认为中国长达1000多年的经济增长，远比西方国家要发达。他在该著作中称中国"早在公元10世纪时，人均收入就已经是世界经济中的领先国家，而且这个地位一直延续至15世纪"。"由于技术上的落后，以及政府管治上的弱点，1940—1949年，中国一直被内乱和结盟的外国势力对其领土和主权的入侵所困扰，这给经济带来了灾难性的后果。中国GDP从占世界总量的1/3降到了1/20。"他指出："中国的追赶过程还会持续，但是会由于接近世界技术的前沿而放缓。然而，到2030年时，它的人均GDP应达到西欧和日本大约1990年时的水平。"[①]这是一个以超长历史视角来看中国宏观经济的。当然，我们也可以缩短一点历史时期，例如1949年新中国成立到现在2020年，长达70余年，这也算是以一个比较长周

---

① [英]安格斯·麦迪森：《中国经济的长期表现：公元960—2030年》，伍晓鹰等译，上海：上海人民出版社2008年版，序言页和第1页。

期的视角来看其经济发展情况。如果我们再把时间缩短一点，比如五年、三年乃至一年，放在一个长历史时期中它们则是短周期了。长周期内，一国经济是如何增长的？这在第七章已经作过介绍，是宏观经济学家重点关注的内容。在短期内，一国经济又会呈现什么特征？是否出现周期波动？这也是宏观经济学家重点关注的内容。

一、一国经济发展可以划分为哪些阶段？

探讨一国经济处于哪一发展阶段是讨论长期增长问题的主要内容。关于经济发展阶段理论，不同学者和经济组织有不同的划分标准。

(一) 李斯特的五阶段论

首先提出经济发展阶段论的是德国国民经济学的创始人、历史学派的先驱、保护关税政策的首倡者李斯特(G. F. List, 1789—1846)。李斯特从发展本国的民族工业出发，强调国民经济是一个有机的整体，有一个发生发展的历史过程。他在《政治经济学的国民体系》(1841)一书中，从生产力理论出发，提出了经济发展的五阶段论。他认为，一国或一个社会的经济发展可分五个阶段：原始未开化状态、畜牧状态、农业状态、农工业状态、农工商业状态。他认为，在19世纪40年代只有英国是处于第五状态的高级阶段，而普鲁士德国则处于第四状态，必须向"正常国民经济秩序"的第五状态发展。[①] 李斯特认为，不同经济发展阶段要采用不同的政策。例如，英国14世纪以养羊业为主，实行自由贸易；后来毛纺业有所发展，就实行保护主义；到产业革命后又搞自由贸易。也就是说，处于第四个阶段的国家，应该实行保护贸易政策。李斯特的经济发展阶段论为振兴德国产业资本、实行保护关税政策提供了理论依据。

(二) 罗斯托的六阶段论

著名的美国经济史学家和发展经济学家罗斯托(Walt Whitman Rostow, 1916—2003)在《经济成长的阶段》(1960)一书中，按照科学技术、工业发展水

---

① 360百科，经济发展阶段论，https://baike.so.com/doc/6012177-6225164.html。

平、产业结构和主导部门的演变特征,将一个地区、一个国家,甚至全世界的经济发展历史分为六个"经济成长阶段":传统社会阶段、为起飞创造前提阶段、起飞阶段、向成熟推进阶段、高额群众消费阶段和追求生活质量阶段共六个阶段。每一个阶段有不同的特征:

(1)传统社会阶段:此阶段没有现代科学技术,其主导产业是农业。

(2)为起飞创造前提阶段:从传统社会阶段向起飞阶段转变的过渡阶段,农业产量的增长具有重要意义。主导部门是工业部门,如食品、饮料、烟草、水泥。

(3)起飞阶段:增长成为各部门的正常现象。此阶段中,农业劳动力逐渐从农业中解脱出来进入城市劳动,人均收入大大提高。其主导产业体系是非耐用消费品的生产部门,如纺织业和铁路运输业。

(4)向成熟推进阶段:经济持续发展,已经有效吸收了当时技术的先进成果,并有能力生产自己想要生产的产品。此阶段的主导部门是重化工业和制造业体系,如钢铁、机械和肥料。这是起飞阶段之后的一个相当长的,虽有波动但仍持续增长的时期。其特点是:现代技术已被推广到各个经济领域,工业将朝着多样化发展,新的主导部门逐渐代替起飞阶段的旧的主导部门。

(5)高额群众消费阶段:工业高度发达,经济主导部门转向耐用消费品部门,主导部门是耐用消费品工业,如汽车业。一国处于此阶段,意味着进入一个高度发达的工业社会时期。

(6)追求生活质量阶段:以服务业为代表,提高居民生活质量的有关部门成为主导部门。这是经济高度发达的阶段。

在罗斯托的经济发展理论中,主导产业的更替和科学技术的进步是决定一国或区域的经济发展处于哪个阶段的主要因素。他认为,六个阶段中,起飞阶段最为关键,是社会发展过程中的重大突破。但是,实现起飞需要三个条件:①较高的积累率,即储蓄占国民收入的10%以上;②要有起飞的主导部门;③要建立起能保证起飞的制度,例如建立使私有财产有保障的制度,建立能代替私人资本进行巨额投资的政府机构等。罗斯托认为,一国只要具备了上述三个条件,经济就可实现起飞;而一旦起飞,经济也就可以自动持续增长了。在西方国家中,英国在18世纪的最后20年里实现了起飞,法国和美国在1860年以前的几十年里实现了起飞，德国是在1850—1875年，日本是在19世纪最后25年实现起飞。①

罗斯托在《政治与增长阶段》(1971)一书中，又提出了新的六个阶段论。②他认为"起飞"和"追求生活质量"(超越大众消费的阶段)是两个关键性阶段。他把美国看成处在最先进的第六阶段，是人类发展的理想社会，第三世界国家大多处于"起飞"阶段。

罗斯托的六阶段理论，对于发展中国家有着重要的指导作用。它指明了一国和地区经济要实现起飞，就要保持高储蓄率、形成主导的工业部门，以及建立相应的制度。新中国成立后，我国一直保持较高储蓄率，逐步建立起独立完整的工业体系，以及后续1980年代以来的改革开放和市场经济制度建设，为80年代至90年代的经济高速增长、经济起飞做出了巨大贡献。

除上述两位经济史学家对经济发展阶段的划分外，还有一些学者提出的观点也涉及经济发展的阶段性。例如，发展经济学家刘易斯提到的劳动力无限供给转为短缺的拐点(刘易斯拐点)，③ 即图8-1中劳动力市场上的供求转换阶段；再例如，经济史学家和经济统计学家库兹涅茨提到的经济发展的低收入、中等收入和高收入阶段的划分(倒U曲线，图8-2)等，④ 这些对于我们理解一国经济发展处于哪一阶段都有一定的启发意义。

美国经济学家普雷斯科特(Edward C. Prescott)认为人类至少有两个发展阶段：一是马尔萨斯阶段，二是索洛阶段。前一个阶段的经济增长主要依靠人口增长，即劳动力的贡献，是一个贫困的均衡状态，但是如果打破了这个均衡，实现了经济增长的转型，那么就进入新古典的索洛阶段，即依靠技术进步和全

---

① 360百科，经济成长阶段论，https://baike.so.com/doc/6015661-6228650.html。
② 经济发展的六个阶段依次是传统社会阶段、准备起飞阶段、起飞阶段、走向成熟阶段、大众消费阶段和超越大众消费阶段。
③ 刘易斯拐点，即劳动力过剩向短缺的转折点，是指在工业化进程中，随着农村富余劳动力向非农产业的逐步转移，农村富余劳动力逐渐减少，最终达到瓶颈状态。诺贝尔经济学奖获得者、发展经济学的领军人物、经济学家威廉·阿瑟·刘易斯(W. Arthur Lewis)在《劳动无限供给条件下的经济发展》的论文中提出了此观点。
④ 库兹涅茨曲线(Kuznets curve)，又称倒U曲线(inverted U curve)，是美国经济学家西蒙·史密斯·库兹涅茨于1955年所提出的收入分配状况随经济发展过程而变化的曲线。在经济未充分发展的阶段，收入分配将随同经济发展而趋于不平等。其后，经历收入分配暂时无大变化的时期，到达经济充分发展的阶段，收入分配将趋于平等。

要素增长的阶段。蔡昉认为，中国 2010 年以后已经进入中等收入阶段，只是还没有进入"中等收入陷阱"，但"刘易斯拐点"已经到来。①

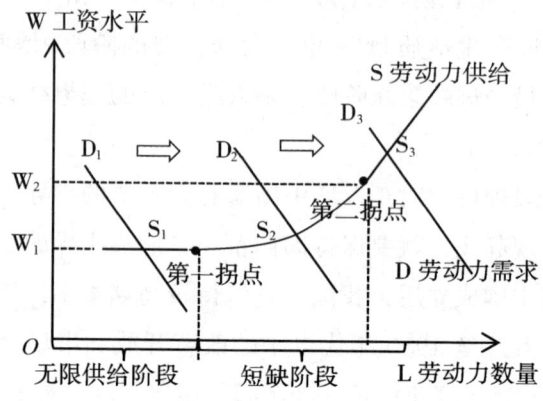

图 8-1　劳动力市场上的刘易斯拐点

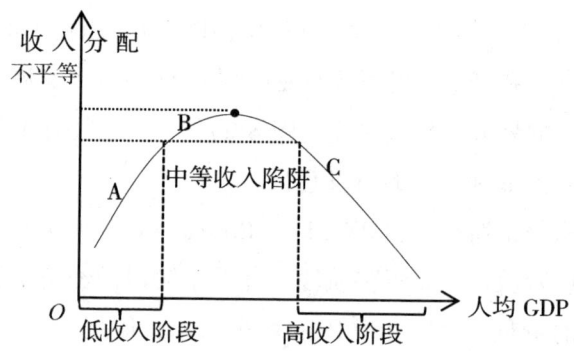

图 8-2　经济发展中的库兹涅茨曲线

(三) 世界银行的划分方法

划分经济发展阶段的另一种方法是一些国际经济组织按照关键指标对世界经济体进行分类，例如：联合国根据世界各国经济发展状况，在 1960 年制定了工业化等级划分 (四个等级)，后在 1962 年划分为两种类型：工业化国家和

---

①　蔡昉：《经济发展阶段划分及中国的对号入座》，http://finance.sina.com.cn/hy/20140222/141218299844.shtml。

欠工业化国家；1968年改为发达国家和发展中国家，后增加一类：最不发达国家(每天每人GDP不足1美元)。

世界银行于1978年按人均国民收入对世界各国家和地区的经济发展阶段进行分类，即低收入、中等偏下收入、中等偏上收入和高收入国家(地区)共四类，其中低收入、中等收入国家合并为发展中国家。其中，收入标准不是固定不变的，而是随着经济的发展不断进行调整。[①] 例如，2020年的分组标准如下：[②]

低收入国家：人均国民收入(GNI)≤1045美元[③]

中等偏下收入国家：1046~4095美元

中等偏上收入国家：4096~12695美元

高收入国家：≥12696美元

按照2018年和2020年的标准，世界银行统计的全球经济体中，高收入国家有81个(80个)，中等偏上收入国家有56个(55个)、中等偏下收入国家有47个(55个)、低收入国家有34个(27个)。根据世界银行资料，中国在1997年及以前一直都属于低收入国家，1998年进入中等偏下收入国家行列，2010年进入了中等偏上收入国家行列，目前中国人均国民收入已经接近中等偏上收入国家的平均值。2012年11月，国务院副总理李克强会见世界银行行长金墉时指出，中国已经进入中等收入国家行列，同时也面临中等收入陷阱。

2019年7月1日，国家统计局网站发布的《新中国成立70周年经济社会发展成就系列报告之一》显示，2018年我国人均国民总收入达到9732美元，高于中等收入国家平均水平。

具体划分经济发展阶段时，一般均采用一个或几个指标对国家的宏观经济

[①] 每年7月1日，世界银行都会更新这些类别，它们变动的原因有二：一是在每个国家，诸如收入增长率、通胀率、汇率以及人口变化等因素都会对人均国民收入水平产生影响；二是为持续把区分各类别的美元阈值以实际价格加以体现，一般会按通胀水平对这些阈值进行调整。

[②] 世界银行数据库，http://datatopics.worldbank.org/world-development-indicators/the-world-by-income-and-region.html。

[③] 由于国民收入GNI与国内生产总值GDP的差值一般不大，加之GDP指标在国际上衡量一国国民产出和经济发展时更为便捷和普遍，因而也可以用人均GDP指标数据替代人均国民收入GNI数据。

状况进行划分，其主要有以下几个指标：(1)人均GDP或人均GNI，或人均收入水平；(2)农业劳动力占社会劳动力的比重；(3)制造业在GDP中的份额。

二、中国经济发展目前处于哪一阶段？

从经济体制角度看，新中国成立并逐步恢复经济(1949—1953年)后，经历了三个大的阶段：1953—1978年的计划经济阶段、1979—1993年计划经济向市场经济转轨的阶段，1994年以后的市场经济阶段。在每一阶段，我国经济建设都取得了一定成就，才铸就当今的中国奇迹和繁荣昌盛。

从阶段任务和发展环境来划分，新中国经济发展可分三个历史阶段。

第一阶段(1949—1978年)：社会主义确立和建设阶段。在这一阶段，通过社会主义改造和重工业化来建设经济，实行计划经济体制。这是由当时两大背景决定的：(1)面临国家安全问题——政治、军事和经济安全。(2)面临资金缺乏困难——不得不实行计划经济。到1978年，这两个问题都解决了。

第二阶段(1978—2012年)：改革开放和社会主义现代化建设阶段。这是由于当时还没有解决好人民的温饱问题(贫困问题)，以及与世界其他国家的差距在拉大的环境下所做出的发展战略。在这一时期，我国保持长达30多年的年均10%的经济增长率，是一个经济高速增长、经济快速发展的阶段。其中，政府和市场"两只手"调动了一切经济因素，促进了经济发展。

第三阶段(2012年以来)：中国特色社会主义新时代阶段。在这一阶段，我国经济上要解决产业结构如何升级转型问题，避免进入中等收入国家陷阱。此时，只有通过供给侧改革、需求侧调整，以及区域平衡发展的策略来解决以上问题。同时，国际形势也迫使我国要进行经济体制改革，调整和部署新的对外开放战略，使得我国经济由高速增长阶段转向高质量发展阶段。

三、经济周期是什么样的状态？

经济发展的阶段理论是从长期角度来看待一国经济发展(经济增长)问题。实际上，短期内，一国国民经济(表现在经济增长指标上)往往有所波动，而且有可能是周期性的波动，并不是持续增长的，宏观经济学称此为经济周期。

(一) 经济周期及其各阶段

经济周期(Business cycle)也称商业周期、景气循环，一般是指经济活动沿着经济发展的总体趋势所经历的有规律的扩张和收缩阶段。它主要反映一国国民总产出、总收入和总就业的波动，是国民收入或总体经济活动扩张与紧缩的交替或周期性波动变化的一种情形。现代经济学中关于经济周期的定义，是建立在经济增长率变化的基础上，指的是经济增长率上升和下降的交替过程。

通常，把在某一时期内经济增长(绝对数或增长率)的最高点，称为该经济周期波动的峰值或波峰。与之相对应，经济增长的最低点，称为该经济周期波动的谷值或波谷。

于是，我们就有两种方法来划分经济周期的阶段：

"峰—峰"法：把总量经济指标的指标值从一个峰值到另一个峰值划分为一个周期；

"谷—谷"法：把总量经济指标的指标值从一个谷值到另一个谷值划分为一个周期。

以波峰、谷底为节点进行划分，我们可以把经济周期划分为繁荣、衰退、萧条和复苏四个阶段，表现在图形上称为衰退、谷底、扩张和顶峰更为形象(图8-3)。

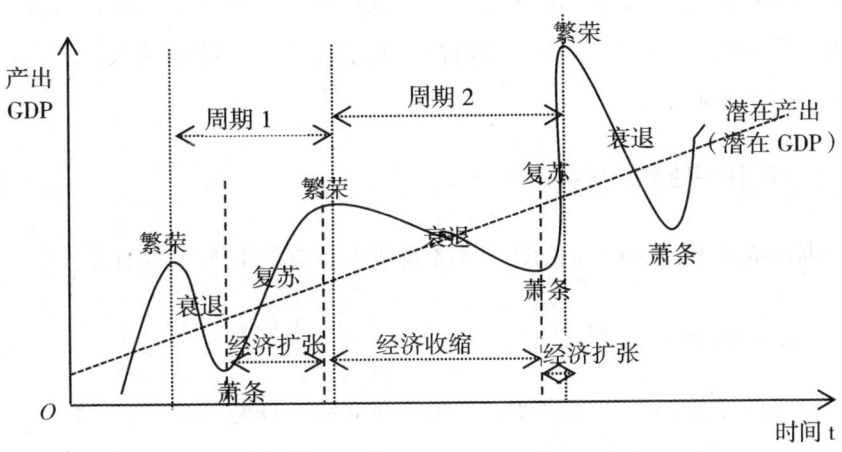

图 8-3　经济周期及各阶段示意图

现代宏观经济学中，经济周期一般发生在实际 GDP 相对于潜在 GDP 上升（扩张）或下降（收缩或衰退）的时候。每一个经济周期都可以分为上升和下降两个阶段。上升阶段也称为复苏—繁荣阶段，最高点称为顶峰。然而，顶峰也是经济由盛转衰的转折点，此后经济就进入下降阶段，即衰退期。衰退严重则经济进入萧条，衰退的最低点称为谷底。当然，谷底也是经济由衰转盛的一个转折点，此后经济进入上升阶段。经济从一个顶峰到另一个顶峰，或者从一个谷底到另一个谷底，就是一次完整的经济周期(图 8-3)。

经济周期波动的扩张阶段，是宏观经济环境和市场环境日益活跃的时间段。这时，市场需求旺盛，订货饱满，商品畅销，生产趋升，资金周转灵便。

经济周期波动的收缩阶段，是宏观经济环境和市场环境日趋紧缩的时间段。这时，市场需求疲软，订货不足，商品滞销，生产下降，资金周转不畅，企业处于较恶劣的外部环境中。经济的衰退既有破坏作用，又有"自动调节"作用。在经济衰退中，一些企业破产，退出商海；一些企业亏损，陷入困境，寻求新的出路；而另有一些企业顶住恶劣的气候，在逆境中站稳了脚跟，并求得新的生存和发展。这就是市场经济下"优胜劣汰"的企业生存法则。

此外，在经济周期概念中还涉及波长与波幅的概念。周期波动的长度，简称波长，是指每一个具体的经济周期从一个波峰到另一个波峰(或从一个波谷到另一个波谷)所经历的时间长度，一般用月、季或年等时间单位来衡量。经济扩张的波长越长，表示经济发展态势一直较好。周期波动幅度，又称为波幅或振幅，是指同一个周期内从峰值到谷值的指标差额。波幅越大，表明经济波动越大、经济越脆弱。

(二)经济周期有哪些类型?

根据形成的原因和时间长度，经济周期主要有以下四种类型。

1. 康德拉季耶夫周期

俄国经济学家康德拉季耶夫(N. D. Codrulieff, 1892—1938)于 1925 年提出资本主义经济中存在着 50~60 年一个的周期，故称"康德拉季耶夫"周期，也称长周期。因其考察的时间长度比较长，波动也比较多，因而也形象地称为

"康波"。

康波理论认为科学技术是生产力发展的动力,因此生产力发展的周期由科学技术的发展周期决定。学者们认为:工业革命以来,全球已经历过四轮完整的康波周期,每一轮周期的起始或者结束都以一个突破性的技术作为标志,如纺织工业和蒸汽机技术、钢铁和铁路技术、电器和重化工业、汽车和计算机。21世纪初,全球经济处于第五轮康波(1991年开始)周期中,以信息技术为标志性技术。在这一轮周期中,以美国经济繁荣高点2007年为顶点,2007年至今,全球处于第五波的衰退期和萧条期之间。

按照康波理论,可将18世纪到21世纪初全球经济划分6个长周期(图8-4)。

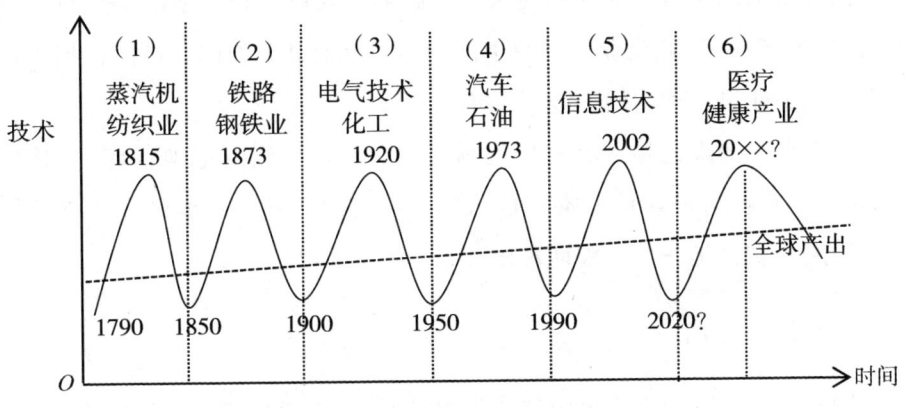

图8-4 按康波理论划分的全球经济周期

图8-4中的全球经济第6个周期,到底以什么技术为标志尚存在争议。本书认为,2008年国际金融危机的发生,使得信息技术带来的经济繁荣开始结束,经济走向衰落,特别是2020年新型冠状肺炎疫情的重大影响,将使全球经济进入低谷。但同时,这也促使生物和医疗技术不断进步,将可能带动全球经济走向新阶段。

在康波理论50~60年的长周期中,分为繁荣、衰退、萧条、回升四个阶段:(1)以创新性技术变革为起点,前20年左右是繁荣期,在此期间新技术不断颠覆,经济快速发展;(2)接着进入约5~10年的衰退期,经济增速明显放缓;(3)衰退期之后的10~15年是萧条期,经济缺乏增长动力;(4)最后进入10~15年回升期,孕育下一次重大技术创新的出现。因此,人类重大技术进步，是促进经济长周期增长的重要力量。

2. 库兹涅茨周期

1930 年，美国经济学家库兹涅茨（S. Kuznets）根据建筑业和房地产业兴衰的波动现象，提出了为期 15~25 年、平均长度为 20 年的经济周期波动情形，称之为"库兹涅茨周期"，也称为"建筑业周期"和"房地产周期"。由于建筑业与房地产的需求变化与人口的繁衍与迁移息息相关，所以库兹涅茨周期也在一定程度上反映了人口周期。这一周期理论将经济活动中的波动与相应的移民波动、人口增长率以及劳动力的增长联系起来，认为人口是经济活动的主要决定因素，而经济活动又可以对人口增长产生影响。人口增长带来的一个直接结果是住房（房地产业）和建筑业，以及生活产品需求上升。因此，可以依据人口数量变动来调整建筑业和房地产业。

库兹涅茨周期理论是一个有长远洞见的理论。从当前中国各地区"抢人大战"来看，其正符合该理论所揭示的人口——房地产业——地区经济增长的理论逻辑思路。它也是一种长周期理论。

3. 朱格拉周期

法国医生、经济学家克里门特·朱格拉在 1862 年出版的《论法国、英国和美国的商业危机及发生周期》一书中，提出了资本主义市场经济存在着 9~10 年的周期波动。他指出，一个社会经济运动呈现为三个阶段——繁荣、危机与萧条，而三个阶段的反复出现就形成了周期现象。这种周期波动是经济自动发生的现象，与人们的行为、储蓄习惯以及他们对可利用的资本与信用的运用方式有直接联系。它以设备更替和资本投资为主要驱动因素：设备更替与投资高峰期时，经济随之快速增长，设备投资完成后，经济也随之衰退；因此，可从设备投资占 GDP 的比例看出其波动情况。

美国经济学家熊彼特（Joseph Alois Schumpeter，1883—1950）把朱格拉描述的经济周期称为中周期，或朱格拉周期。因为这一周期受固定投资因素比较明显，特别是与中国经济增长的驱动力有相近之处，一些经济学者认为它能较好地解释经济为何出现周期波动。

4. 基钦周期

英国经济学家约瑟夫·基钦（J. Kitchen）于1923年提出了存在着一种40个月（3~4年）左右的小周期，而一个大周期则包括两个或三个小周期，故称为"基钦周期"。基钦提出，这种小周期是心理原因所引起的有节奏的运动的结果，而这种心理原因又是受农业丰歉影响食物价格所造成的。他从"厂商生产过多时就会形成存货，从而减少生产"的现象出发，提出库存投资变化会导致经济波动，并把这种2~4年的短期调整称为存货周期，其观点被认为是相对于康德拉季耶夫长周期的一个"短波理论"。

熊彼特在他的两卷本《经济周期》（1939年版）一书中提出以"创新"为动力的周期理论，提出分析经济周期有"二阶段模式"和"四阶段模式"两个步骤。他对康德拉季耶夫长周期、朱格拉中周期和基钦短周期进行高度综合与概括，他认为，这三种周期尽管划分方法不一样，但并不矛盾：每个长周期中套有中周期，每个中周期中套有短周期；每个长周期包括6个中周期，每个中周期包括3个短周期，这就是有名的"周期嵌套理论"。

熊彼特还把不同的技术创新与不同的周期联系起来。他以三次重大创新为标志，把资本主义经济发展划分为三个长周期：（1）第一个周期，从18世纪80年代到1840年代，是产业革命发展时期，纺织工业的创新起了重要作用；（2）第二个周期，从1842年到1897年，是"蒸汽和钢铁时期"；（3）第三个周期从1897年到20世纪50年代，是"电气、化学和汽车时期"。[①]

四、经济为什么会出现周期波动？

经济学家们在研究经济周期过程中，一直努力寻找导致经济周期出现波动的原因。总体来讲，他们认为是经济发展的外部因素（外因论）和内部因素（内因论）两种原因导致的。

（一）经济周期波动的外因论

外因论认为，经济周期波动是源于经济体系之外的因素，例如太阳黑子、

[①] MBA智库百科，经济周期，https://wiki.mbalib.com/wiki/。

战争、革命、选举、金矿或新资源的发现，以及科学突破或技术创新等。下面择其重点予以介绍：

1. 太阳黑子论

太阳黑子理论把经济的周期性波动归因于太阳黑子的周期性变化。因为，太阳黑子的周期性变化会影响气候的周期变化，而这又会影响农业收成，而农业收成的丰歉又会影响整个经济。太阳黑子的出现是有规律的，大约每十年出现一次，因而经济周期大约也是每十年一次。该理论由英国经济学家杰文斯（William Stanley Jevons，1835—1882）于1875年提出。

2. 政治决策论

政治性周期理论由2018年诺贝尔经济学奖获得者之一诺德豪斯（William D. Nordhaus，1941—）最早提出。该理论把经济周期性循环的原因归之为政府的周期性决策（主要是为了解决通货膨胀和失业问题而导致经济波动）。政府有可能具有通过相应政治手段来制造经济周期的机会主义行为，这样，决策者谋求再次当选的最大化目标和经济结构连在一起，就导致经济活动的周期性。

按照这一理论，经济的状况和执政党的行为有很大的关联。执政党主要不是从长期经济发展出发来考虑经济政策，而更多是着眼于下一轮选举的政治目标。执政者都希望能在一个强劲的经济基础上进行竞选，结果在每一次大选即将来临之前，执政党为了取得选民支持以求连任，就把制定经济政策变成吸引选票的工具，例如采取扩大财政支出、减少失业、增加福利等政策，以使经济出现短期的繁荣景象；一旦选举结束，为了弥补赤字、提高效率、抑制通货膨胀，又会采取紧缩政策，并一直把这一过程延续到下次大选之前。于是，经济周期影响大选，大选又反过来促成经济周期便成为一种或强或弱、时隐时现的趋势。

政治性周期的产生有三个基本条件：(1)凯恩斯国民收入决定理论为政策制定者提供了刺激经济的工具；(2)选民喜欢高经济增长、低失业以及低通货膨胀的时期；(3)政治家喜欢连选连任。在现实中，政府"有形的手"要拉动经济增长，增加就业，树立政绩，就必须采用扩张性财政政策；而由于落后的经济增长方式的制约和市场经济的不完善，扩张性财政政策容易导致经济短期内投资过旺、产能过剩、经济过热；为保持宏观经济稳定运行，这时又不得不"急刹车"/慢刹车、"硬着陆"/软着陆，导致经济波动。这种经济波动，一定程度上是凯恩斯逆经济周期宏观调控政策的结果。

3. 以科技创新为核心的外部冲击论

前面介绍过，创新理论(Innovation theory)是美籍奥地利经济学家熊彼特提出的，用以解释经济波动与发展的一个概念。他所说的"创新"是指一种新的生产函数，或者说是生产要素的一种"新组合"。生产要素新组合的出现会刺激经济的发展与繁荣：当新组合出现时，老的生产要素组合仍然在市场上存在，而新老要素组合的共存必然给新组合的创新者提供获利条件，经济渐趋繁荣；而一旦新组合出现技术扩散，被大多数企业获得，经济发展的最后阶段——停滞阶段也就临近了。在停滞阶段，因为没有新的技术创新出现，因而很难刺激大规模投资，从而难以摆脱萧条。这种情况直到新的创新出现才被打破，才会有新的繁荣的出现。

熊彼特的创新周期理论把经济周期性波动的原因归之为科学技术的创新。他的这一思想后来得到很多经济学家的扩充与发展，例如20世纪80年代以来的真实经济周期理论(Real Business Cycle Theory，以基德兰德和普雷斯科特为代表)，认为经济周期波动是源于市场经济体系之外的一些真实因素，如技术进步的冲击，而不是市场机制的不完善。真实经济周期理论把引起经济周期的外部冲击分为引起总供给变动的"供给冲击"和引起总需求变动的"需求冲击"。实际冲击包括大规模的随机技术进步或生产率的波动，这种波动引起相对价格波动，理性的经济当事人通过改变他们的劳动供给和消费来对相对价格波动做出反应，从而引起产出和就业的周期性波动。在引起经济波动的外部冲击中，技术进步占2/3以上(值得注意的是，真实经济周期理论把政府宏观经济政策也作为引起经济波动的外部冲击之一)。

外部冲击如何引起经济周期波动呢？现以技术进步来说明。假定一个经济处于正常的运行之中，这时出现了重大的技术突破(如互联网络的出现)，这种技术突破引起对新技术的投资迅速增加，这就带动了整个经济迅速发展，引起经济繁荣。技术是决定经济的重要因素之一，所以，这种繁荣并不是对经济长期趋势的背离，而是经济能力本身的提高。但新技术突破不会一个接一个，当这次新技术突破引起的投资过热过去之后，经济又趋于平静。

真实经济周期理论认为，既然经济周期并不是市场机制的不完善所引起的，就无须用国家的政策去干预市场机制，依靠市场机制经济就可以自发地实现充分就业的均衡。①

(二) 经济周期波动的内因论

内因论认为，经济周期源于经济体系内部——收入、成本、投资在市场机制作用下的相互反应。其中，内因论主要包括货币因素、投资因素和心理因素的理论解释。

纯货币理论主要由英国经济学家霍特里(Ralph George Hawtrey, 1879—1975)在1913—1933年的一系列著作中提出。该理论认为，经济波动完全是由于银行体系交替地扩张和紧缩信用所造成的，尤其以短期利率起着重要的作用。

投资过度理论把经济的周期性循环归因于投资过度。由于投资过多，与消费品生产相对比，资本品生产发展过快；资本品生产的过度发展促使经济进入繁荣阶段，但资本品过度生产从而导致的过剩又会促进经济进入萧条阶段。

此外，还有消费不足理论、投资心理理论等。其中，投资心理理论认为，当预期乐观时，私人企业增加投资，经济步入复苏与繁荣；当预期悲观时，私人企业减少投资，经济则陷入衰退与萧条。随着人们情绪的变化，经济也就周期性地发生波动。

上述经济周期波动的内因论从经济内部因素入手，认为经济周期性波动不是政府等外部力量来干预的，是市场内生原因导致的。这些观点为支持市场机制的完美性提供了支撑。但是，市场内生原因是如何发生的呢？特别是政府力量在20世纪80年代以后得到强化后，政府对经济波动需要承担一定责任。前述"政治决策"外因论就指责政府在政治周期内不恰当的宏观调控政策导致经济波动。当然，正因为经济发生波动，也就需要政府进行调控，政府行为与经济

---

① 智库百科，真实经济周期理论，https://wiki.mbalib.com/wiki/。

波动之间的关系是双向互相影响的。这一内容将在第九章和第十章得到说明。

五、中国经济存在周期波动特征吗？

(一) 中国经济增长经历几个周期?

前面介绍过，经济是否发生周期性波动，其观察点是看经济增长率的变动轨迹。我们依照经济周期阶段性分析方法(峰—峰划分法)，将新中国成立70余年的经济增长轨迹变动划分为8个周期，其中第8个周期为半个周期，处于经济由高到低的下降阶段(图8-5)。

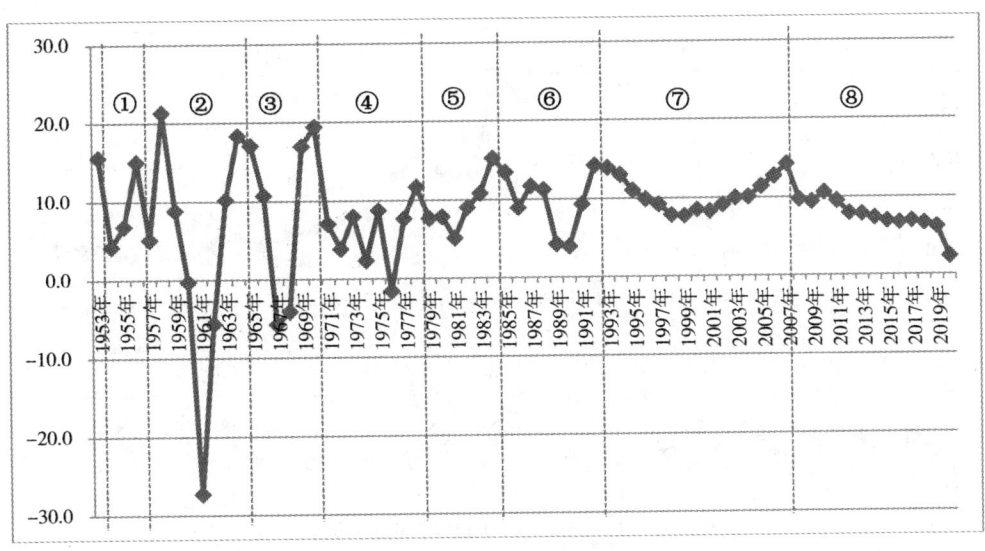

图8-5 新中国成立以来的经济增长周期

新中国成立以来的8个经济周期依次是：(1)1953—1956年，为社会主义改造周期，长度4年；(2)1957—1964年，周期长度为8年，其间1958年21.3%的经济增速因其特殊，故未作为这一周期的峰顶，一直持续到1964年；(3)1965—1970年，周期长度6年；(4)1971—1978年，周期长度8年；(5)1979—1984年，改革开放初期，农村经济活力初释放时期，该经济周期长度5年；(6)1985—1992年，改革转轨时期，经济周期长度8年；(7)1993—2007

年，平稳发展时期，经济周期 15 年；(8)2008—2020 年，经济调整时期，是从高速增长转向低速增长的阶段，用传统经济周期理论可以说是"衰退"阶段，但是这一"衰退"过程也是经济增长速度换挡的过程，整个周期长度为 13 年。

2020 年，因受新冠肺炎疫情影响，我国经济增速抵达最低点 2.3%。我们相信，随着 2021 年经济逐步恢复，走势将向上，形成第八周期的上升阶段。按照中国政府将 2021 年经济增长目标设定为 6% 以上的目标(以最低的 6% 为基点)，此后经济将逐步恢复，能够达到 6%~6.5% 的年增长率(2022 年设定为 6.3%，2025 年和 2030 年均设定为 6.5%)，将处于第 8 周期的由最低谷转向新高点的上升过程。第 8 个周期中，自 2012 年以后进入一个经济增速相较于第 7 周期低一些的"新周期"——低速增长周期(图 8-6)。

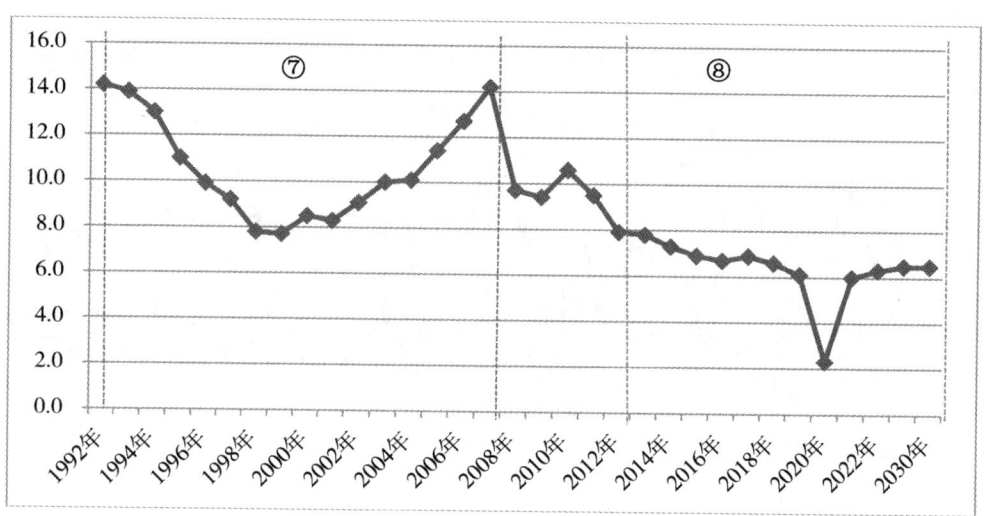

图 8-6　1992—2030 年中国经济周期的阶段特征

关于中国经济最近一个周期起始时间，学界存在一定争论，例如：2007—2010 年是否意味着一个周期？新的周期是否开始从 2010 年开始？此外，还有关于新周期的说法，对此后面将进一步阐述。

(二)"三期叠加"是啥意思？

在上述介绍中，2012 年中国经济发展出现了一个新特征：相较于 20 世纪 90 年代至 21 世纪头十年的高速增长，经济增长速度有所降低(低于 8%)，呈现出增长速度换挡的特征。其实，这一特征在2014年以来的"三期叠加"表述中就有所概括。那么，"三期叠加"包括哪样的"三期"？

"三期叠加"的提法来自2014年2月22日《瞭望》杂志和新华社通稿文章《十八大以来习近平同志关于经济工作的重要论述》，是对当前中国经济(新常态)的阶段性特征概括，主要包括：

一是增长速度换挡期。从图8-7中可看出：(1)经济增速的区间在逐步收窄(两条黑色虚线)；(2)各时间段的平均增速在下降，例如，1978—1994年经济转轨期间，增速年平均为10.05%，1990—2010年平均为10.5%，2011—2018年平均为7.45%。一些经济学者还预计中国经济增幅今后将在5%~6%之间徘徊。

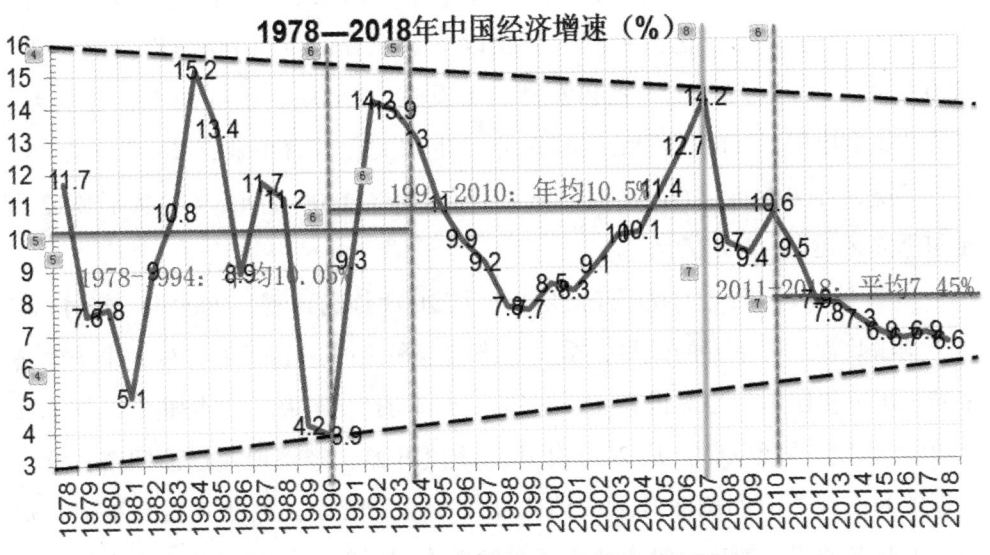

图8-7 改革开放以来我国经济增速变动情况

改革开放40多年来，年均近10%的持续高增长，把中国经济带到了世界第二大经济体高度。但是，随着国民经济总量的基数在增大，支撑经济发展的人力资源、自然资源以及制度安排和经济政策等要素正在发生变化，维持经济中高速增长的动力正在变弱。本书第七章从劳动力、资本、技术进步等生产要素结构，以及三次产业结构分析中指出，经济增长速度下降是一个大经济体在经济发展时的阶段性现象，是一个发生在实体经济层面上的自然过程。这些内在影响,再加上国际金融危机的外来影响,导致我国经济增速在2010年以后呈现逐步放缓的态势。

二是结构调整阵痛期。其意思是在相对短的时期内化解过剩产能、优化产业结构的调整可能有些痛苦。为了化解过剩产能,优化产业结构,一些行业难免受到较大冲击,有些企业甚至会退出市场,这些不得不付出的代价就是结构调整中的"阵痛"。

三是前期刺激政策消化期。2008—2009年,为应对全球金融危机的冲击,包括中国政府在内的全球经济体都实施过刺激政策,这些政策效果还需要一段时间来予以消化。

2008年国际金融危机爆发后,我国经济遭受巨大冲击。为扭转增速下滑过快造成的不利影响,政府及时采取拉动内需和产业振兴等一揽子刺激政策,俗称"4万亿计划"。4万亿元投资主要在以下七个方面:(1)保障性安居工程,2800亿元;(2)农村民生工程和农村基础设施,3700亿元;(3)铁路、公路、机场和城乡电网,1.8万亿元;(4)医疗卫生和文化教育事业,400亿元;(5)生态环境,3500亿元;(6)自主创新、结构调整,1600亿元;(7)灾后恢复重建和重灾区建设,1万亿元。

"4万亿计划"推动了我国经济增长,从2008年底到整个2009年和2011年初,刺激政策产生了好的效果,季度经济增速最高时达到了11.9%,中国经济率先走出危机阴影,也对世界经济起到了"压舱石"的作用。这是非常时期的非常政策所产生的"红利"。从2011年第二季度开始,经济增速逐渐回落,这可以理解为进入了前期刺激政策的消化期。在这一阶段,虽然刺激政策逐步退出,但政策的累积效应和溢出效应还在发挥作用,对经济结构继续产生深远影响。但是,这种大规模、超常规的刺激政策,也使后期宏观政策的选择受到掣肘,调控余地大为缩小。

(三)当前中国宏观经济周期形态:L型还是W/U型?

从前面介绍经济周期的阶段理论中,可以看到,经济的繁荣到衰退、到萧条再到恢复这一过程中,由于波幅和波长的原因,会造成经济周期的形态不一,呈现为V型、U型或W型等(图8-8)。

五、中国经济存在周期波动特征吗？

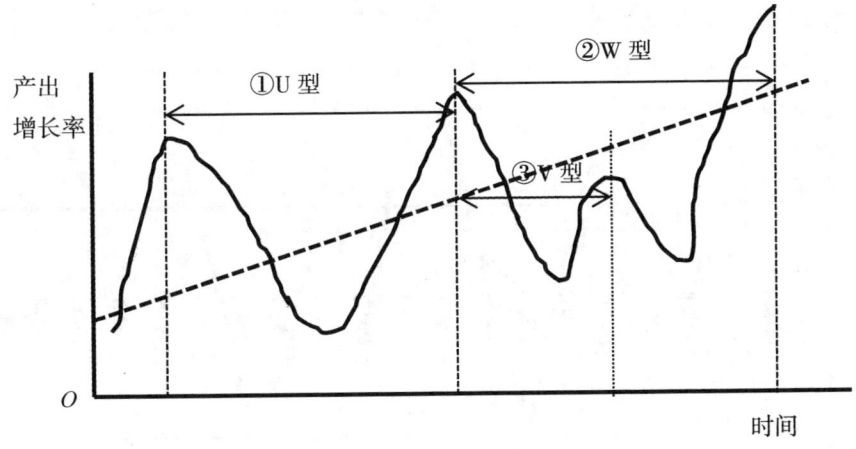

图 8-8 经济周期的形态示意图

讨论经济周期的 V 型、U 型、W 型和 L 型，主要意义在于看待衰退的时间长度。①

（1）V 型衰退：是指经济陡降并快速到达底部，然后迅速回弹，这是最理想的衰退类型。典型例子是 1953 年的美国经济衰退。

（2）U 型衰退：是指经济以相较 V 型衰退慢一点的速度下滑，然后在底部停留一段时间后实现回弹。典型例子是 1973—1975 年的美国经济衰退。

（3）W 型衰退：是指开始像一次 V 型衰退，但很快又再迎来一个或多个 V 型衰退，也被称为"双探底衰退"——因为它在真正复苏前至少有两次探底。这种衰退非常痛苦，因为投资者在第一次 V 型衰退结束时重新杀入市场，他们认为真正的复苏已经到来，其实还有恐怖的波谷正等着他们。典型例子是 20 世纪 80 年代初期的美国经济衰退。

（4）L 型衰退：是指经济陡降并无力复苏，L 型衰退是最糟糕的一种衰退类型，因为"没人能知道复苏的时间，没人能提供复苏的希望"，它的特征包括"抑郁""失去的十年"和"不适"。典型例子是 20 世纪 80 年代末至今的日本经济衰退。

以新中国改革开放以来的经济增长速度走势图来看，V 型、W 型都呈现过（图 8-9）。

---

① 360 百科，经济衰退形态，https://baike.so.com/doc/8048226-8365207.html。

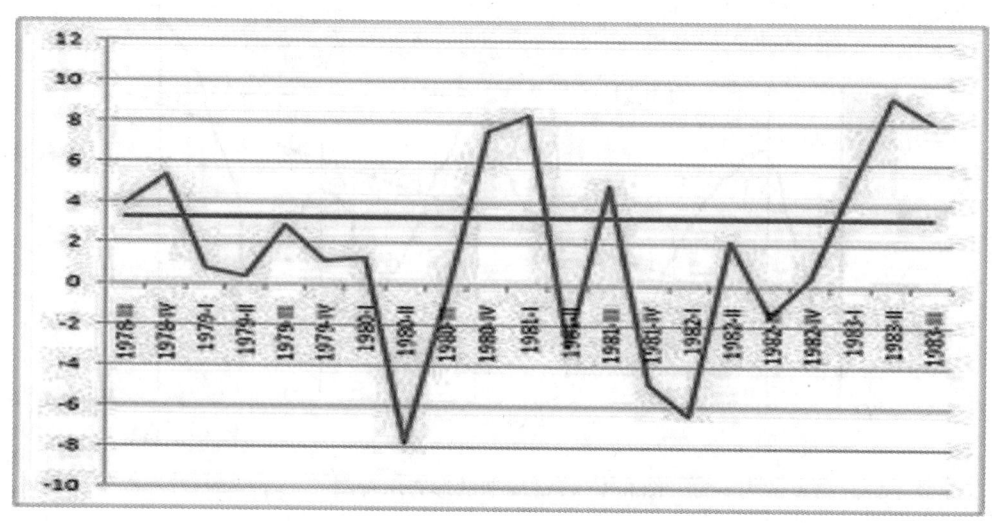

图 8-9　改革开放初期我国经济周期的形态(季度数据)

2009 年 2 月 6 日，针对全球金融危机爆发阶段，人民日报英文网络版刊发《经济衰退：V 型、U 型还是 L 型？》，文章介绍了几种经济衰退类型，其中提到：U 型衰退曲线，意味着经济快速恶化，且经济在回暖前要走一段较长弯路；L 型衰退曲线，意味着经济前景不妙——经济增长率下降，未来发展势头不明。这场全球金融危机，让那些有专业知识的经济学家也难以预测其走势：一些专家最先判断中国经济是 V 型走势，另一些说 U 型，也有一些说是 L 型。自 2015 年开始，国内学界、投资界乃至政界对当时经济走势判断再次出现分歧：①

(1)主张 U 型：主要有李稻葵教授和人民日报的海外版

2015 年，清华大学中国与世界经济研究中心主任李稻葵在各大公开场合，提出中国经济目前是"U 型"走势的观点；在 2016 年新年之际，他再度阐释"U 型"走势，同时指出："中国经济 2016 年上半年应该能出现一轮反弹，能够走出一个 U 型调整。"《人民日报·海外版》2016 年 1 月 9 日发声驳"看空中国论"，称中国经济长期向好趋势不变，2016 年下半年或将迎来"U 型"回升。

(2)主张 L 型：《人民日报》权威人士及政府人员

《人民日报》2016 年 1 月 4 日头版头条刊出权威人士专访：《供给侧结构性

---

①　陈凯茵：《中国经济走势：U 型还是 L 型？》，http://www.rmlt.com.cn/2016/0115/415019.shtml。

改革引领新常态》。文章首次提到中国经济可能出现"L 型"增长阶段，短期刺激措施无法带来经济"V 型"反弹，为中国经济走势定下论调。

中央财经领导小组办公室原副主任韩俊 2016 年 1 月 11 日解读权威人士的"L 型"论调，称当前中国经济呈下行态势且还未见底，未来一段时期内，中国经济不会呈现"U"型或"V"型走势，而将是"L"型走势。

国务院发展研究中心原副主任刘世锦在 2016 年 1 月 15 日发声，认为中国经济稳下来以后不会出现所谓的"V"型翻转，而是"L"型的结果，而且在"L"型下面这个边所花时间会比较长，在这个过程中可能会出现小的"W"波动。

（3）主张 L 型兼 U/W 型：国家统计局

国家统计局副局长盛来运 2016 年 4 月 15 日表示，因为我们现在处在增速换挡的阶段，换挡成功以后，未来的经济增长很有可能在现阶段的潜在增长率附近波动，所以从中长期角度来看，中国经济很有可能就是一个 L 型。但是从短期观察，因为经济波动受外界因素干扰很多，有可能是阶段性的 U 型或者是 W 型。

从图 8-10 的经济增长变化趋势来看，2007 年以来，我国经济增长大体上可以看做一个 L 型下降形态，只是这个 L 的下面并不是一横，而是一条向下倾斜线（见图 8-10 中的圈中虚线部分）。2020 年的新冠肺炎疫情，打破了这一 L 型走势，出现经济谷底，从而即将走出一个 V 型形态。

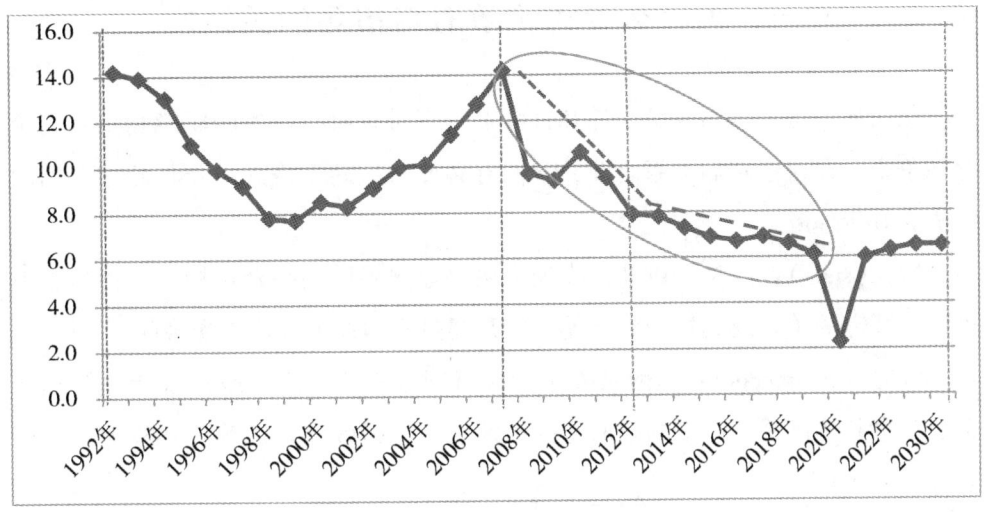

图 8-10　当前中国经济周期的形态

第九章　政府与市场的角色和职能

◎内容提要

本章主要回答以下问题：(1)政府在宏观经济运行中起着什么作用？(2)市场经济体系下，政府与市场到底扮演什么角色？以便让读者理解宏观经济运行的基本机制、政府和市场的职能定位等知识。

前面讨论观察和分析一国和地区宏观经济运行框架(第二章)、经济增长的驱动力与源泉(第七章)，以及经济发展的阶段性与周期波动(第八章)，都提及现代市场经济体系下政府的突出作用，那么，政府与市场各自究竟扮演什么角色？政府会不会存在失灵情形？我国政府与市场的关系如何演变？本章对此将展开讨论。

一、为什么要讨论政府与市场的关系？

很明显，这是因为经济学界和社会上一直对政府与市场的职能和角色定位存在争论。在讨论它们关系之前，我们有必要对这两个概念以及与此相关的国家概念有所理解。

国家(state)：广义上讲，是指拥有法律强制手段的一套机构，这种强制力可以在既定的领土及其社会内行使。它是通过有组织的政府来实现的。

政府(government)：一般被界定为执行国家权力、进行政治统治并管理社会公共事务的机关。广义的政府是国家的立法、行政和司法等公共权力机构的总称。

市场(market)：有两种意思，一是多方参与交易的场所，二是交易行为的总称，包括交易机制、产权发生转移和交换的关系系统。通常，讨论政府与市场关系的时候，市场的意思是一种机制，即，通过价格信号和优势劣汰的竞争机制，对资源表现出的自我调节和自我配置的功能，也称为市场机制。

市场经济(market economy)：是指通过市场机制来配置社会资源(含经济资源)的一种经济形式。

我们知道，一个社会的经济资源是有限的(稀缺性)，而人们的欲望是无限性，因此会面临着选择取舍(trade-off)。这就是本书第一章所提及的，人们需要对经济资源进行选择，从而使其得到合理有效配置。而经济资源的配置方式有两种：市场配置和计划配置。其中，市场配置就是通过价格信号来调节供求，以及通过利益诱导来决定资源的流量和流向，比如，生产什么、生产多少、什么时间地点、利益归属，完全由生产者自己决定；消费什么、消费多少、什么时间地点、支出归属，完全由消费者自己决定。计划配置则是通过行政指令(政府来制定和执行)来分配资源，政府作为一个主要力量参与微观经济活动和进行宏观经济把控。

不论市场配置，还是计划配置，其目的通常有三：使经济更为有效率、公平和稳定。在经济学中，衡量三个目标的方法不尽相同，例如，效率是按照帕累托最优标准(成本=收益)来看，公平是按照机会和结果是否平等、是否促进人的发展来看，稳定则是按照宏观经济不出现波动、平稳有序增长来衡量。但是，此三者之间很难兼顾，往往是侧重哪一个更为重要。市场配置更为侧重效率；计划配置则可能是两个或三个兼顾，但往往最难实现。

政府与市场的关系问题是市场经济运行中的基本问题。经济学理论中对二者关系进行过长期探讨。例如，1776年亚当·斯密在《国民财富的性质和原因的研究》(《国富论》)一书中提出：市场是"无形的手""政府是守夜人"，开启了经济学上关于市场和政府关系的争鸣。此后，一种思路是坚持市场的重要作用，认为市场机制可以内生性地解决各种问题，反对政府干预，这就是经济自由主义思路；从1776年到1935年以及1970年代之后，古典政治经济学家，以及当代的弗里德曼、哈耶克、布坎南等经济学家均坚持这一思路。另一种是强调市场存在失灵，要通过政府干预才能确保市场机制的正常发挥，这就是宏观干预和调控的思路；从1936年后到1970年以及2008年后，以凯恩斯、钱纳里和凯恩斯主义者为代表。[1]

一国经济发展中,如何处理政府与市场的关系,构成了其基本的经济体制和制度。例如,20世纪初到90年代的苏联,以及1990年代前的新中国,坚持政府干预经济的思路,以计划方式来配置资源,称为计划经济体制;西方主要工业化国家,如美国、日本、欧洲诸国,多坚持市场方式配置资源,实行市场经济体制。1994年,我国开启了中国特色社会主义市场经济体制改革,坚持市场方式配置资源,同时强调政府的宏观调控作用,较好地处理了效率、公平与稳定三者之间的关系。但是,关于政府和市场在不同领域、不同时段的角色定位,仍然存在争议。

二、市场在哪些方面会失灵?

一般认为,市场机制是配置资源的有效方式,是促进经济发展的较好工具。首先,竞争性市场具有较高的资源配置效率;其次,市场制度是分散决策有效的调节手段,可以促进经济增长。具体来说,市场具有以下功能和优点:[2]

(1)调节的灵活性和自动性。市场可以根据需求、价格迅速调整(信号机制)其选择。

(2)激励创新、促进增长。市场制度可以不断试验和及时纠错,淘汰落后,激励创新。

(3)相对价格能够反映相对成本。

(4)对非均衡的自我纠正。市场通过相对价格的变动来调节供求,使市场走向均衡。

(5)分散权力,减少个人强制。

百度百科定义市场有五大功能:(1)平衡供求矛盾,(2)商品交换和价值的实现,(3)服务功能,(4)传递信息功能,(5)收益分配功能。[3]

---

[1] 石涛:《政府和市场关系类型、历史演变及启示》,《上海经济研究》2018年第12期,第26~33页。

[2] 张培刚、张建华主编:《发展经济学》,北京:北京大学出版社2009年版,第131页。

[3] 百度百科词条,市场,https://baike.baidu.com/item/%E5%B8%82%E5%9C%BA/238002#3。

但是，经济学理论也说明，市场(市场机制)并不是万能的，"市场失灵"问题在微观经济和宏观经济领域均有所体现。①

一是会导致竞争失败，形成市场垄断。竞争是市场经济中的动力机制。但是，竞争是有条件的，一般来说竞争是在同一市场中的同类产品或可替代产品之间展开的。一方面，在市场机制下，由于分工的发展使产品之间的差异不断拉大，资本规模扩大和交易成本的增加，将会阻碍资本的自由转移和自由竞争；另一方面，由于市场垄断的出现，减弱了竞争的程度，使竞争的作用下降。

一般认为，造成市场垄断的因素主要有：(1)技术进步，(2)市场扩大，(3)企业为获得规模效应而进行的兼并。当企业获利依赖于垄断地位时，竞争与技术进步就会受到抑制。

二是存在外部负效应问题。外部负效应是指某一主体在生产和消费活动的过程中，对其他主体造成的损害。外部负效应实际上是生产和消费过程中的成本外部化，但生产或消费单位为追求更多利润或利差，会放任外部负效应的产生与蔓延。例如化工厂，它的内在动因是赚钱，对企业来讲最好是让工厂排出的废水不加处理而进入下水道、河流、江湖等，这样就可减少治污成本，增加企业利润；但这种行为对环境保护、其他企业的生产和居民的生活带来危害。

三是导致公共产品供给不足。公共产品，是指消费过程中具有非排他性和非竞争性的产品。所谓非排他性，也就是一旦这类产品被生产出来，生产者不能排除别人不支付价格的消费。所谓非竞争性，是因为对生产者来说，多一个消费者少一个消费者不会影响其生产成本，即边际消费成本为零；而对正在消费的消费者来说，只要不产生"拥挤"也就不会影响自己的消费水平。这类产品如国防、公安、航标灯、路灯、电视信号接收等，所以这类产品又叫非营利产品。从本质上讲，生产公共产品与市场机制的作用是矛盾的，生产者是不会主动生产公共产品的。而公共产品是全社会成员所必须消费的产品，它的满足状况也反映了一个国家的福利水平。在市场机制下，公共产品生产滞后，与社会成员和经济发展需要之间的矛盾十分尖锐。

---

① 智库百科，市场失灵，https://wiki.mbalib.com/wiki/%E5%B8%82%E5%9C%BA%E5%A4%B1%E7%81%B5。

四是公共资源的过度使用。有一些生产主要依赖于公共资源,例如渔民捕鱼、牧民放牧,他们使用的就是以江湖河流这些公共资源为主要对象,这类资源既在技术上难以划分归属,又在使用中不易明晰归属(产权不易明晰)。正因为这样,由于生产者受市场机制追求最大化利润的驱使,往往会对这些公共资源出现掠夺式使用,而不能给资源以休养生息的机会;有时尽管使用者明白长远利益的重要性,需要对公共资源合理使用,但因为市场机制下缺乏制度规范,又担心其他使用者的过度使用,于是便不顾后果地开发利用。

五是引发区域经济不协调问题。市场机制的作用只会扩大地区之间的不平衡现象,一些经济条件优越、发展起点较高的地区,发展变得更加有利。随着这些地区经济的发展,劳动力素质、管理水平等也会相对较高,可以支付给被利用的资源要素的价格也高,也就越能吸引优质的各种资源以发展当地经济。那些落后地区则因经济发展所必须的优质要素资源的流失而越发落后,区域经济差距会拉大。此外,不同地区有不同的利益,在不同地区使用自然资源过程中也会出现相互损害的问题,这也可以称为区域经济发展中的负外部效应。

六是产生失业问题。失业是市场机制作用的主要后果。从微观看,当资本为追求规模经营,提高生产效率时,劳动力被机器替代,会出现失业(本书第四章的结构性失业)。从宏观看,市场经济运行的周期变化,对劳动力需求的不稳定性,也需要有产业后备军的存在,以满足生产高涨时对新增劳动力的需要,从而存在失业现象(周期性失业和摩擦性失业)。失业的存在,不仅对社会与经济的稳定不利,而且也不符合资本追求日益扩张的市场与消费的需要。

七是会导致收入与财富分配不公。这是因为市场机制遵循的是资本与效率的原则。资本与效率的原则又存在着"马太效应"。从市场机制自身作用看,这是属于正常的经济现象,资本拥有越多,在竞争中越有利,效率提高的可能性也越大,收入与财富向资本与效率也就越集中。另外,资本家对其雇员的剥夺,使一些人更趋于贫困,造成了收入与财富分配的进一步拉大。这种拉大又会影响到消费水平而使市场相对缩小,进而影响到生产,制约社会经济资源的充分利用,使社会经济资源不能实现最大效用。

综合以上七个方面的"市场失灵",很多学者讨论其背后的经济学原理,总体上归纳为两个方面:(1)成本或利润价格的传达不适切,导致完全竞争市场的条件不存在,例如信息不对称、外部性、公共物品,进而影响个体经济的市场决策;(2)市场结构欠佳,特别是垄断市场的影响。

针对以上"市场失灵"情形,以及其发生原因,微观经济学者对其进行过深入分析,并提出了相应的解决对策。例如,应对垄断,就会有反垄断法;应对负外部性,就可以采取将外部成本内部化、补贴收益;应对公共物品,就不由市场改由政府提供;应对公共资源,就对其产权进行明晰;应对信息不对称,就努力增加信息透明度等。

同时,经济学界也达成一个共识:效率并不是评判资源配置好坏的唯一标准。很多情况下,公平也是加以考虑的重要因素,宏观经济稳定更是影响微观经济效率的重要因素。同时,市场所引致的宏观经济失衡(波动/不稳定)也是常见现象。这是因为企业逐利目标,激烈竞争导致资源使用有可能无序,进而使得经济出现周期性波动。因此,这就需要另一种力量——政府来纠正这种失灵。

三、政府能否纠正市场失灵?

政府作为现代经济体系的重要参与者,不是指其具体参与微观经济活动,例如生产经营等,而是通过其特殊身份(政权支撑)对"市场失灵"进行纠正。

(一)政府的经济职能有哪些?

世界银行在《1997年世界发展报告》中把政府的经济职能划分为三个层次:基本职能、中型职能和积极职能,其目标是解决微观经济中的市场失灵问题和促进社会公平。三个层次的职能可细分为九个方面:(1)提供纯粹的公共物品,(2)进行宏观经济管理,(3)解决负的外部效应,(4)规范垄断企业,(5)克服信息不完整问题,(6)协调私人活动,(7)保护穷人,(8)提供社会保险,(9)进行再分配。

表 9-1　政府的经济职能

层次	解决(微观经济中的)市场失灵问题，促进社会公平			
基本职能	(1)提供纯粹的公共物品		国防	(7)保护穷人
			法律与秩序	反贫穷计划
			保证财产所有权	消除疾病
			公共卫生医疗	
	(2)进行宏观经济管理			
中型职能	(3)解决负的外部效应	(4)规范垄断企业	(5)克服信息不完整问题	(8)提供社会保险
	基础教育	公用事业法规	保险（医疗卫生、寿命、养老金）	再分配性养老金
	环境保护	反垄断政策	金融法规	家庭津贴
			消费者保护	失业保险
积极职能	(6)协调私人活动			(9)进行再分配
	促进市场发展			资产再分配

我国对政府职能的定位，主要有五个方面：(1)经济调节，(2)市场监管，(3)社会管理，(4)公共服务，(5)生态环境保护。其中，经济调节和市场监管，以及公共服务、生态环境保护，与世界银行所界定的经济职能相符合。

在世界银行界定的政府基本职能中，政府要对宏观经济进行管理，也就是常说的宏观调控，其含义比较丰富。它包含了调节与控制两个含义：(1)宏观调节：运用经济手段或政策，例如，财政政策、货币政策、产业政策、金融政策，外贸政策等；(2)宏观控制：运用行政或法律手段，例如，直接管制、立法管制。调节和控制是两种不同程度的政府干预行为，一般地，调节的程度要温和得多，当然，其效果比控制的效果要慢一些。宏观调控的极端形式是计划化。

2019 年 10 月 31 日，中国共产党第十九届中央委员会第四次全体会议通过的《中共中央关于坚持和完善中国特色社会主义制度　推进国家治理体系和治理能力现代化若干重大问题的决定》阐述了我国政府的宏观调控制度体系，包括：国家发展规划为战略导向，财政政策和货币政策为主要手段，就业、产业、投资、消费、区域等政策协同发力。

政府对经济进行的宏观调控职能被视为现代市场经济体系下对政府与市场角色分工的高度概括。从宏观经济学(乃至经济学)理论，以及西方国家经济发展演变历史来看，政府与市场的角色定位，主要就是关于是否进行宏观调控与经济自由的争论。历史上，这种争论主要有四个阶段：

第一个阶段：过分强调经济自由的阶段。这是古典经济学和新古典主义盛行的时期(18世纪到20世纪30年代)，认为市场的自动调节可以使资本主义经济处于充分就业的均衡状态，政府没有必要对经济进行干预和宏观调控。

第二个阶段：强调政府宏观调控的阶段。这一阶段始于20世纪30年代前后。资本主义世界的经济危机使得早期占统治地位的古典经济学自由放任的主张宣告破产，代之以凯恩斯为代表的凯恩斯学派。在这一阶段，国家宏观调控在使经济摆脱萧条的过程中起到了重要作用，西方各国从而纷纷强调政府宏观调控的重要性。

第三个阶段：经济自由与宏观调控并存但重自由的阶段。随着20世纪70年代西方国家经济滞胀的出现，信奉新自由主义的货币主义学派、供给学派等兴盛起来，经济自由的思想再次活跃，主张"私有化"和自由竞争；然而随着经济的发展，西方国家在强调经济自由的同时，也开始注重政府的宏观调控，认为既要发挥市场这只"看不见的手"的潜力，又要利用政府调控这只"看得见的手"的功效，因而出现经济自由+宏观调控的情形，此种状况一直持续到21世纪头十年。新自由主义时期，在发达国家和发展中国家中，政府宏观调控都在发挥着不可或缺的作用。

第四个阶段：更加重视宏观调控的阶段。这主要是2007年美国次贷危机爆发以后，西方国家充分认识到宏观调控的重要性和必要性，因而运用各种经济手段，乃至通过直接管制的行政手段和法律手段，加强对宏观经济的调节与控制。一些人士称之为"凯恩斯主义的回归"。

(二) 政府会失灵吗？

政府失灵(Government failure)，[①] 也称"政府失效"，是指政府为弥补市场

---

① 参见智库百科，政府失灵，https://wiki.mbalib.com/wiki/。

失灵而对经济、社会生活进行干预的过程中，由于政府行为自身的局限性和其他客观因素的制约而产生新的缺陷，进而无法使社会资源配置效率达到最佳的情景。保罗·萨缪尔森将其定义为："当政府政策或集体行动所采取的手段不能改善经济效率或道德上可接受的收入分配时，政府失效便产生了。"

政府失效主要表现在以下几个方面：

1. 政府决策失效

政府主要是通过政府决策（即制定和实施公共政策）的方式去弥补市场的缺陷，因此，政府失效通常表现为政府决策的失效。它包含以下三个方面：第一，政府决策没有达到预期的社会公共目标；第二，政府决策虽然达到了预期的社会公共目标，但成本（包括直接成本和机会成本）大于收益；第三，政府决策虽然达到了预期的社会公共目标，而且收益也大于成本，但带来了严重的负面效应。

2. 政府机构和公共预算的扩张

公共选择学者威廉姆·A. 尼斯坎南（William Arthur Niskanen）认为，官僚主义会导致政府扩张，进而引起公共支出增加。他把薪水、公务津贴、权力、声誉、机构的收益以及管理的便利性看做官僚效用函数中几个重要变量，从而得出政府机构有自身增长的结论。另一位公共选择学者詹姆斯·M. 布坎南（James Mcgill Buchanan，1919—2013）也指出，由于政府官员也是个人利益最大化者，他们总是希望不断扩大机构规模，增加其层次，以相应地提高其机构的级别和个人待遇，结果导致资源配置效率低下，社会福利减少。

3. 公共物品供给的低效率

一些学者认为，由于缺乏竞争和追求利润的动机，利润的作用变得非常虚幻，以至于在公共机构就会产生"X 低效率"。因为政府垄断公共物品的供应，消费者就不可能通过选择另外供应者以表示其不满，使得公共机构在低效率操作下运转也能生存下去，最终造成公共物品供给的实际成本与最低成本之间的差值远高于零，即出现了"X 低效率"。

4. 政府的寻租活动

公共选择理论认为，一切由于行政权力干预市场经济活动，造成不平等竞争环境而产生的收入都可称为"租金"，而对这部分利益的寻求与窃取行为则称为"寻租"活动。如果政府行为主要限于保护个人权利、人身与财产安全以及确保自愿签订的私人合同的实施，市场这只"看不见的手"将能保证市场中所出现的任何租金随着各类企业的竞争性加入而消失。但是，由于政府依靠其权力参与经济活动，致使政府权力的货币化、市场化以及广泛寻租机会大量存在，以权寻租的官场经济将对市场经济产生负面影响和冲击。

为什么会出现"政府失灵"呢？公共选择理论认为，主要是以下四个方面原因引起的：

一是政府部门之间缺乏竞争。相比于市场上的众多企业，政府部门是一个独占性的主体，不存在竞争对象，因此，政府为弥补"市场失灵"而采取的行动也就没有必要用利润标准来衡量，也没有降低活动成本的压力，从而使社会支付的成本超出了社会本应支付的成本（实际成本＞最低成本）。而且，政府中的官僚与市场中的"经济人"一样，政府公职人员将最有可能追求个人最大化利益，造成实际成本远高于最低成本，以此来获得个人收益。

二是缺乏完全准确的信息。在前述"市场失灵"中，其发生原因之一就是信息不完全和不对称，同样，在以社会化大生产为基础的现代经济中，政府不可能充分了解经常变化的经济生活，也不可能对要调控的行业以及自己做出的调控决策进行充分的经济分析与论证。因此，政府任何干预经济的良好愿望与理想都具有一定的盲目性，以此为基础做出的调控决策难免出现失效的情况。

三是政府干预活动存在一定的时滞性。从"市场失灵"情形的判断，到制定出相应的干预对策，再到执行和实施，政府的一系列行动都有一个过程，使得干预滞后，或者出现政策的时滞效应，最终导致政府失灵。

四是对政府行为缺乏合理的规则约束和有效的监督。在过度强调政府地位的社会经济体系下，政府缺乏有力的监督和制约，其政策和行为或直接或间接地有利于自身的利益，而不是体现真正的公共利益，导致"政府失效"。

"政府失灵"的发生，不仅无法有效、快速地解决"市场失灵"，还可能造成"X低效率",滋生腐败,影响政府的公信力,甚至致使社会动荡。因此,防止"政府失灵"也十分重要。一般认为,解决"政府失灵"的办法包括:(1)建立有助于发挥公共部门能力的体制,例如,培植政府制定和协调政策的核心能力(保持信息畅通、纪律严明、决策负责制),建立有效的服务提供系统(引入市场机制——外包和混合制改革),培养一批积极主动精明强干的工作人员;(2)约束政府的随意干预和腐败行为;(3)加强政府与民众沟通、提升政府部门的活动能力。这些措施能够解决"政府失灵",发挥政府的功效和职能作用。

(三)什么是有为政府?

在讨论经济发展中的政府与市场关系时,学术界对政府的角色定位一直争论不休,从17世纪的"有限政府"到20世纪的"有效政府",以及当前热议的"有为政府",体现了世界各国也在不断探索合适的政府与市场关系。

17世纪至19世纪自由资本主义时期,占主导地位的政府理念是"有限政府"(limited government),即在权力、行为方式、职能和规模上都受到宪法和法律严格约束和限制的政府,特别是其经济职能是"有限"的,只能充当"守夜人"角色。可以说,这是保护自由的政府。

19世纪,基于对社会公平问题的关注,人们更多关注政府作用,认为政府应该干预经济,并承担一系列社会职能来维护社会公平,称为"有为政府"。

20世纪后半叶以来,人们关注发展问题,提出"有效政府"概念,讲究政府的有效性,以此来衡量执政政府的能力。[①] 有效政府(limited efficient government; effective government),是指一个具有较高组织效能、效率、适应性以及创新能力的政府,它应该拥有一个具有创新惯性和质量持续改进的公共组织和公共体制。有学者认为,所谓"有效政府"就是关注于做那些与其能力相适应的公共活动的政府。[②] 这样的政府具有三个特征:有限政府、法治政府和分权政府。前面已经作过介绍,世界银行关于政府的职能定位就是"有效政府",其职能分为三个层次、九个方面。

---

① 蒋永甫、谢舜:《有限政府、有为政府与有效政府——近代以来西方国家政府理念的演变》,《学习与探索》2008年第5期,第73~76页。

② 张培刚、张建华主编:《发展经济学》,北京:北京大学出版社2009年版,第135页。

有为政府，是近年在中国国内学界常被提及的一个概念。林毅夫提出的"有为政府"(facilitating state)概念，是其构建的"新结构经济学"理论体系中的一个核心概念。在林毅夫的理论体系中，"有为政府"是指在各个不同的经济发展阶段能够因地制宜、因时制宜、因结构制宜地有效地培育、监督、保护、补充市场，纠正市场失灵，促进公平，增进全社会各阶层长期福利水平的政府。

　　林毅夫认为，"有为"是与"无为"和"乱为"对应的，"有为政府"是给国家发展社会进步做出贡献的政府；政府有为的"为"是那些市场不能做或不能为时，政府要采取的行动，例如基础设施的完善。"有为政府"与"有限政府"之间的主要区别，在于其能够"动态变迁"和"主动改革"。①

　　中国"有为政府"观点形成中，最有名的是产业政策上的"林张之争"，实质上是关于政府与市场角色的争论。林毅夫主张有为政府，政府应依据各种产业的特征，制定产业政策来促进经济发展；② 张维迎则主张市场自由竞争，产业方面交由市场决定，政府一旦制定政策来发展某种产业会百分百失败。

　　目前，越来越多中国学者赞同市场经济下政府应该是"有为"的，例如朱富强(2018)和陈云贤(2019)指出，中国特色社会主义市场经济是有为政府与有效市场相结合的经济。③ 2020年10月29日，党的十九届五中全会通过的《关于制定国民经济和社会发展第十四个五年规划和二〇三五年远景目标的建议》提出，要"推动有效市场和有为政府的更好结合"，确认要发挥好"有效的市场"和"有为的政府"两只手的作用，共同推动我国经济建设与发展。

四、中国经济建设中政府与市场关系是如何演变的？

　　我国经济建设中政府与市场的关系，也体现为一个经济体制变革的演变

---

① 王勇：《详论新结构经济学中的"有为政府"的内涵——兼对田国强教授批评的回复》，《经济评论》2017年第3期，第17~30页。
② 林毅夫：《产业政策与我国经济的发展：新结构经济学的视角》，《复旦学报(社会科学版)》2017年第59卷第2期，第148~153页。
③ 朱富强：《如何认识有为政府的经济功能：理论基础和实践成效的检视》，《学术研究》2018年第7期，第87~96页；陈云贤：《中国特色社会主义市场经济：有为政府+有效市场》，《经济研究》2019年第1期，第4~19页。

史,一些学者对此进行过总结。黄寿峰(2019)将两者关系演变分为三个时期:(1)1949—1978年萌芽期,其中1949—1953年政府与市场各司其职、相互配合,市场在政府指导下合理配置资源。1953年经济恢复后,实行计划经济体制,市场作用遭到摒弃,政府计划成为配置资源的唯一手段。(2)1978—1992年探索期,1982年党的十二大提出"计划经济为主、市场调节为辅";1987年党的十三大提出"国家调节市场、市场引导企业";1992年邓小平南方讲话提出"计划和市场都是经济手段",市场的作用进一步得到加强。(3)1992年至今完善期,1992年党的十四大提出"市场在国家宏观调控下对资源配置起基础性作用";1997年党的十五大提出"进一步发挥市场对资源配置的基础性作用",厘清政府和市场的边界(政府与市场有机统一);2002年党的十六大强调"更大程度上发挥市场在国家宏观调控下对资源配置起基础性作用";2007年党的十七大强调"从制度上更好发挥市场在资源配置中的基础性作用";2012年党的十八大强调"处理好政府与市场的关系,更好发挥政府作用";2013年党的十八届三中全会提出处理政府和市场的关系,"使市场在资源配置中起决定性作用和更好发挥政府作用",市场的主体地位得以确立。[①]

程承坪等将中国政府与市场关系演变分为三个阶段:(1)1949年10月至1978年11月,政府在经济活动中起决定作用阶段;(2)1978年12月至2013年10月,在政府宏观调控下市场对资源配置起基础性作用的阶段;(3)2013年11月至今,市场在资源配置中起决定性作用,同时也要更好发挥政府作用的阶段。[②]

李冉等将之分为四个时期:(1)1949—1977年:政府主导与两种市场并存(国家统一市场和弹性自由市场);(2)1978—1991年:政府放权与市场转型(由主辅论向层级论跨越);(3)1992—2012年:政府宏观调控与市场基础作用(市场化导向);(4)2013年至今:市场决定作用与政府更好作用(双向强化关

[①] 黄寿峰:《新中国70年政府与市场关系变迁》,《国家治理》2019年第25期,第17~21页。

[②] 程承坪、潘凯:《新中国70年政府与市场关系的演变历程》,《河北学刊》2019年第5期,第35~43页。

系）。①

时家贤等总结改革开放40多年来的三个阶段，将其分为3个阶段：（1）1978—1991年：市场作用逐渐显现阶段；（2）1992—2012年：市场发挥基础性作用阶段；（3）2013年至今：市场发挥决定性作用阶段。②

依据我国经济体制改革历史，政府与市场关系演变历史如图9-1所示：

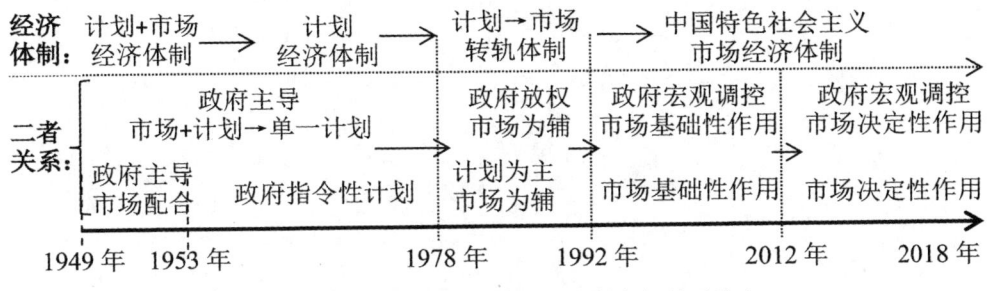

图9-1 新中国经济建设中的政府与市场关系演变

从我国经济建设中政府与市场关系的演变历史，可以看出中国政府的经济职能也在不断变化：（1）第一阶段(1949—1978年)：恢复经济，探索建立社会主义经济体系，政府全方位介入经济生活(微观和宏观)，成为经济主体；（2）第二阶段(1978—1984年)：启动市场取向的经济体制改革，实现从"政府统治"到"政府干预"的转变；（3）第三阶段(1984—1992年)：有计划的商品经济，"政府调节市场，市场引导企业"；（4）第四阶段(1992—1997年)：社会主义市场经济正式提出，市场机制在资源配置中的基础性地位合法化，政府经济职能主要限于宏观调控；（5）第五阶段(1998年至今)：政府经济职能转变，体现在国务院机构改革上——经济管理机构专业化，经济职能为：调节、监管、公共服务。

2019年10月31日，中国共产党第十九届四中全会通过《中共中央关于坚持和完善中国特色社会主义制度 推进国家治理体系和治理能力现代化若干重大

---

① 李冉、江可可：《新中国成立以来我国政府与市场关系的建构历程与前景展望》，《复旦学报(社会科学版)》2019年第5期，第1~9页。

② 时家贤、袁玥：《改革开放40年政府与市场关系的变迁：历程、成就和经验》，《马克思主义与现实》2019年第1期，第27~34页。

问题的决定》，对政府在经济方面的职能定位更为明确，以"治理"理念和方法手段来调控经济，强调"必须坚持社会主义经济制度，充分发挥市场在资源配置中的决定性作用，更好地发挥政府作用"，以实现经济高质量发展。对比当前西方一些国家经济发展中对政府与市场关系的摇摆态度，以及它们在经济发展中的绩效表现，可以看出，中国特色的政府与市场关系是适合当前中国国情和外部环境的一种关系。

第十章 政府的宏观调控

◎ **内容提要**

本章试图解答以下问题：(1)政府进行宏观调控要达到哪些目标？(2)政府宏观调控的思路是什么？有哪些手段措施？(3)中国政府的宏观调控实践情况如何？(4)供给侧结构性改革是什么意思？以便让读者理解政府在市场经济体制下的职能和作用，以及中国政府的伟大实践成就。

第九章介绍现代市场经济体系下政府的角色定位是"有为政府"，要对宏观经济运行进行调控。现实中，我们也经常听闻国家的财政政策和货币政策等名词，以及供给侧改革等概念，本章将对此进行详细介绍。

一、政府宏观调控要达到哪些目标？

20世纪30年代以后，学术界关于政府与市场关系基本上达成共识：市场配置资源+政府宏观调控。其中，政府对经济进行宏观调控的理念和思想在1936年凯恩斯发表《通论》后得以认可，并被各国政府实践运用。这种宏观调控，主要是政府运用计划、法规、政策等手段，对经济运行状态和经济关系进行干预和调整，将微观经济活动纳入国民经济宏观发展轨道，及时纠正经济运行中的偏差，以保证国民经济持续、快速、协调、健康发展。

政府进行宏观调控要达到哪些目标呢？

首先，需要指出其目标并不是常说的纠正"市场失灵"。纠正"市场失灵"只是政府的经济职能之一，因为"市场失灵"主要发生在微观经济活动之中，例如，公共物品提供不足、公共资源滥用浪费、外部负效应、可能形成垄断，以及市场信息不完整不对称等。政府的基本经济职能之一还有一个是对宏观经济进行管理，即宏观调控（参见本书第九章）。也就是说，政府可以在微观和宏观两个层次来干预经济。本章所说的宏观调控，是从宏观视角来说的。

一般认为，政府宏观调控要达到四大目标：（1）促进经济增长，（2）增加就业（充分就业），（3）稳定物价——国内通货膨胀水平适度、国际上货币币值（汇率）稳定，（4）国际收支平衡。考虑到市场经济体系下，社会公平也是政府需要考虑的一个问题，在世界银行关于政府经济职能定位中也把促进社会公平作为其基本职能之一。同时，社会公平是一个宏观层次的目标，因此，政府宏观调控的第五个目标是：收入分配相对公平。

需要说明的是，由于社会公平问题还涉及价值判断层面的内容，不同社会（国家）、不同阶层的人对公平的看法与界定大为不同，因此，现代西方宏观经济学家往往不把它作为政府宏观调控目标，很多西方经济学的教科书仅概括为四大目标。但是，对于广大发展中国家政府来说，以及基于当前全球收入不平等问题严重的情况下，有必要把促进社会公平作为政府宏观调控的重要目标来考虑。本书第十二章专门介绍了中国政府为此目标进行的各种实践，以及取得的巨大成就。

政府宏观调控的五大目标中，存在哪一个目标优先的问题，例如，经济增长和充分就业何者优先，经济增长和物价稳定何者优先等。五大目标之间，有的是一致的，有的是相互冲突的。例如，经济增长与充分就业，总体上是一致的，在经济增长的同时往往也能促进就业增长（第四章中"奥肯定律"）；但是，由于结构性调整和改革原因，经济在增长，失业却增加（即结构性失业），此时经济增长与充分就业目标就出现了冲突。实践中也存在这种情形，例如，我国20世纪90年代国有企业和集体企业改革，以及21世纪初的产业结构调整，致使城镇失业率上升，但这一时期我国经济保持高速增长。再例如，经济增长与物价稳定这两个目标也存在冲突之处。本书第五章介绍到一些学者相信温和的通货膨胀对于经济增长有益，但是，一旦为促进经济增长而实施的扩张性货币或财政政策，将使得社会上货币供应量急剧上升，造成较高比率的通货膨胀，二者就出现了冲突。20世纪70年代，西方主要国家发生的"滞胀"：一方面经济增长停滞，另一方面物价出现通胀，此时政府就面临着宏观调控首先要达到哪一个目标的抉择。

宏观调控目标何者优先，涉及其后的应对之策有先后和主次之分，造成的结果也就不尽相同。西方一些国家在具体实践中，例如经济衰退与通胀同存的20世纪70年代初、经济衰退与失业严重的2008年全球金融危机时期，把促进经济增长目标放在第一位，短期内出台了一系列刺激经济增长的政策措施；到了20世纪90年代，由于经济保持持续增长，这些国家则把物价稳定目标摆在优先位置，中央银行的货币政策锚定的指标就是通货膨胀率，而非经济增速。一般来说，经济增长和充分就业目标，是一国政府最为优先考虑的宏观调控目标，因为广大居民对经济增长和就业增长的敏感度更强，一旦经济衰退和失业了，居民收入就会急剧减少，会引发社会动荡。

政府对经济进行宏观调控，依据就是以上五大目标的相关指标变化情况。例如，经济增速指标数值下降，表明经济出现衰退，因此需要出台相应的刺激政策；反之，表明经济出现过热情况，需要出台紧缩性政策予以降温。这些指标，就是政府是否进行、何时进行宏观调控的指示灯。

二、政府宏观调控的思路是什么？

现代宏观经济学理论和实践说明，要达到宏观调控的五大目标，特别是前四个目标，其总体思路是从一国的总需求(AD)和总供给(AS)两方面来入手。

一是从需求侧进行调控，这是比较常见的，是现代宏观经济学的主要理论和实践体现，即运用三大政策(财政、货币、收入调节政策)进行调控。其理论依据是凯恩斯主义的总需求理论：通过刺激或紧缩的财政和货币政策，推动总需求曲线向右或向左移动，实现国民收入增加或减少。表现在示意图10-1中，刺激性(扩张性)的调控政策推动总需求AD曲线向右移动到AD_1，可以达到更高的国民收入Y1；紧缩性的调控政策推动总需求AD曲线向左移动，可以得到较低的国民收入Y2。

二是从供给侧进行调控，即通过产业、金融投资、区域协调等政策举措来推动总供给的增加。表现在总供给—总需求(AS-AD)模型示意图中(图10-2)，总供给AS曲线向右移动，可以得到Y2。

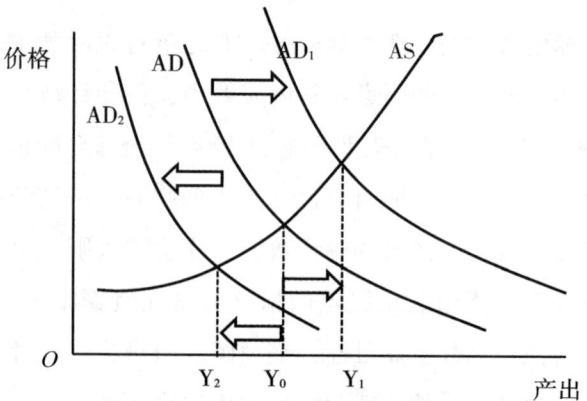

图 10-1　政府对总需求进行宏观调控

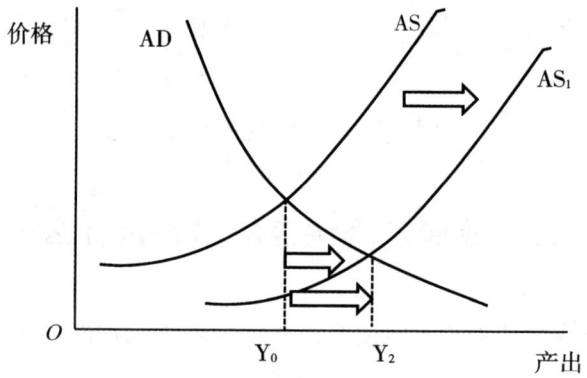

图 10-2　政府对总供给进行宏观调控

一般来说，供给本来是市场机制的事情，现在政府介入，目的是为了改善其结构。近年来，中国政府提出"供给侧管理""供给侧结构性改革"，就是从总供给侧来对宏观经济进行调控。主要是通过一些制度改革措施，激发生产要素(资本、劳动力、技术、制度和企业家精神)的投入和效率提升，以及要素的合理配置，即结构性改革，最终实现有效供给。

现代西方经济学理论中，一直比较重视政府对总需求的调控，对总供给侧的调控在20世纪70年代的供给学派理论中有所体现。本书第七章提及经济增长的动力源泉在于通过五大生产要素的作用实现总供给曲线向右移动。其实，对于经济增长来讲，政府调控总需求侧和调控总供给侧，其思路不一样，效果也是不一样的，主要体现为：(1)对于经济增长来讲，科技的创新、产品的发明创造、生产效率和商业组织的改进，都发生在供给一侧，因而调控供给侧的效果更为长远，是长期性的、决定性的调控；(2)对于经济增长的结果去向而言，需求是被动的、事后的，因此，调控需求侧的措施，更多是抑制或刺激性的，着眼于短期对经济波动的熨平，很难把社会总财富做大，只是优化得更加合理和公平；(3)供给侧的主体既包括提供商品和服务的企业实体，也包括提供制度与公共服务的政府，甚至还包括社会组织，因此，政府调控供给侧，将对此三类经济主体都产生影响。

三、政府有哪些手段和措施进行宏观调控？

政府宏观调控的手段和措施可以分为：经济类、行政类和法律类。其中，行政类手段主要是直接管制和市场监督，法律类主要是通过立法程序予以实施。经济类则分两大类：一是中长期规划和战略安排，二是财政、货币金融、收入分配，以及产业政策类。第一类经济调控手段(规划和战略)，在中国体现得更为明显，后面将进一步详述；第二类经济政策类调控手段，是从调控一国的总需求和总供给角度来说的。

政府调控总供给的政策措施主要有：(1)产业政策，(2)外贸政策，(3)金融投资政策，(4)区域发展、人口调控、土地供给政策，(5)税收、补贴等优惠政策等。这些政策的实质是改变各种生产要素数量和质量的供给，以及要素间的合理配置。本书第七章对此已作了相关介绍，在此主要介绍政府对总需求的调控手段和措施。

(一)政府调控总需求的政策工具有哪些？

政策工具主要有财政政策、货币政策和收入分配政策。这是源于凯恩斯的国民收入决定公式：$Y=C+I+N_x$，其机理是：通过扩张性(或紧缩性)财政政策→刺激(或抑制)消费、投资、进出口→推动内需和外需增加(或减少)→国民产出的增加(或减少)。

1. 财政政策及其工具

财政政策，是政府改变税收和支出，以便影响总需求进而影响就业和国民收入的政策。也就是说，财政政策的工具主要有两类：一是税收，包括税种和税率；二是支出，包括政府购买和转移支付。前一类是政府收入类，后一类是政府支出类，当政府收不抵支时，就衍生出第三类政策工具：政府公债，即通过发行债券方式向公众筹集资金。此三类政策工具分别作用于总需求的消费、投资和政府购买三大构成部分。

在这里介绍一下赤字财政政策与公债。

政府当年的税收和支出之间的差额叫做预算余额（Budget Balance）。预算余额为零叫做预算平衡（Balanced Budget），为正数叫做预算盈余，为负数叫做预算赤字。如果政府增加支出而没有相应地增加税收，或者减少税收而没有相应地减少支出，这种做法叫做赤字财政（Deficit Financed）。

当经济繁荣时，财政收入增加，为保持收支平衡就需要增加财政支出；当经济衰退时，财政收入减少，为保持收支平衡就得减少财政支出。凯恩斯主义经济学家主张运用赤字财政政策。政府实行财政赤字政策主要是通过发行公债进行的。公债并不直接卖给公众或厂商，因为这样会减少公众与厂商的消费和投资，使赤字政策起不到应有的刺激经济的作用。一般而言，公债由政府财政部发行，卖给中央银行；中央银行向财政部支付增发的货币，财政部就可以用这些货币来进行各项支出，刺激经济。中央银行购买的政府公债，可以作为发行货币的准备金，也可以在金融市场上卖出，成为调节货币供求的重要工具之一。这一过程称之为"赤字货币化"，其积极和负面影响同时存在。

2. 货币政策及其工具

货币政策，是指一个国家根据既定目标，通过中央银行运用其政策工具，调节或改变货币供给量，以影响利率和宏观经济活动水平的一种宏观经济政策。

除了要达到充分就业、经济增长、物价稳定、保持国际收支平衡等目标外，货币政策还有它自己的一些特殊的目标。例如，防止大规模的银行倒闭和金融恐慌，稳定利率以防止利率大幅度波动等。

货币政策与财政政策的不同之处在于：财政政策是直接影响社会总需求的规模，中间不需要任何变量；而货币政策则是通过货币供给量的变化来调节利率进而间接地调节总需求，因而货币政策是间接地发挥作用的。

货币政策工具主要包括：(1)改变法定准备金率，(2)调整再贴现率，(3)公开市场业务，(4)道义劝告。中央银行一般通过前三种政策工具来改变货币供给量，以达到宏观经济调控的目标。本书第六章介绍货币供给内容时提及过此三种政策工具，下面再作详细说明。

(1)公开市场业务

公开市场业务是目前各国中央银行控制货币供给量最重要也是最常用的工具。它是指中央银行在证券市场买进或卖出政府债券，通过扩大或缩减商业银行存款准备金，导致货币供应量的增减和市场利率的变化，进而调节宏观经济活动水平的政策行为。

(2)调整再贴现率

再贴现是相对于贴现而言的。商业银行在票据未到期以前将票据卖给中央银行，得到中央银行的贷款，称为再贴现。实际上，它相当于中央银行规定给商业银行的利息率。中央银行通过调高或降低对商业银行发放贷款的利息率，以限制或鼓励银行借款，从而影响银行系统的存款准备金和利率，进而决定货币存量和市场利率，以达到宏观调控的目标。

(3)改变法定准备金率

中央银行实施货币政策的第三个工具是改变法定存款准备率。商业银行经常保留的、以供支付存款提取时用的一定金额，就是存款准备金。作为监管机构，中央银行规定了一个最低的准备金率，称为法定存款准备金率，各商业银行为支票存款留存的准备金数量不得低于这一要求。中央银行如果需要扩大货币供给，可以降低法定准备金率，这使得各商业银行增加了可用于贷款的货币量，并通过货币乘数成倍地扩大货币的供给。商业银行为了获取最大利润，一般都愿意尽可能按最低准备金率留存准备金。当然，商业银行备有的存款准备金，往往会超过法定准备金，超过的部分称为超额准备金率。

在经济高涨和通货膨胀时期，中央银行为了控制信用的过度扩张，可以提高法定准备金率，它一方面减少商业银行和其他金融机构用于贷款的资金，另一方面使得商业银行创造的货币减少,从而收缩银根,减少货币供给,减少投资,抑制总需求;反之,当经济处于衰退和高失业时期时,中央银行可以降低法定准备金率,以增加货币供给,增加投资,刺激需求。

3. 扩张性和紧缩性政策之分

扩张性政策,是指比较宽松、促进经济发展的积极政策;紧缩性政策则是指相对收紧、抑制经济过热的政策。表 10-1 概括了财政和货币政策的扩展与紧缩的运用情况:

表 10-1 扩张性和紧缩性财政政策与货币政策的运用

政策和工具	扩张性	紧缩性
财政政策		
(1)政府购买(政府投资)	增加购买	减少投资
(2)政府转移支付	扩大支付	减少支付
(3)税收	减少税收	增加税收
(4)公债	增加发债	减少发债
货币政策		
(1)法定准备金率	降低	提高
(2)再贴现利率	降低	提高
(3)公开市场业务	正向买入债券(投入货币)	反向卖出(货币回笼)
(4)道义劝告	较少	较多

(二)财政政策与货币政策如何搭配使用?

政府对宏观经济进行调控,往往遵循"逆经济风向行事"原则,或者说采用"相机抉择"方法来选用财政和货币政策。但这两大类政策使用时要注意配合,即松紧搭配。

经济萧条时,扩张性财政政策与扩张性货币政策相配合,可以消除财政政策的挤出效应(即因财政扩张导致的利率上升,进而使得国民收入达不到应有程度;此时如果配合扩张性货币政策,可抵消利率上升的负面影响);经济繁荣时,紧缩性财政政策与紧缩性货币政策相配合,可以更有效地制止通货膨胀。此种政策搭配称为"双松""双紧"政策组合。当然,也可以采取扩张性财政政策与紧缩性货币政策,或者扩张性货币政策与紧缩性财政政策相配合,称之为"一松一紧"政策组合。

图 10-3 展示了宏观经济运行的不同状态,如衰退或繁荣时,此时可以采用的财政政策和货币政策搭配使用的情形。该四个象限图中,横轴向右用通货膨胀率变化表示经济由衰退向繁荣变化(通货膨胀率低,经济衰退;通货膨胀率高,经济繁荣);纵轴向上用增长和就业表示经济由衰退向繁荣变化(经济下滑、失业增加表示为经济衰退;经济增长、就业增长,表示经济繁荣),图中的曲线表示经济周期阶段性变化情形。这样,四个象限内就有四种宏观经济状态组合,如第一象限,经济处于:经济增长和就业增长、但通货膨胀高涨,此时适宜用"双紧"政策组合;在第四象限,经济处于增速下滑、失业增加、通货紧缩阶段,此时宜用"双松"政策搭配。

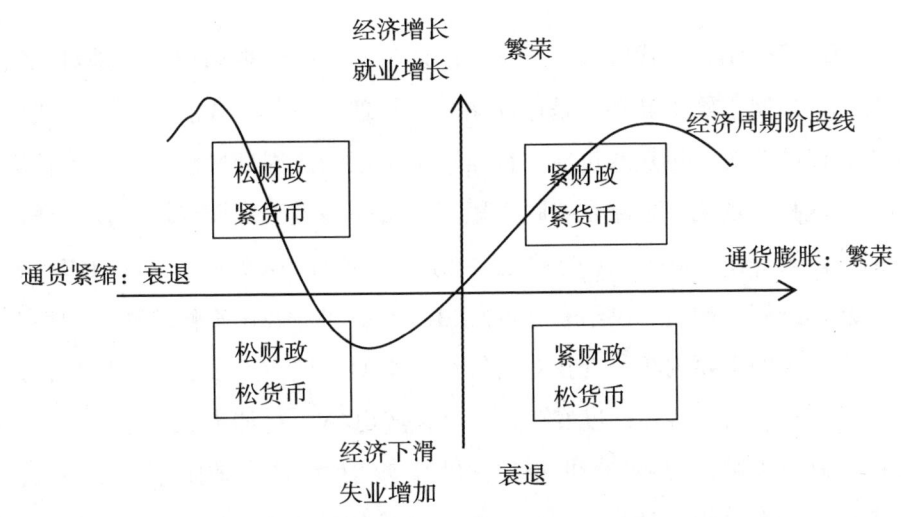

图 10-3 不同宏观经济状态下的财政和货币政策搭配

当然,宏观经济政策在实施中不仅面临政策之间的冲突,以及挤出效应,同时,还存在时滞问题(即政策的决策在经济中达到预期的目标都会有一定的时间间隔,包括认识时滞、决策时滞和生效时滞)、政策传导不畅问题、政策冲击问题(即政策实施后没有熨平经济波动,反而导致经济出现更大幅度的波动。这种政策冲击可能来自两个方面：一是政策力度过大或政策失误；二是缺乏市场沟通，因政策误读引发预期混乱），以及非经济因素对政策的影响，例如各种政治因素的影响，特别是国际政治关系的变动、某些重大政治事件的发生以及意想不到的自然灾害，都会影响政策的效应与实施；有时，预期的心理因素也会对政策的效应产生影响。

因此，一国政府是否运用、何时运用、运用哪一类或几类经济政策，以及如何配合使用等，均需要综合考虑，并非理论上所分析的几种简单调控措施。

四、中国政府怎样对经济进行宏观调控？

（一）中国政府宏观调控的思路与阶段演化

1. 中国政府宏观调控的思路

前面已经介绍，现代宏观经济学理论认为，政府宏观调控主要是对总需求侧的管理，以熨平经济波动，是逆周期需求管理策略——政府通过抑制或刺激总需求，以防止经济过热或过冷，旨在熨平短期经济周期性波动，减少社会福利损失。这种宏观调控思路是着眼于短期，目的是熨平短期经济波动，通过货币和财政政策等使实际产出（Y）趋近潜在产出（Y^*）。但实际上，政府宏观调控还可以从供给侧、调整总供给来进行。2015年以来，我国把供给侧结构性改革作为宏观调控的重要内容，旨在对总供给一侧的管理，着眼于长期增长，拉抬长期增长中枢，通过各项制度变革提高潜在产出（Y^*）的能力。

需求侧宏观调控着眼于短期稳定，供给侧结构性改革着眼于长期增长，二者各有所长，无法相互替代。理论上看，需求侧的宏观调控在短期比较有效，例如，宽松货币政策短期内能够刺激经济增长，长期则只能带来恶性通胀。而供给侧结构性改革会对经济造成临时冲击，改革出现短期阵痛，例如1990年代末国企改革"抓大放小"后导致的下岗潮。

那么，一国政府能否把需求侧的调控与供给侧的改革结合起来呢？当然可以，而且效果更佳。一方面，需求侧的宏观调控能够为供给侧的结构性改革营造稳定的经济环境,降低负面冲击,减轻改革阻力;另一方面,供给侧结构性改革则能减少市场和行政扭曲,疏通经济运行机制,为需求侧宏观调控的决策和执行创造更有利的条件。① 中国政府近年就是把两种调控思路结合起来,需求侧调控政策与结构性改革配套实施,使得宏观经济在调整中能够继续保持稳定增长,逐步实现经济高质量发展。

2. 中国政府宏观调控的两个阶段

回顾中国政府的宏观经济调控过程,可以分改革开放前和改革开放后两个阶段进行阐述。

(1) 改革开放前的指令性宏观调控

改革开放以前,我国政府的宏观调控具有独特性,较多地采用指令性计划的手段和行政手段,形成了以指令性计划为主的经济调控体系:②

一是建立自上而下的计划经济体系。国务院设计划委员会,国务院的财经、国防、科技、文教等部门设计划司,各省、自治区、直辖市和地、县设计划委员会,地方各厅、局设计划处(科),企业设计划科(股),以此形成自上而下的计划经济管理体系,用来调节国民经济运转,实现国民经济发展计划。这种高度集中的计划管理体制,把有关国计民生的主要产品几乎都列入产品计划的范围。

二是对国营企业实行直接的计划管理。国家向企业下达指令性计划,由主管部门供应生产资料,由商业、物资部门收购或调拨其产品,由财政部门统收统支其资金。

三是国家对农业也采取指令性计划。国家对粮、棉、油等农产品实行计划收购或征购,对城镇人口所需的粮、棉、油实行计划供应。

四是银行是国库的出纳。中国人民银行成立后,不仅在行政方面,而且在业务关系方面,实行的都是自上而下的垂直领导,高度集中统一。在资金管理上,对信贷资金实行"统收统支"。

(2) 改革开放后的直接和间接调控

---

① 任泽平、马家进、罗志恒:《什么是好的宏观调控?——来自中美日的经验教训》,泽平宏观,http://www.sohu.com/a/299567336_467568。

② 王立勇、陈杰:《宏观调控的阶段性演进与未来改善》,《改革》2009年第8期,第34~40页。

第十章 政府的宏观调控

改革开放以后，一方面我国政府通过中长期规划和战略安排，以及供给侧结构性改革方式来调控宏观经济，政府色彩、直接调控方式稍微浓厚一些；另一方面，通过财政和货币等政策工具间接调控方式更明显。前一个方面是侧重促进经济长期增长，除了有中长期规划和发展战略安排外，也有产业、金融、外贸等具体经济政策；后一个方面是侧重调控总需求、平抑经济波动，属于现代宏观经济学教科书上的宏观调控。我们现结合本书第八章介绍的中国经济周期，说明中国政府是如何通过宏观经济政策来调控经济运行，平抑经济周期波动的。

(二) 改革开放以来中国宏观调控实践

前面已介绍过，政府对经济进行宏观调控是要达到相应的目标，会"锚定"对应的指标。一般来说，经济增长和物价稳定是两个主要目标，对应地，政府把 GDP 增速（经济增长率）和物价指数（CPI）这两个指标作为主要观测和决策依据。从中国实践来看，改革开放以来的宏观调控可以分为：(1) 1978—1992 年"大起大落"式宏观调控，(2) 1993—1997 年"软着陆"式宏观调控，(3) 1998—2007 年"精确"式宏观调控，(4) 2008—2012 年应对国际金融危机的宏观调控，(5) 2013 年以来经济进入新常态下供需两侧的宏观调控。下面分别予以说明（图 10-4）。

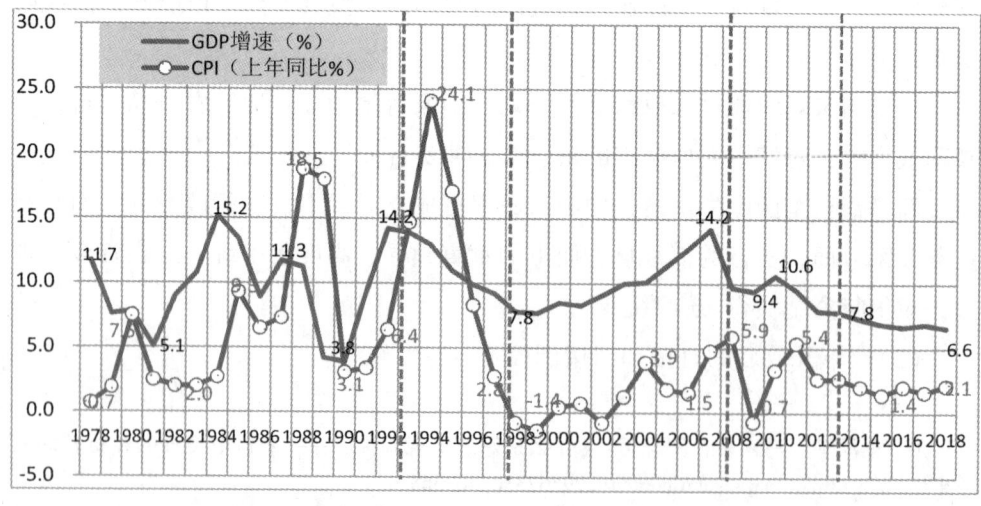

图 10-4 改革开放以来我国经济波动和宏观调控的五个阶段

1. 1978—1992年"大起大落"式宏观调控

1978年，我国开始向有计划的商品经济过渡，但在1992年以前，计划经济仍占主要地位。此时的"宏观调控"具有与改革开放前的政府指令性计划完全不同的特征，也不同于宏观经济学教科书所说的经济政策间接调控，主要依靠计划和行政手段来调控。这种调控具有一定盲目性，导致经济"大起大落"。例如，针对1979年前后的经济过热，政府采取了一系列调控措施，对投资和消费实行力度较大的全面紧缩，使经济增长率从1978年的11.7%降到1981年的5.1%，开始呈现"大起大落"的特点（图10-4）。这一特征在1985年到20世纪90年代初期更加明显。

依据宏观经济运行态势，这一阶段政府宏观调控分为三个小阶段：（1）1978—1983年：防经济过热、防通货膨胀。其中，经济过热的表现——1978—1981年基建投资快速增长、战线过长、项目过多，经济增长率在1978年达到11.7%，因此在1981年"急刹车"大幅压缩基建投资（计划和行政手段）。通货膨胀的表现——短缺经济状态下，随着计划控制的放松和价格改革的推进，隐性通货膨胀压力逐步释放，CPI由1978年的0.7%上涨到1980年的7.5%，因此需要治理通货膨胀。政府的调控手段和措施有：一是行政财政手段（强制控制财政支出），二是行政货币手段（强制信贷投放），三是强制企业整顿关停并转。

（2）1984—1987年：防经济过热、防通货膨胀。其中，经济过热表现——1984年下半年，由于货币发行超量、信贷增长过猛等措施导致经济过热，经济增长率达到15.2%。通货膨胀的表现——1984—1986年面临严重通货膨胀（1985年CPI为9.3%）。因此，政府于1985年采取紧财政、紧货币的"双紧"措施，实施以平衡信贷、降低通货膨胀率为主要目标的宏观调控。经济过热势头有所缓解，但仍然存在经济结构失衡、物价上涨幅度大等问题。

从1986年起，政府尝试改善宏观调控办法，用"软着陆"方式解决总需求超过总供给的问题。但实际中由于对相关会议精神贯彻不力，而是在1986—1988年期间采取"双松"政策，导致1986年"软着陆"失败，使总需求增长更快，扩大了总需求与总供给的矛盾。1987年、1988年经济增长率分别达到11.6%和11.3%，1988年物价涨幅达18.5%，货币供给、贷款和固定资产投资增长；投资需求和消费需求的双膨胀，经济出现全面过热。政府于1985—1986

年采取紧财政、紧货币的"双紧"措施，实施以平衡信贷、降低通货膨胀率为主要目标的宏观调控。结果：经济过热势头有所缓解，但仍然存在经济结构失衡，物价上涨幅度大等问题。

(3)1988—1991年：治理整顿。其中，经济全面过热——1987—1988年经济增长率分别达11.6%和11.3%，1988年物价涨幅达18.5%，货币供给、贷款和固定资产投资出现过高增长；投资需求和消费需求出现双膨胀，经济出现全面过热。严重通货膨胀——社会总需求大于总供给，部分商品特别是主要副食品供应偏紧，物价上涨；1988年"价格闯关"和放开价格，货币供应和信贷投放增加，造成严重通货膨胀。于是，中央从1988年第四季度起决定实行"强行硬着陆"的宏观调控政策，推行了以"治理经济环境、整顿经济秩序"(治理整顿)为主要内容的行政手段，紧缩财政和信贷，对投资和消费实行力度较大的全面紧缩，导致经济"过冷"局面出现。1990年经济增长率降到3.8%，产品库存积压，资金流通不畅，失业人数增多，但物价得到控制。

2. 1993—1997年"软着陆"式宏观调控

1992年邓小平南方讲话，中国开始全面改革，勾勒出社会主义市场经济体制基本框架，市场经济意义上的宏观调控逐渐走上历史舞台。

1992年到1993年上半年，投资需求和消费需求双膨胀，社会总需求超过总供给，经济全面过热。1992年经济增长率达到14.2%，创改革开放以来第二高纪录。

1993—1994年，投资急剧膨胀(特别是全国掀起一股房地产热和开发区热，全社会固定投资同比增长较快)，出现经济过热迹象。表现为出现了改革开放以来最严重的通货膨胀。1993年和1994年全国商品零售价格指数分别达13.2%和24.1%，出现较为严重的通货膨胀。政府汲取了以前调控中"犹豫不决、贯彻不力"的教训，调控表现出雷厉风行的特点。

1993年6月，施行了以整顿金融秩序为重点、治理通货膨胀为首要任务的紧缩型宏观调控。该阶段的宏观调控尽管初期采取较多行政手段，以治理当时混乱的金融秩序，但后期更多是运用紧缩的货币供应和利率杠杆(行政色彩的信贷控制、提高存贷款利率、整顿金融秩序如民间信贷)、从紧的财政政策和财税体制改革(分税制改革、强化税收征管，控制支出总量和结构，压缩财政赤字、控制债务)等，以达到控制总需求的目的。这期间虽然也对投资和消费实行全面紧缩，但为"适度从紧"，使GDP增长速度由1992年14.2%降到1997年的8.8%，CPI年上涨率由1994年的24.1%降到1997年的2.8%，成功实现了"软着陆"。

本轮宏观调控开启了中国政府真正意义上的宏观调控，包括五个方面：(1)不再单纯依靠行政手段，注重运用经济和法律手段；(2)注重不同政策的配合，如双紧的财政政策和货币政策；(3)不实行急刹车，而是适度从紧，使经济热度缓慢下降，避免大起大落；(4)做出治理通货膨胀决定后，雷厉风行贯彻实施，保持政策的稳定性和连续性；(5)奉行简单规则，连续多年实施"适度从紧"的财政和货币政策。

3. 1998—2007年"精确"式宏观调控

第一个时期：1998—2003年积极财政政策与稳健货币政策组合使用。

在亚洲金融危机的冲击下，我国从1998年开始出现了经济增长减速、物价下降等现象，遭遇改革开放以来的第一次通货紧缩：经济增速下降到7.8%，CPI下降到-1.4%。为了克服危机的不利影响，政府从1998年开始实施扩张性财政政策和稳健的货币政策相搭配的宏观调控，并辅以必要的行政手段，一直持续到2002年，GDP增长速度提高到2002年的9.1%，CPI指数上升到2003年的1.2%，推动我国经济进入新一轮上升周期。其间，财政政策各部分之间进行配合——增发国债、扩大财政支出，调整税收/减税。

第二时期：2004年至2007年，财政和货币政策双稳健调控。

2003年下半年，部分行业投资出现局部过热，为了防止经济出现"大起"，缓解物价上涨压力，政府确定了"果断有力，适时适度，区别对待，注重实效"的宏观调控原则，从实际出发，分类指导，采取有保有压的经济政策——2004年到2007年财政政策逐步由积极转向稳健，实行财政和货币双稳健政策，中央宏观调控的力度再次加大，宏观调控措施得到迅速落实，投资过热、盲目扩张的势头得到了有效控制，使经济进入一个高增长、低通胀发展期。

随后，我国经济虽然在适度区间运行，但固定资产投资反弹压力较大，通胀压力显现，房地产投资过热，宏观经济结构问题、局部问题依然存在。为此，政府采取了"组合拳"式的调控手段，使我国经济在适度增长区间的上限高位运行。

2007年,为了应对2006年出现的局部过热,宏观调控在货币政策的操作上调整为适度从紧,且采取微调模式,有效防止了经济增长由偏快转为过热、价格由结构性上涨演变为明显通货膨胀的情况出现。

4. 2008—2012年应对国际金融危机的宏观调控

2008年上半年,调控的方向是双防——防经济增长由偏快转为过热、防止物价由结构性上涨转为明显通货膨胀。下半年,美国次贷危机加深,世界经济放缓,我国一些出口企业受到影响,政府提出"一保一控"措施:保持经济平稳较快发展,控制物价过快上涨。2009年,我国经济开始步入下行轨道,面临通货紧缩风险,出口大幅下降,工人失业现象较为普遍,大学生就业困难,农民工返乡等问题引起关注。在这种情况下,我国政府及时采取了扩张性的财政政策和扩张性的货币政策——(1)财政政策:4万亿投资计划出台,加大对民生投资力度,优化财政支出结构,减税;(2)货币政策:扩大信贷规模、下调利率和存款准备金率,进一步扩大融资渠道,实施差别化货币政策。其中,2008年9月以后,央行5次下调存贷款利率、4次下调法定存款准备金率。

4万亿投资计划付诸实施、信贷较快扩张,这些积极扩张的调控政策及时遏制了经济的进一步下滑,为"保8"目标的实现奠定了基础,使中国经济成功摆脱衰退和通缩,但却加剧了此前经济中一直存在的体制性结构性矛盾。例如,国企和民企并存的"二元结构"特征,国企和民企处于不公平的市场竞争环境;地方政府深入参与经济活动,但是面临财权事权不匹配、GDP锦标赛、预算软约束、缺乏有效监管等问题;城镇化进程推进、居民收入水平提高、货币超发、土地财政、缺乏长效机制等因素共同推动房价大幅上涨。

2010年中国经济GDP增速开始下降,并且出现产能过剩、僵尸企业、杠杆高企等一系列问题。因此,2010年货币政策适度宽松,财政政策侧重调结构惠民生。2011年财政政策偏稳健,货币政策由适度宽松转向回归稳健,这一"双稳"的政策组合一直持续到2012年,保证了宏观经济平稳运行。

5. 2013年以来经济进入新常态下供需两侧的宏观调控

2012年后,中国经济进入"三期叠加"(增长速度换挡期、结构调整阵痛

期、前期政策消化期)的阶段,宏观经济运行呈现出"新常态",① 主要特点是:

---

① 2014年5月,习近平在河南考察时指出,"我国发展仍处于重要战略机遇期,我们要增强信心,从当前我国经济发展的阶段性特征出发,适应新常态,保持战略上的平常心态。"这是新一代中央领导首次以新常态描述新周期中的中国经济。2014年11月,习近平在亚太经合组织(APEC)工商领导人峰会上首次系统阐述了新常态。在习近平看来,新常态有几个主要特点:速度——"从高速增长转为中高速增长",结构——"经济结构不断优化升级",动力——"从要素驱动、投资驱动转向创新驱动"。2014年12月5日,中央政治局会议上首提新常态。2014年12月9日至11日中央经济工作会议在北京举行。会议首次阐述了新常态的九大特征:

(1)从消费需求看,过去我国消费具有明显的模仿型排浪式特征,2014年模仿型排浪式消费阶段基本结束,个性化、多样化消费渐成主流,保证产品质量安全、通过创新供给激活需求的重要性显著上升,必须采取正确的消费政策,释放消费潜力,使消费继续在推动经济发展中发挥基础作用。

(2)从投资需求看,经历了30多年高强度大规模开发建设后,传统产业相对饱和,但基础设施互联互通和一些新技术、新产品、新业态、新商业模式的投资机会大量涌现,对创新投融资方式提出了新要求,必须善于把握投资方向,消除投资障碍,使投资继续对经济发展发挥关键作用。

(3)从出口和国际收支看,国际金融危机发生前国际市场空间扩张很快,出口成为拉动我国经济快速发展的重要动能,全球总需求不振,我国低成本比较优势也发生了转化,同时我国出口竞争优势依然存在,高水平引进来、大规模走出去正在同步发生,必须加紧培育新的比较优势,使出口继续对经济发展发挥支撑作用。

(4)从生产能力和产业组织方式看,过去供给不足是长期困扰我们的一个主要矛盾,2014年传统产业供给能力大幅超出需求,产业结构必须优化升级,企业兼并重组、生产相对集中不可避免,新兴产业、服务业、小微企业作用更加凸显,生产小型化、智能化、专业化将成为产业组织新特征。

(5)从生产要素相对优势看,过去劳动力成本低是最大优势,引进技术和管理就能迅速变成生产力,2014年以后人口老龄化日趋发展,农业富余劳动力减少,要素的规模驱动力减弱,经济增长将更多依靠人力资本质量和技术进步,必须让创新成为驱动发展新引擎。

(6)从市场竞争特点看,过去主要是数量扩张和价格竞争,2014以后正逐步转向质量型、差异化为主的竞争,统一全国市场、提高资源配置效率是经济发展的内生性要求,必须深化改革开放,加快形成统一透明、有序规范的市场环境。

(7)从资源环境约束看,过去能源资源和生态环境空间相对较大,2014以后环境承载能力已经达到或接近上限,必须顺应人民群众对良好生态环境的期待,推动形成绿色低碳循环发展新方式。

(8)从经济风险积累和化解看,伴随着经济增速下调,各类隐性风险逐步显性化,风险总体可控,但化解以高杠杆和泡沫化为主要特征的各类风险将持续一段时间,必须标本兼治、对症下药,建立健全化解各类风险的体制机制。

(9)从资源配置模式和宏观调控方式看,全面刺激政策的边际效果明显递减,既要全面化解产能过剩,也要通过发挥市场机制作用探索未来产业发展方向,必须全面把握总供求关系新变化,科学进行宏观调控。

这些趋势性变化说明,我国经济正在向形态更高级、分工更复杂、结构更合理的阶段演化,经济发展进入新常态,正从高速增长转向中高速增长,经济发展方式正从规模速度型粗放增长转向质量效率型集约增长,经济结构正从增量扩能为主转向调整存量、做优增量并存的深度调整,经济发展动力正从传统增长点转向新的增长点。认识新常态,适应新常态,引领新常态,是当前和今后一个时期我国经济发展的大逻辑。以新常态来判断当前中国经济的特征,并将之上升到战略高度,表明中央对当前中国经济增长阶段变化规律的认识更加深刻,正在对宏观政策的选择、行业企业的转型升级产生方向性、决定性的重大影响。

增长速度从高速转向中高速,发展方式从规模速度型转向质量效率型,经济结构调整从增量扩能为主转向调整存量、做优增量并举,发展动力从主要依靠资源和低成本劳动力等要素投入转向创新驱动(概括为:中高速、优结构、新动力、多挑战)。在此背景下,宏观调控开始更多地转向供给侧,推出"三去一降一补":去产能、去库存、去杠杆、降成本、补短板,试图用改革的办法推进结构性调整,减少无效和低端供给;同时,在需求侧注重总量管理,可谓"供需"两侧齐发力,力图促进经济发展转向。

2018年下半年,受美联储加息、中美贸易摩擦、财政整顿、金融去杠杆、房地产调控等内外部因素叠加的影响,中国经济增速继续下行,当年经济增速下降到6.6%、CPI保持在2.1%左右。在此情形下,中国宏观经济政策逐步调整为强化"逆周期"调节,在总需求一侧发力,实施宽松的财政政策和货币政策:(1)财政上,上调赤字率、减税降费、基建补短板;(2)货币上,降低存款准备金率,金融监管结构性放松,政策持续转暖,同时,在供给侧继续进行结构性改革;(3)"做减法"转向"做加法",供给侧结构性改革的去产能和去库存任务已经基本完成,去杠杆转向稳杠杆,政策重心逐步改变为降成本和补短板。

2020年新冠肺炎疫情的发生,改变了中国和全球经济体的宏观经济运行环境,中国政府积极应对,实施了刺激性经济政策。财政方面:(1)减税降费——重点对小型微利企业、小规模纳税人、个体工商户,以及受疫情冲击较大行业(公共交通、餐饮住宿、旅游娱乐文化)推出所得税减免及缓缴政策,免征文化事业建设费;(2)增加支出——赤字率按照3.6%以上安排,发行万亿元抗疫特别国债并全部直达基层,地方政府专项债扩容规模空前、节奏前移明显。货币方面:通过降准降息、专项再贷款和再贴现政策、增量开展MLF(中期借贷便利Medium-term Lending Facility 的缩写,即央行向符合宏观审慎管理要求的商业银行、政策性银行发放质押产品)等方式加大基础货币投放。同时,在金融领域降低融资成本。这些宏观调控政策,为我国率先控制疫情、率先复工复产、率先实现经济正增长提供了有力支撑。

五、供给侧结构性改革是怎么进行的?

2012年以来,中国宏观经济进入一个低速增长、供给结构变化的新时期,政府宏观调控思路之一是从供给侧入手，调结构、转方式、挖新动力，试图保持经济平稳增长和高质量发展。一时间，供给侧结构性改革成为宏观调控的热词。

(一) 供给侧调控的理论渊源

关于供给侧改革与管理的理论渊源，一说是始于"萨伊定律"和供给学派，一说经济思想史和经济史上一直有供给管理理论，它比需求管理理论更占主导地位。下面分别予以阐释。

1. "萨伊定律"和供给学派对供给侧管理的重视

萨伊定律和供给学派的理论基石："供给会创造它自己的需求"，或者说产品本身能创造自己的需求，经济中不会出现供过于求、不会出现经济危机。也就是由于市场的自我调节作用，不可能产生遍及国民经济所有部门的普遍性生产过剩和就业不足，而只能在国民经济的个别部门出现供求失衡的现象，而且即使这样也是暂时的；因此，政府只需充当好"守夜人"角色，无须对经济进行干预，经济能够自动均衡。

但是，1929—1933年的大萧条发生，资本主义自由竞争经济下的最严重的危机出现，宣告"萨伊定律"失效。凯恩斯主义认为，由于有效需求不足导致危机发生，因此应采取相机处置的需求管理政策，尤其是财政政策来促使经济恢复充分就业实现均衡，消除失业和经济危机。在经济萧条时期，政府应实行预算赤字政策来增加总需求；在通货膨胀时期，政府应实行预算盈余政策来减少总需求。

20世纪70年代初"滞胀"的发生，宣告了凯恩斯主义的需求管理政策失灵。于是，反对政府干预、强调供给管理的理论，如以拉弗为代表的供给学派，提出相应的对策主张，具体可归纳为"四减四促"：(1)"四减"是指减税(削减政府开支，特别是降低边际税率)、减管制、减垄断、减货币发行或控制通胀(甚至主张恢复金本位制)，旨在调动积极性，促进生产供给；(2)"四促"是指促进私有化、促进市场竞争、促进企业家精神的发挥、促进技术创新和智力资本投资。

供给学派的理论和政策主张，得到当时一些国家的支持。美国里根政府时期采取的主要经济措施包括：(1)削减政府预算以减少社会福利；(2)减少个人所得税和企业所得税以刺激投资；(3)放宽企业管理规章条例以减少生产成本；(4)控制货币供给量以降低通货膨胀。英国撒切尔夫人推出了"撒切尔主义"或"撒切尔革命"政策，其主张有：(1)坚持新自由主义的自由市场经济理论，反对凯恩斯理论和福利国家理论；(2)推行私有化，反对国有化；(3)颂扬财富创造，反对平均主义；(4)推进去监管化，取消汇率管制；(5)鼓励工资自由浮动，打击工会力量；(6)推进减税，削减福利开支等。

2. 经济学史上一直有供给管理思想

一些学者认为，供给管理的理论不是20世纪70年代就有的，例如：(1)重农学派强调恢复"自然秩序"，强调土地要素供给和农产品供给的重要性；(2)斯密强调劳动和资本等"供给侧"因素在经济发展中的作用，强调了分工提高劳动生产率的作用，强调市场这只"看不见的手"的关键作用；(3)萨伊论证了供给对经济发展的作用，认为供给会创造它自己的需求，而供给因素主要是劳动、资本和自然力；(4)李嘉图强调了有限土地及其所导致的报酬递减对经济发展的约束作用；(5)李斯特(F. List，1841年)强调了技术进步对经济发展的作用；(6)罗雪尔(W. Roscher，1843年和1854年)将劳动分为"生产性劳动"和"非生产性劳动"，并强调了"生产性劳动"对经济发展的作用；(7)马克思(1883年)论证了劳动对创造价值的核心作用；(8)马歇尔(A. Marshall，1890年)在《经济学原理》中强调了人力资本对经济发展的作用；(9)发展经济学家们从供给侧分析经济如何发展(1940—1990年)，以及制度经济学家和改革经济学也多是从供给侧角度研究制度问题(1960年代)。可以说，一部经济学说史，就是一部供给管理的理论发展史。

(二)中国的供给侧结构性改革是怎样的？

首先要说明的是，中国的供给侧结构性改革的思路与前述供给学派，以及经济学说史上供给要素理论有很大区别，不能将供给侧结构性改革的政策主张等同于它们的政策主张。

其次要指出的是，中国经济发展历史上，对供给侧改革并不陌生，改革开放以来大多数改革都是从供给侧进行的。例如：(1)20世纪80年代的家庭联产承包责任制改革、发展乡镇企业、允许农民在小城镇落户和进城打工、放权让利改革；(2)90年代中期以农村综合改革、国有企业改革、价格改革、财税改革、金融改革、外汇改革等为主要内容的经济体制总体改革；(3)90年代后期的国有经济战略性改组、发展中小企业、政府机构改革；(4)党的十八届三中全会(2013年)后推出的经济、政治、文化、社会、生态"五位一体"的全面改革等，多属于供给侧改革。

基于2012年后我国经济进入"新常态"，一些学者主张政府宏观调控政策从需求侧管理适当转向供给侧调控，以解除供给抑制，具体政策包括：减税、打破垄断、减少管制、产权多元化、市场自由化、公平分配、加快城镇化等。2015年10月，党的十八届五中全会提出：培育发展动力、优化劳动力、资本、土地、技术、管理等要素配置，激发创新创业活力，推动大众创业、万众创新，释放新需求，创造新供给，推动新技术、新产业、新业态蓬勃发展，加快实现发展动力转换。11月，习近平总书记正式阐明：我国经济不仅要适度扩大总需求，而且需要着重加大对供给侧结构性改革的持续增长动力，标志"供给侧结构性改革"概念和主张正式诞生。

按照2012年以来的经济形势，"供给侧结构性改革"的主要任务是：三去一降一补，即工业去产能、房地产去库存、金融去杠杆、生产过程降成本、区域发展补短板。主要措施包括：(1)从结构性减税到大规模减税；(2)放松政府管制，减少行政审批；(3)减少垄断，促进市场自由竞争；(4)推动国有企业股权多元化改革；(5)改进资源和基础服务价格形成机制；(6)有效控制基础设施和基础服务的成本。

"供给侧结构性改革"包含两个方面的意思：一是供给侧的管理政策和措施，二是结构性改革。为什么说是结构性改革？[①] 这是因为，过去多年来，中国主要依靠财政和货币政策的调整来拉动"三驾马车"，实现经济的稳增长；但是，中国经济发展中存在的问题，更多是多年累积下来的结构性问题。要解决

---

① 林火灿：《结构性改革：改什么 怎么改——访国务院发展研究中心资源与环境研究所副所长李佐军》，《经济日报》2015年11月23日，第1版。

这类结构性问题，不能只按照凯恩斯式的需求管理政策来应对，而要对症下药，采取结构性改革对策。例如：

(1)产业结构问题——突出表现在低附加值产业，高消耗、高污染、高排放产业的比重偏高，而高附加值产业、绿色低碳产业、具有国际竞争力产业的比重偏低。为此，需要加快推进科技体制改革，促进高技术含量、高附加值产业的发展；需要加快生态文明体制改革，为绿色低碳产业发展提供动力；需要通过金融体制改革、社会保障体制改革等淘汰落后产能和"三高"行业。

(2)区域结构问题——突出表现在人口的区域分布不合理。目前，我国城镇化率尤其是户籍人口城镇化率偏低，且户籍人口城镇化率大大低于常住人口城镇化率。为此，需要加快户籍制度改革、福利保障制度改革、土地制度改革等，推进农民的市民化进程，提高户籍人口城镇化率。

区域结构的另一个问题是区域发展不平衡、不协调、不公平。例如，有些地方享有很多"特权"政策，有些地方发展严重滞后。为此，需要推进行政管理体制改革、财税制度改革、区划体制改革等，加快建设全国统一市场，解决不同区域发展不平衡问题，使人口和各种生产要素在不同地区自由流动、优化配置。

(3)要素投入结构问题。长期以来，我国经济发展过度依赖劳动力、土地、资源等一般性生产要素投入，人才、技术、知识、信息等高级要素投入比重偏低，导致中低端产业偏多、资源能源消耗过多等问题。为此，必须要加快科技体制、教育人才体制等改革，优化要素投入结构，更多地实现创新驱动。

(4)排放结构问题——废水、废气、废渣、二氧化碳等排放比重偏高。这种不合理的排放结构导致了资源环境的压力比较大。为此，必须加快推进生态文明制度改革，特别是推进自然资源资产产权制度、自然资源用途管制制度、资源有偿使用制度、生态补偿制度，以及用能权、用水权、排污权、碳排放权初始分配制度等方面的改革。

(5)经济增长动力结构问题。长期以来，我国经济增长过多依赖"三驾马车"来拉动，特别是过度依赖投资来拉动。其实，"三驾马车"只是 GDP 的三大组成部分，是应对宏观经济波动的需求边短期动力，只是经济增长的结果而非原因，制度变革、结构优化和要素升级(对应着改革、转型、创新)"三大发动机"才是经济发展的根本动力。今后,要更多地依靠改革、转型、创新,来提升全要素增长率,培育新的增长点,形成新的增长动力。

(6)收入分配结构问题。当前,我国城乡收入差距、行业收入差距、居民贫富差距都比较大,财富过多地集中在少数地区、少数行业和少数人中。因此,有必要加快推进收入分配制度改革、社会福利制度改革、产权制度改革和财税制度改革等,促进收入分配的相对公平,缩小贫富差距。

总之,中国政府在宏观调控实践中逐步认识到,需求侧和供给侧的调控对策各有其作用机理,要采取不同政策措施,例如,(1)针对需求侧的调控:一是扩大内需(消费 C)——社保基础搞好、缩小社会公平差距——刺激百姓消费和消费升级;二是增加投资(投资 I)——政府投资(G)+私人投资(I)——体制改革(投融资渠道畅通)+权益保护;三是改善进出口(净出口 Nx)——开辟新贸易渠道+贸易让利。(2)针对供给侧的调控:一是释放资本、寻找投资收益新渠道——提高资本收益率(K);二是挖掘人口红利、增加劳动收入——增加劳动力+素质提升(L);三是技术创新(T)+企业家精神(E),以及进行供给侧(结构性)改革(I)。今后一段时间,政府可以从供给侧和需求侧两个方面协同发力,促进经济实现高质量发展。

第十一章　中美经贸摩擦与人民币国际化

◎内容提要

本章主要介绍以下问题：(1)中美有哪些经贸往来？(2)美国从中美经贸合作中获益多少？(3)中美经贸摩擦主要体现在哪些方面？(4)美国是不是夸大了对华贸易逆差数据？(5)美国对华贸易逆差形成原因有哪些？(6)美国贸易逆差与人民币汇率水平有无关联？(7)人民币的国际影响力有多大？以便让读者更清晰了解中美经贸摩擦的真相，以及美国制裁中国的方式方法，树立坚定的对外斗争信心，以及坚持对外开放的信念。

1978年12月，中国共产党十一届三中全会做出"对内改革、对外开放"的重大决策，从此指引中国经济社会走上繁荣富强的新道路。其中，对外开放主要包括发展对外贸易，引进国外先进技术、设备和资金，以及开展多种形式的国际合作。40多年来，对外开放战略从经济特区和沿海城市到整个中国、从商品和服务市场到各类金融与技术市场，已然促使中国经济与世界经济密不可分、互促互进。但是，在中国对外开放过程中，以美国为代表的西方发达经济体出于自身政治及其他目的，多次挑起经贸摩擦和争端，甚至发起"贸易战""金融战"，给双边和多边经贸关系带来恶劣影响。在这种被遏制和持续恶化的外部环境下，中国经济有无必要调整对外开放战略？如果继续坚持对外开放，又如何协同做好国内市场的发展工作，实现内外双循环相互促进？

一、中美有哪些经贸摩擦？

中美关系错综复杂。在1949年新中国成立后，双方经历50年代的对抗、

60年代的解冻、70年代的关系正常化、80年代"蜜月"、90年代的有限合作，直至21世纪初步进入正轨。在中美关系变化发展中，经贸关系从最初的政治附属物、政治工具，逐渐成为两国关系中的主角，直至成为影响两国战略利益的重要支点。①

(一) 中美经贸摩擦的阶段性和多样性

中美经贸合作40多年来从无到有、从小到大、从单一到多元，给双方的国家经济、居民生活、企业发展、社会文化等各方面带来实实在在的收益，也为世界经济的繁荣与稳定做出了贡献。但是，由于美国出于国内政治和经济等方面目的，单方面多次挑起中美经贸摩擦，从20世纪80年代对中国纺织品进行反倾销调查，到2001年加入WTO前对是否给予中国最惠国待遇和永久性正常贸易关系，直至21世纪以后全方位、多层次、常态性的制裁和争端，摩擦成为中美经贸关系中的重要部分。

苗迎春将中美经贸摩擦的发展历史分为四个阶段：(1)1979年1月至1986年6月的起步阶段，体现在个别商品贸易领域的摩擦；(2)1986年7月至2001年11月的摩擦增多阶段，美国围绕对中国经贸待遇和正常贸易关系问题进行立法，例如美国1989年、1990年和1991年三次把中国列入所谓的"特殊301条款"重点观察名单；(3)2001年12月至2005年12月的摩擦加剧阶段，摩擦的领域和范围不断扩大，由微观产业经济摩擦向宏观经济政策层面扩散，例如，要求人民币升值、对半导体税制的争端；(4)2006年至2009年的摩擦常态化阶段，主要是对华反补贴限制。②

2010年以后，中美之间关于人民币汇率、贸易顺逆差和高新技术进出口等宏微观问题进行多方位的争论与摩擦，特别是2017年特朗普政府上台以后，中美经贸摩擦进一步升级，被宣传为"贸易战""金融战"，中美经贸关系陷入低谷。

综合起来，中美经贸摩擦主要表现为：(1)货物贸易领域的摩擦——美方

---

① 邹伟伟：《中美经贸关系的历史发展与政策博弈》，西南财经大学2009年博士论文，第42页。

② 苗迎春：《中美经贸摩擦研究》，武汉：武汉大学出版社2009年版，第36~40页。

为缩减贸易逆差或保护国内企业集团利益,对来自中国的商品实施关税和技术等壁垒措施;(2)公平贸易和对等开放问题——20世纪90年代克林顿政府时期开始宣称"公平贸易",主张所谓"对等开放",要求贸易伙伴国(主要是中国)在每个具体产品的关税水平和每个具体行业的市场准入上都与美国完全一致,寻求绝对对等;(3)知识产权保护领域的摩擦——美国为维护其高新技术产业优势,把中国企业的技术进步和外商直接投资企业的技术转移歪曲为"强制技术转让",指责中国没有对知识产权进行有效保护,判定中国政府鼓励企业走出去为"一种推动企业通过并购获取先进技术的政府行为";(4)对人民币汇率低估的指责和施压——美国借口中国政府通过低估人民币汇率来促进外贸出口,要求人民币升值;(5)要求中国金融和资本市场开放,以及实施金融制裁——美国历届政府期望中国对美开放金融和资本市场,并以此为条件进行双边经贸谈判,同时辅以金融制裁方式来遏制中国企业走出去,借以削弱中国经济竞争力。

在中美经贸往来的40多年间,基本格局表现为:合作是主流趋势,摩擦具有可控性和局部性,合作大于竞争,共同利益远多于彼此分歧。① 但是,自特朗普政府以来,中美经贸摩擦开始升级,美国通过"加征关税""产业回归"和"WTO改革"等短期和长期措施,采取单边和多边策略,从经贸、技术、投资和规则层面约束并延缓中国的发展态势;拜登政府上台后,受国内贸易政治氛围影响,中美经贸摩擦向金融、科技、国际规则和制度层面延伸。② "规模由单一、偶发事件向全面、频发事件转变,争议领域由货物和服务贸易向投资准入、高科技产业扩展,矛盾焦点由单纯的贸易问题向复杂的结构制度问题发展,博弈范围由贸易政策的战术层面向国家发展的战略层面延伸。"③

(二)新一阶段中美贸易摩擦历程

在中美经贸摩擦中,贸易领域的摩擦与争端最为激烈和集中,2018年以来

---

① 孙立鹏:《中美经贸格局历程、前景与重塑》,《中国货币市场》2019年第5期,第10~15页。
② 周金凯:《美国对华贸易政治的实施策略分析——中美经贸摩擦视角》,《上海对外经贸大学学报》2021年第28卷第3期,第49~59页。
③ 包善良:《中美贸易争端的演进过程、动因及发展趋势》,《国际关系研究》2018年第4期,第56页。

更被国内外媒体称为"贸易战"。在此过程中,中美双方延续了美方指责和制裁——中方"反制裁"——双边对话和谈判——双方缓和措施——美方继续制裁和双方论战的"套路"。有别于以往的中美经贸摩擦以磋商和谈判最终达成协议方式告终,特朗普和拜登政府发起的新一阶段对华经贸摩擦还在不断升级,对双边经贸关系带来负面影响。

张萌回顾了特朗普政府上台后中美经贸摩擦的四个阶段:(1)2017年1月至2018年3月的酝酿期,美国审查所谓"中国贸易行为"和中国在知识产权领域的做法,并正式对中国发起"301调查",挑起经贸摩擦态势已成。(2)2018年3月至8月的爆发期,美国发布《对华301调查报告》,并表示将对价值600亿美元的中国输美商品加征关税、限制中国企业对美投资并购,正式挑起经贸摩擦,并在随后单方面密集出台对华贸易制裁措施,涉及产品种类多、数额大。(3)2018年8月至12月的激化期,美国宣布对中国输美商品关税税率上调,中方反制。(4)2018年12月之后的整合期,双方领导人会晤同意暂停加征新关税,双方进行高级别磋商。①

图11-1以时间为轴展示了2018—2020年新一阶段中美贸易摩擦的过程。②

2021年3月18日至19日,中美高层战略对话在美国阿拉斯加州安克雷奇市举行,双方进行了长时间战略沟通,就各自内外政策和双边关系进行了坦诚、建设性交流,努力处理双方在特朗普任期内跌至冰点的经贸关系。但是,美国政府和一批反华政客仍然坚持对立和遏制思维,时断时续地对中国进行制裁,例如2021年4月8日,美国商务部工业与安全局(BIS)宣称将中国7个超级计算机相关实体加入出口管制"实体清单";7月9日宣布将34家公司与个人列入实体清单,其中包括22家中国实体和1名中国自然人。美国政客汤姆·科顿(Tom Cotton)还炮制所谓"针对性脱钩"和"经济持久战"战略图谋。③ 因此,中国还需认清当前复杂的外部环境和中美经贸往来的不确定性,充分研判、合

---

① 张萌:《中美经贸摩擦:进程、动因与对策建议》,《当代世界》2019年第3期,第75~78页。

② 杨玮圆:《中美高层战略对话完美落幕 一文带你了解近年中美贸易摩擦》,https://www.qianzhan.com/analyst/detail/220/210325-c6d6141b.html。

③ 唐璐、张志强:《美国参议员炮制美国与中国针对性脱钩及经济持久战的战略图谋》,https://www.sohu.com/a/455123287_120319119。

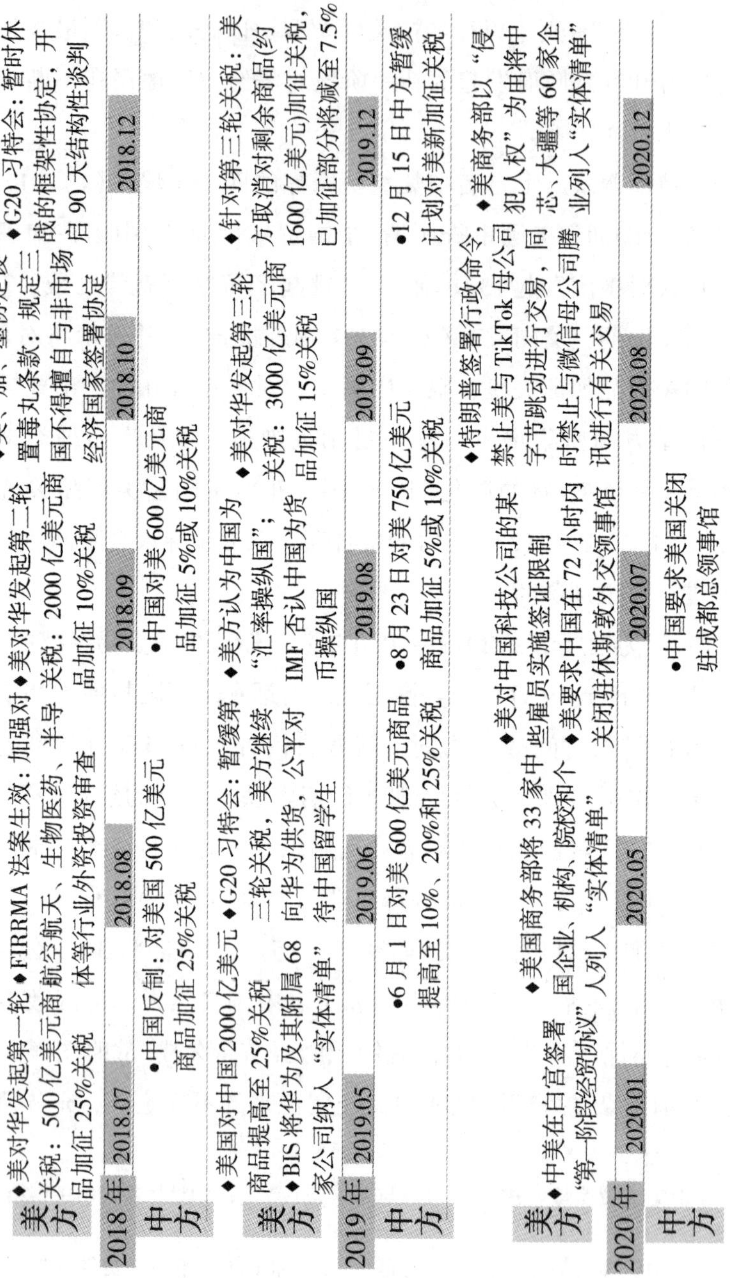

2018年

美方 2018.07
- 美对华发起第一轮关税：500亿美元商品加征25%关税

中方 2018.08
- 中国反制：对美国500亿美元商品加征25%关税

美方 2018.08
- FIRRMA法案生效：加强对美等行业外资投资审查

美方 2018.09
- 美国对中国2000亿美元商品提高至25%关税
- BIS将华为及其附属68家公司纳入"实体清单"

中方 2018.09
- 中国对美600亿美元商品加征5%或10%关税

美方 2018.10
- 美对华发起第二轮关税：2000亿美元商品加征10%关税

美方 2018.12
- 美、加、墨协定
- G20习特会：暂时休战的框架性协定；规定国不得擅自与非市场经济国家签署协定，开启90天结构性的谈判

2019年

中方 2019.05
- 中美在白宫签署"第一阶段经贸协议"

美方 2019.06
- G20习特会：暂缓第三轮关税，美方继续向华为供货，公平对待中国留学生

美方 2019.08
- 美方认为中国为"汇率操纵国"；IMF否认中国为货币操纵国
- 6月1日对美600亿美元商品提高至10%、20%和25%关税

中方 2019.08
- 8月23日对美750亿美元商品加征5%或10%关税

美方 2019.09
- 美对华发起第三轮关税：3000亿美元商品加征15%关税

美方 2019.12
- 针对第三轮关税：美方取消对剩余商品（约1600亿美元）加征关税，已加征部分将减至7.5%

中方 2019.12
- 12月15日中方暂缓计划对美新加征关税

2020年

中方 2020.01
- 中美在白宫签署"第一阶段经贸协议"

美方 2020.05
- 美国商务部将33家中国企业、机构、院校和个人列入"实体清单"

美方 2020.07
- 美对中国科技公司的某些雇员实施签证限制
- 美要求中国在72小时内关闭驻休斯敦外交领事馆

中方 2020.07
- 中国要求美国关闭驻成都总领事馆

美方 2020.08
- 特朗普签署行政命令：禁止美与TikTok母公司字节跳动进行交易，同时禁止与微信母公司腾讯进行有关交易

美方 2020.12
- 美商务部以"侵犯人权"为由将中芯、大疆等60家企业列入"实体清单"

图11-1 2018—2020年中美贸易摩擦历程

理应对，力争维护中国和全球经济利益。

(三)美方挑起贸易摩擦的手段有哪些?[①]

从上述中美经贸摩擦的多样性和最近新一阶段中美贸易摩擦历程来看，美国已经从经济学界所信奉的"自由贸易"中脱离出来，实行"贸易保护主义"，以"零和博弈"思维和经济为核心对中国发展进行全方位的遏制。2018年9月，国务院新闻办发布的《关于中美经贸摩擦的事实与中方立场》白皮书指出，美国存在大量扭曲市场竞争、阻碍公平贸易、割裂全球产业链的投资贸易限制政策和行为，例如：通过立法直接或间接限制购买其他国家产品，使他国企业在美遭受不公平待遇；滥用"国家安全审查"阻碍中国企业在美正常投资活动；对部分产业和企业提供大量补贴、救助和优惠贷款，扭曲市场竞争；采用大量更具隐蔽性、歧视性和针对性的非关税壁垒，对国内特定市场施以严格保护，明显扭曲了贸易秩序和市场环境；大量使用贸易救济措施对本国产业实施保护，其中相当大一部分针对中国。

美国对中国挑起贸易摩擦，主要手段有：

1. 根据美国国内法单方面挑起贸易摩擦

美国特朗普和拜登政府以产业损害和保护知识产权为由，绕开世界贸易组织争端解决机制，根据美国国内法挑起国际贸易摩擦，以"232条款""201条款"和"301条款"名义对中国产品发起一系列调查。

(1)2017年4月，美国政府依据本国《1962年贸易扩展法》第232条款，以所谓"国家安全"为由对包括中国在内的全球主要经济体的钢铁和铝产品发起"232调查"，并依据单方面调查结果，于2018年3月宣布对进口钢铁和铝分别加征25%和10%的关税，招致各方普遍反对和报复；2018年7月，美国政府又以所谓"国家安全"为由，对进口汽车及零配件发起新的"232调查"。

(2)2017年5月，美国依据本国《1974年贸易法》，对进口洗衣机和光伏产

---

① 本节除特别说明外，数据均来自国务院新闻办公室：《关于中美经贸摩擦的事实与中方立场》白皮书，http://www.scio.gov.cn/zfbps/ndhf/37884/Document/1638295/1638295.htm。

品发起"201调查",并在2018年1月决定对前者征收为期3年、税率最高达50%的关税,对后者征收为期4年、税率最高达30%的关税。

(3)2017年8月,美国依据本国《1974年贸易法》,对中国发起"301调查",并在2018年7月和8月分两批对从中国进口的500亿美元商品加征25%关税,此后还不断升级关税措施。2018年9月24日起,又对2000亿中国输美产品征收10%的关税。

(4)"337调查"是一种美国具有单边制裁性质的贸易保护主义手段。凡是被认定侵犯知识产权的产品,将被禁止进口到美国销售。2019年中国企业遭遇美国"337调查"数量创历史新高,共为27起,占当年全部"337调查"案件量的57.45%。

美国基于国内法对中国产品进行各类"调查",并施以加征关税,以及实施反倾销和反补贴的贸易救济措施。据统计,2010—2020年美国对中国进行反倾销和反补贴两大手段占比分别高达51%和47%。[1]

2. 片面指责他国实施产业政策,以此制裁中国高新技术产业发展

产业政策是一种弥补市场失灵、改善社会福利的有效工具,只要符合世界贸易组织确定的规则,不应受到无端指责。事实上,美国政府实施了比官方说法多得多的产业政策,例如《重振美国制造业框架》(2009)、《美国制造业促进法案》(2010)、《先进制造业伙伴计划》(2011)、《美国制造业复兴——促进增长的4大目标》(2011)、《先进制造业国家战略计划》(2012)、《美国创新战略》(2011)、《美国制造业创新网络:初步设计》(2013)等,针对重点领域研究制定了《电网现代化计划》(2011)、《美国清洁能源制造计划》(2013)、《从互联网到机器人——美国机器人路线图》(2013)、《金属增材制造(3D打印)技术标准路线图》(2013)、《美国人工智能研究与发展战略计划》(2016)、《美国机器智能国家战略》(2018)等,这些产业政策的范畴包括从推进技术创新到政府采购、对特定部门和企业的补贴,以及关税保护、贸易协定等,为增强美国产业竞争力发挥了重要作用。

---

[1] 唐璐、张志强:《美国参议员炮制美国与中国针对性脱钩及经济持久战的战略图谋》,https://www.sohu.com/a/455123287_120319119。

美国在制定推行产业政策的同时，却对他国正常的产业政策横加责难。例如，对《中国制造 2025》、《国家中长期科技发展规划纲要(2006—2020)》和《国家创新驱动发展战略纲要》规划文件横加指责，认为是"强制性技术转让"，对文件中所涉及的信息和通信技术、航天航空、机器人、医药、机械等制造业展开 301 调查，抡起"关税"大棒，对中国相关企业进行制裁，试图遏制中国科学技术进步。[①]

3. 以国内法"长臂管辖"制裁中国

"长臂管辖"(Long Arm Jurisdiction)是指将国内法规的触角延伸到境外，管辖境外实体的做法。近年来，美国不断扩充"长臂管辖"的范围，涵盖了民事侵权、金融投资、反垄断、出口管制、网络安全等众多领域，并在国际事务中动辄要求其他国家的实体或个人必须服从美国国内法，否则随时可能遭受美国的民事、刑事、贸易等制裁。以出口管制为例，美国为巩固技术领先优势，很早就构建起一系列出口管制制度，主要依据《出口管理法》《出口管制条例》《国际紧急状态经济权力法》，要求美国出口商或用户出口时必须申请许可证。对于国外购买方而言，则要求不得违反商品最终用途、最终用户等限制性规定，否则将受到处罚，包括被列入"实体清单"，严格限制或禁止从美国进口。

特朗普政府上台以来，美国在贸易与科技领域对中国实施了严厉的"长臂管辖"。2018 年，美国联邦行政部门大打"违反制裁"的牌码，滥用《贸易法》《国际紧急状态经济权力法》等法律赋予的行政权力，对华为、中兴、大疆等一批具有代表性的中资重点企业大肆展开调查，再以极其宽泛的"国家安全"为由，宣称这些企业违反美国针对第三国的制裁法令或者知识产权保护法令，继而采用切断供应关键配件、起诉索赔巨额罚金等手段，定制化、专门化重点打击中国的高科技行业，以遏制中国在这些重点领域制造与出口的优势。[②] 这种行为给中国企业参与相关贸易制造了障碍，实质是对"长臂管辖"的强化和升级。

---

① 关雪凌：《美国 301 调查与中国高新技术产业的发展》，《人民论坛》2018 年 4 月（下），第 31~33 页。

② 戚凯：《美国"长臂管辖"与中美经贸摩擦》，《外交评论（外交学院学报）》2020 年第 37 卷第 2 期，第 5~6、23~50 页。

4. 将国内问题国际化、经贸问题政治化

2017年以来，美国政府基于国内政治需要，将国内问题国际化、经贸问题政治化，通过指责他国转嫁国内矛盾。例如，美国政府认为他国通过不公平贸易的方式抢夺了本国就业岗位，作为美国贸易逆差最大来源国，中国首当其冲成为主要的被指责对象。事实是，根据联合国数据，2001—2017年，中美贸易额增长了4.4倍，但美国失业率则从5.7%下降到4.1%；尤其是2009年以来，美国从中国进口快速增长，同期美国失业率反而呈现出持续下降的态势，美国政府指责的货物进口和失业率之间的替代关系并不存在。2017年美国国会研究中心报告显示，2010—2015年，尽管美国制造业从中国进口整体增加32.4%，美国制造业的工作机会反而增加了6.8%。

事实上，美国部分社会群体失业问题，主要是技术进步和经济结构调整背景下，国内经济政策失误和再分配、再就业机制缺失引起的。根据美国波尔州立大学的研究，2000—2010年，美国制造业工作机会减少560万个，88%是由于生产率提高导致的。美国政府把失业问题归咎于国际贸易和出口国不符合事实，是在国内政治矛盾难以解决的情况下试图向外转嫁矛盾。

值得注意的是，美国政府认为对贸易伙伴国进行制裁能够让其"屈服"、自己"获胜"。2021年3月31日，美国贸易代表办公室(USTR)发布《2021年国家贸易评估报告》(*2021 National Trade Estimate Report*)，该报告称"2020年1月15日美国和中国签署了历史性经贸协议"(即美中贸易"第一阶段协议")，"这一协议要求中国在知识产权、技术转让、农业、金融服务以及货币和外汇领域，对中国的经贸体制进行结构性改革和其他变化，也包括中国承诺在2020年和2021年度大量购买美国的商品和服务"。该报告评价这一协议"建立了强有力的争端解决系统，可确保迅速有效地得以实施和执行"，①颇有"成就感"——报告显示，2020年美国对华货物贸易逆差3108亿美元，比2019年下降了10.0%(344亿美元)，其中对华商品出口1246亿美元，比上年增长17.1%(182亿美元)，相应地从中国进口4354亿美元，下降3.6%，中国是美国的第三大商品

---

① 美国贸易代表办公室：《2021年国家贸易评估报告》，https://ustr.gov/about-us/policy-offices/press-office/reports-and-publications/2021。

出口市场。

但是，从中方和全球角度看，美国单方面挑起的中美经贸摩擦不仅破坏了双边经贸关系，损害了中美企业和居民的切身利益，而且还破坏了多边贸易规则和国际经济秩序，伤害了包括中美经贸交往在内的全球经贸关系，冲击了全球价值链和国际分工体系，干扰了市场预期，引发国际金融和大宗商品市场剧烈震荡，成为全球经济复苏的最大不确定因素和风险源。中国将坚定维护国家尊严和核心利益，主张对中美两国经贸关系快速发展过程中出现的问题和争议双方应秉持积极合作的态度，通过双边磋商或诉诸世界贸易组织争端解决机制，以双方都能接受的方式解决分歧。

二、中美有哪些经贸往来？

中国和美国分别是世界上最大的发展中国家和最大的发达国家，两国的经贸往来自1979年正式建交以来得到快速发展。双方在货物和服务贸易、资本流动和市场开放，以及技术交流等方面开展了全面合作，基于比较优势和市场选择，形成了结构互补、利益交融的互利共赢关系。从国际收支角度看，中美经贸往来主要有两个方面：

(一) 双边贸易(货物和服务贸易)

中美双边贸易自1979年正式建交后有了快速发展。中国商务部于2019年6月6日发表的《关于美国在中美经贸合作中获益情况的研究报告》显示，中美货物贸易额从1979年的25亿美元，增长到2018年的6335亿美元，增长252倍；服务贸易额超过1250亿美元，比从有服务贸易统计开始的2006年(274亿美元)增长了3.6倍。① 2019年，中美货物贸易额达5413.8亿美元，其中中国自美国进口1227.1亿美元、对美出口4186.7亿美元，中方顺差2959.6亿美元；服务贸易额1265.4亿美元，其中自美进口834.7亿美元、对美出口430.7

---

① 商务部新闻办公室：《关于美国在中美经贸合作中获益情况的研究报告》，http://www.mofcom.gov.cn/article/ae/ai/201906/20190602870809.shtml。

亿美元，中方逆差 404 亿美元。① 2020 年，中美双边货物贸易总值 5867 亿美元，其中自美进口 1349.1 亿美元、对美出口 4518.1 亿美元，中方顺差 3169 亿美元；而服务贸易因新冠肺炎疫情的影响较大，但总体上中方对美存在较大逆差。2021 年，基于中国对疫情的控制和国际社会对中国经济增长的强大信心，中美贸易得以正常沟通恢复。据中国海关总署发布的统计数据显示，2021 年 1—5 月，中美贸易额同比增长 52.3%，达到 2796.44 亿美元。其中，中国对美国出口 2060.53 亿美元，增长 49.8%；中国自美国进口 735.91 亿美元，增长 59.8%。②

1. 双方货物进出口贸易

图 11-2 展示了中国海关统计的 1997 年至 2020 年对美出口和自美进口货物贸易额情况。

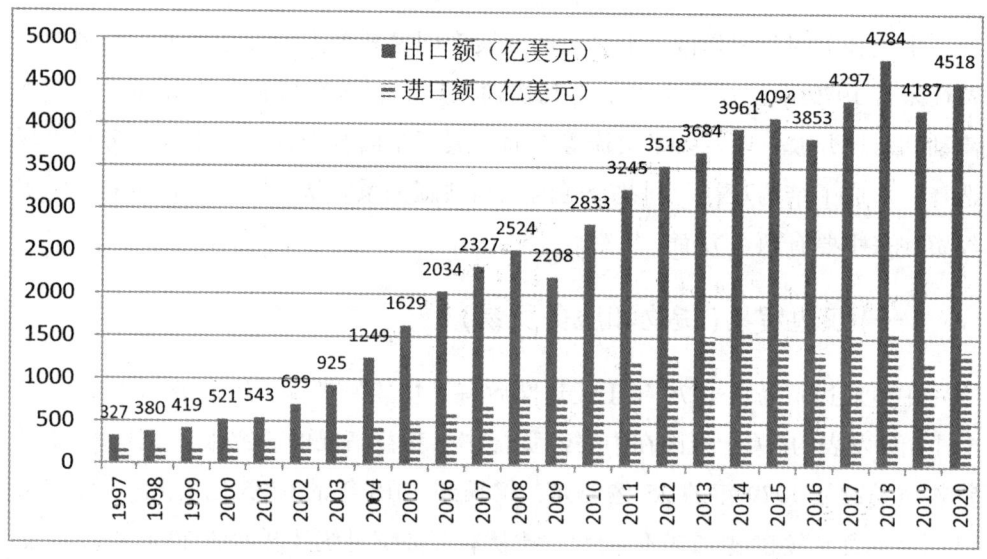

图 11-2　中国向美国出口和自美国进口货物额（1997—2020 年）

数据来源：国家统计局《中国统计年鉴》1999—2020 年和商务部商务数据中心。

---

① 驻美利坚合众国大使馆经济商务处：《2019 年中美贸易投资简况》，http://www.mofcom.gov.cn/article/tongjiziliao/fuwzn/ckts/202011/20201103013727.shtml。

② 海关总署：《前 5 个月中美贸易额超 2796 亿美元 同比增长 52.3%》，https://www.sohu.com/a/470886136_121118994。

目前，美国是中国第一大货物出口市场和第六大进口来源地，2020年美国占中国出口和进口总额的17.4%和6.6%（表11-1）。

表11-1　2020年中国对主要国家和地区货物进出口金额及其比重

国家和地区	出口额（亿元）	占全部出口比重（%）	进口额（亿元）	占全部进口比重（%）
美国	31279	17.4	9319	6.6
东盟	26550	14.8	20807	14.6
欧盟	27084	15.1	17874	12.6
日本	9883	5.5	12090	8.5
韩国	7787	4.3	11957	8.4
中国香港	18830	10.5	482	0.3
中国台湾	4163	2.3	13873	9.8
巴西	2417	1.3	5834	4.1
俄罗斯	3506	2.0	3960	2.8
印度	4613	2.6	1445	1.0
南非	1055	0.6	1422	1.0

数据来源：国家统计局《中华人民共和国2020年国民经济和社会发展统计公报》，2021-02-28，http://www.stats.gov.cn/tjsj/zxfb/202102/t20210227_1814154.html。

中国是美国增长最快的出口市场和第一大进口来源地。据《关于中美经贸摩擦的事实与中方立场》白皮书披露，2017年美国对华出口占美国出口的8%。中国加入世界贸易组织以来，美国对华出口快速增长，中国成为美国重要的出口市场。根据联合国统计，2017年美国对华货物出口1298.9亿美元，较2001年的191.8亿美元增长577%，远远高于同期美国对全球112%的出口增幅（图11-3）。

2. 双方服务贸易往来

中美贸易往来中，人们往往只关注货物贸易，但服务贸易也是重要组成部分。服务贸易是与货物贸易相对应的一个概念，主要包括运输、旅游、通信、保险、金融、计算机和信息服务、咨询、专利使用和特许费，以及其他商业服务。美国服务业高度发达，产业门类齐全，国际竞争力强。随着中国经济发展

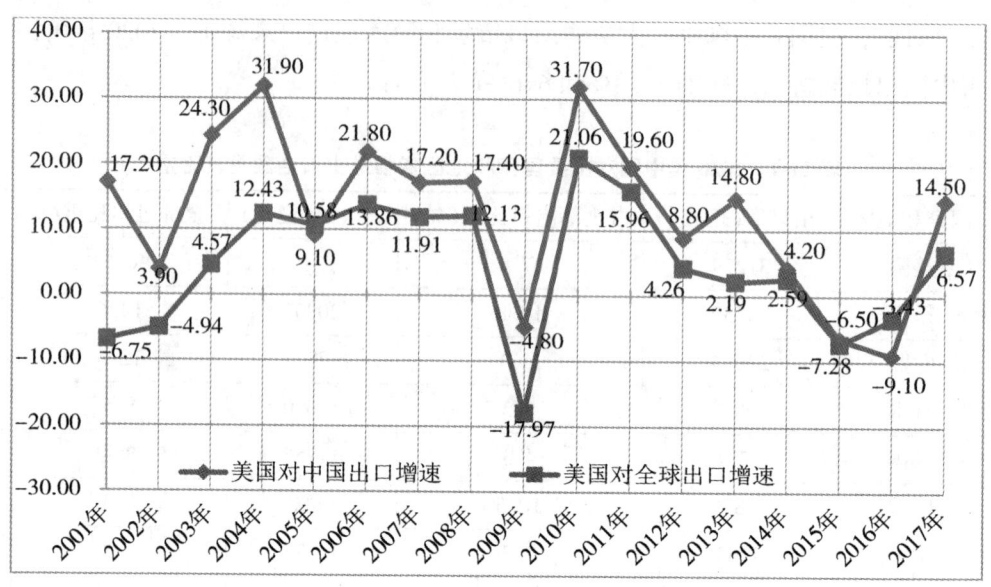

图 11-3　美国对华货物出口增速快于美国对全球出口增速(%)

和人民生活水平提升，对服务的需求明显扩大，中美双方的服务贸易快速增长。据美国方面统计，2007—2017 年，中美服务贸易额由 249.4 亿美元扩大到 750.5 亿美元，增长了 2 倍。据中国商务部统计，2017 年中美服务贸易额为 1200.9 亿美元，其中，中国对美出口 330.1 亿美元，自美进口 870.8 亿美元，中国对美服务贸易逆差 540.7 亿美元；美国是中国第二大服务贸易伙伴，第二大服务出口市场及服务进口来源地。① 2019 年中美服务贸易额 1265.4 亿美元。据美国商务部统计，中国是美国第三大服务出口市场。

美国是中国服务贸易最大逆差来源地，且逆差快速扩大。据美国方面统计，2007—2017 年，美国对华服务出口额由 131.4 亿美元扩大到 576.3 亿美元，增长了 3.4 倍，而同期美国对世界其他国家和地区的服务出口额增长 1.8 倍，美国对华服务贸易年度顺差扩大 30 倍至 402 亿美元(图 11-4)。2018—2020 年美国对华服务贸易顺差分别为 395.5 亿美元、395.4 亿美元和 247.8 亿美元。②

---

①　驻美国经商参处：《2018 年中美贸易投资简况》，http://www.mofcom.gov.cn/article/i/dxfw/nbgz/201905/20190502859509.shtml。

②　数据来源：美国商务部经济分析局数据库(https://www.bea.gov/data/intl-trade-investment/international-services-expanded)，其中 2018—2020 年数据为美国调整后公布的数据。

二、中美有哪些经贸往来？

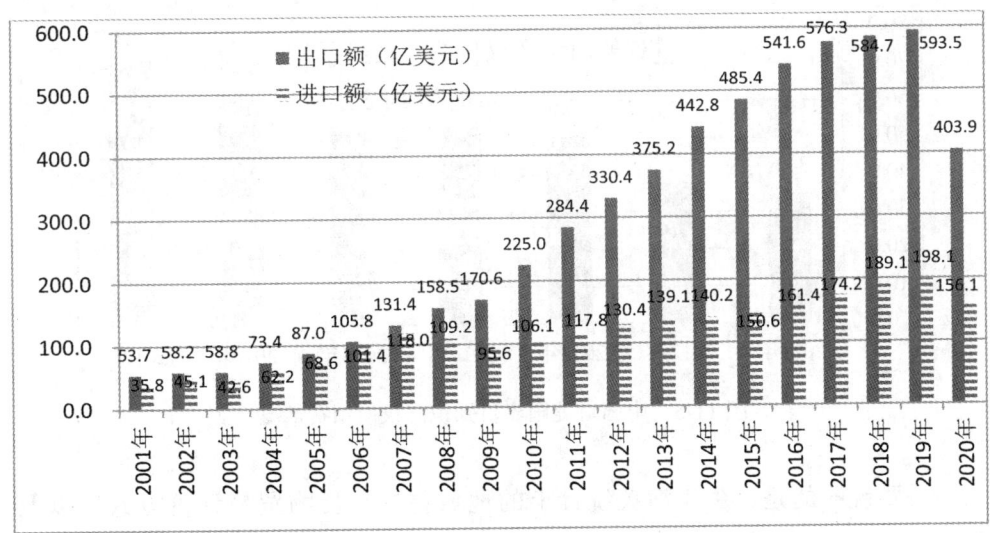

图 11-4　美国对中国服务贸易进出口情况

资料来源：中国商务部《关于中美经贸摩擦的事实与中方立场》，2018—2020 年数据来自美国商务部经济分析局。

目前，美国是中国服务贸易逆差最大来源国，占中国服务贸易逆差总额的 20% 左右。中国对美服务贸易逆差主要集中在旅行、运输和知识产权使用费三个领域。

中国对美旅行服务贸易逆差不断扩大。据美国商务部统计，截至 2016 年，中国内地到访美国的游客数量已连续 13 年增长，其中 12 年的增速都达到两位数。中国商务部统计显示，2017 年中国游客赴美旅游、留学、就医等旅行支出合计达 510 亿美元，其中赴美游客约 300 万人次，在美旅游支出高达 330 亿美元。在教育方面，美国是中国学生出境留学第一大目的地，2017 年中国在美留学生约有 42 万人，为美国贡献约 180 亿美元收入。根据美国方面统计，中国对美国旅行服务贸易逆差从 2006 年的 4.3 亿美元扩大至 2016 年的 262 亿美元，年均增长 50.8%。

中国对美国支付知识产权使用费持续增加。据中国有关方面统计，美国是中国第一大版权引进来源国，2012—2016 年，中国自美国引进版权近 2.8 万项。中国对美国支付的知识产权使用费从 2011 年的 34.6 亿美元增加至 2017 年的 72.0 亿美元，6 年时间翻了一番（图 11-5）。其中 2017 年中国对美支付占中国对外支付知识产权使用费总额的四分之一。

图 11-5 中国对美国支付知识产权使用费情况

需要说明的是,由于海关统计上的地域差异、货物贸易计价方式,以及是否为间接贸易(即从中国起运,但在中转国或地区进行商业交易后再转运至美国的贸易方式)等方面的技术因素,中国和美国对双方贸易量的统计结果是不同的,这就造成双方公布的贸易数据存在差异,特别是美方所得出的贸易逆差数据存在水分,难以反映真实状况。这一内容将在后面章节予以详细介绍。

(二)双向投资

除了货物和服务贸易之外,中美经贸往来的重要表现是双向投资,即美国到中国大陆的各类投资,以及中国在美国的各类投资。前面已经介绍过,国际上的投资主要分为直接投资和间接投资两大类。改革开放初期,我国大力吸引外商直接投资,鼓励"引进来",美国很多企业到中国进行直接投资,享受到很多优惠政策,获得较高收益。进入 21 世纪之后,随着中国市场经济发展,中国企业开始"走出去",也对美国进行直接投资。同时,随着中国资本市场开放,一方面包括美国在内的众多投资者到中国进行金融类间接投资,另一方面中国在美国也进行了包括购买美国国债在内的金融类间接投资。这种双向投资活动,构成了双方经贸往来的重要组成部分,我们不能只听美国叫嚣"中美贸易",还应看到双向投资部分。

首先,美国是中国的重要外资来源地,也就是中国成为美国企业家和资金投向的主要地区。据中国商务部统计,截至 2017 年,美国累计在华设立外商投资企业约 6.8 万家，实际投资超过 830 亿美元。2018 年，中国新批设立美资企业 1750 家，合同美资金额 104.5 亿美元，实际使用美资金额达 26.9 亿美元。截至 2018 年底，美对华投资项目累计达 70181 个，实际投入 851.9 亿美元，分别占中国已批外资企业的 7.3% 和 4.2%；当年美国在中国外资来源地中居第八位。① 截至 2019 年底，美对华实际投入 878.8 亿美元。②

其次，中国对美国的直接投资和间接投资也在不断发展。一方面表现为 21 世纪以来中国企业对美国的直接投资快速增长，美国成为中国重要的投资目的地。根据中国商务部统计，中国企业对美国直接投资从 2003 年的 0.65 亿美元增长至 2016 年的 169.8 亿美元。截至 2017 年，中国对美直接投资约 670 亿美元。2018 年，中国企业在美非金融类直接投资为 50.6 亿美元。截至 2018 年底，中国企业在美累计非金融类直接投资为 633 亿美元，占中国累计对外非金融类投资金额的 3.7%。美国居中国对外直接投资流向的第三位，仅次于中国香港和开曼群岛。③ 2019 年，中国企业在美直接投资 38.1 亿美元。截至 2019 年底，中国企业在美累计直接投资 778 亿美元。④

再次，中国还对美国进行了大量金融投资，主要表现为中国政府（中国人民银行下属国家外汇资产管理机构）购买了美国大量国债。根据美国财政部统计，截至 2018 年 5 月底，中国持有美国国债 1.18 万亿美元，是美国国债海外第二大持有国。美国财政部 2021 年 6 月 15 日发布 4 月份国际资本流动报告（TIC）显示，日本持有美债总量 1.277 万亿美元，为美债第一大海外持有国；中国所持总量为 1.096 万亿美元，仍然是美债第二大海外持有国（图 11-6）。⑤

---

① 驻美国经商参处：《2018 年中美贸易投资简况》，http://www.mofcom.gov.cn/article/i/dxfw/nbgz/201905/20190502859509.shtml。
② 驻美利坚合众国大使馆经济商务处：《2019 年中美贸易投资简况》，http://www.mofcom.gov.cn/article/tongjiziliao/fuwzn/ckts/202011/20201103013727.shtml。
③ 驻美国经商参处：《2018 年中美贸易投资简况》，http://www.mofcom.gov.cn/article/i/dxfw/nbgz/201905/20190502859509.shtml。
④ 驻美利坚合众国大使馆经济商务处：《2019 年中美贸易投资简况》，http://www.mofcom.gov.cn/article/tongjiziliao/fuwzn/ckts/202011/20201103013727.shtml。
⑤ 美国财政部：Treasury International Capital (TIC) System，https://home.treasury.gov/data/treasury-international-capital-tic-system。

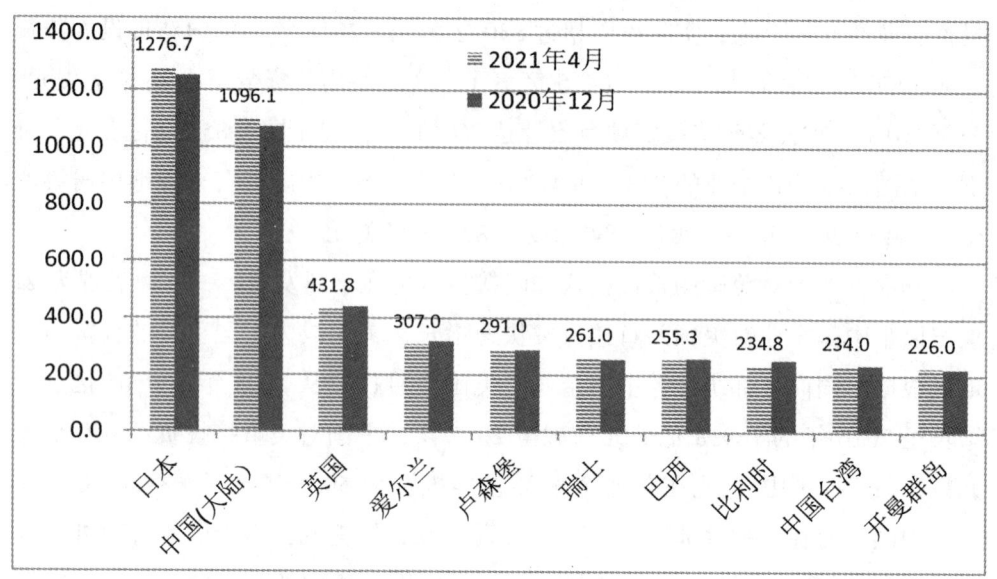

图 11-6 美国国债 2020—2021 年海外前 10 位持有者（单位：10 亿美元）
数据来源：美国财政部统计数据库。

三、美国从中美经贸往来中获益多少？

正如中国国务院新闻办公室 2018 年 9 月 24 日发布《关于中美经贸摩擦的事实与中方立场》白皮书所指出的："双方通过优势互补、互通有无，有力促进了各自经济发展和产业结构优化升级，同时提升了全球价值链效率与效益，降低了生产成本，丰富了商品种类，极大促进了两国企业和消费者利益"，双方在经贸往来中均获益颇多。①

从前述中美双边贸易和双向投资来看，中美经贸合作给双方带来巨大收益，两国政府应该积极支持和维护这种来之不易的合作局面。但是，特朗普政府自 2017 年上台以来，罔顾中美经贸合作互利共赢的本质，宣扬美国对华贸易"吃亏"论，并以贸易逆差问题为借口，不断挑起经贸摩擦。那么，美方对华贸易真的吃亏了吗？美国到底在哪些方面获益？

---

① 本节除特别说明外，数据均来自国务院新闻办公室：《关于中美经贸摩擦的事实与中方立场》白皮书，http://www.scio.gov.cn/zfbps/ndhf/37884/Document/1638295/1638295.htm。

(一) 中美经贸往来影响中国经济发展

中国认可中美经贸往来对中国经济带来的巨大影响。在经济全球化背景下,中国与美国等国加强贸易和投资合作,相互开放市场,有利于中国企业融入全球产业链价值链,为中国经济增长带来了可观的外部市场。中国商务部《关于美国在中美经贸合作中获益情况的研究报告》显示,2017年中国货物贸易进出口额居世界首位、服务贸易进出口额居世界第二位、吸引外商直接投资额居世界第二位,包括美国在内的外国企业在技术创新、市场管理、制度创新等方面对中国企业起到了示范作用,促进了市场竞争,提升了行业效率,带动了中国企业提高技术和管理水平。中国从美国进口大量机电产品和农产品,弥补了自身供给能力的不足,满足了各领域需求特别是高端需求,丰富了消费者选择。

(二) 美国从中美经贸往来中获得五个方面收益

但是,中国也希望美方认识到,中美经贸往来过程中,美国也获得了跨境投资、进入中国市场等大量商业机会,对美国经济增长、消费者福利、经济结构升级都发挥了重要作用。

首先,中美经贸合作促进了美国的经济增长,降低了美国通胀水平。据美中贸易全国委员会和牛津研究院联合研究估算,2015年美国自华进口提振了美国国内生产总值0.8个百分点,美国对华出口和中美双向投资为美国国内生产总值贡献了2160亿美元,提升美国经济增长率1.2个百分点;来自中国物美价廉的商品降低了美国消费者物价水平,2015年降低其消费物价水平1~1.5个百分点。低通货膨胀环境为美国实施扩张性宏观经济政策提供了较大空间。

其次,中美经贸往来为美国创造了大量就业机会。据美中贸易全国委员会估算,2015年美国对华出口和中美双向投资支持了美国国内260万个就业岗位。其中,中国对美投资遍布美国46个州,为美国国内创造就业岗位超过14万个,而且大部分为制造业岗位。2019年5月,美中贸易全国委员会发布的《2019年各州对华出口报告》指出,2009年至2018年10年间,美国对华出口支撑了超过110万个美国就业岗位。美国运输、批发和零售行业得益于中美贸易,创造了大量就业岗位,同样获利颇丰。中国市场对美国的劳动就业增长至关重要。

特朗普政府所宣扬的美国制造业岗位减少并不是中美贸易造成的。美国商务部经济分析局研究显示，美国就业岗位流失的情况在北美自由贸易协定生效和中国加入世贸组织之前就已出现。美国卡托研究所发布的报告指出，美国制造业岗位减少的原因在于产业升级，与中美贸易不平衡没有直接关联。

再次，中美经贸往来给美国消费者带来了实实在在的好处。双边贸易丰富了消费者选择，降低了生活成本，提高了美国民众特别是中低收入群体实际购买力。美中贸易全国委员会研究显示，2015年，中美贸易平均每年为每个美国家庭节省850美元成本，相当于美国家庭收入的1.5%。

最后，中美经贸往来还为美国企业创造了大量商机和利润。中国是一个巨大而快速增长的市场，中美经贸合作为美国企业提供了大量商业机会。从贸易来看，根据美中贸易全国委员会发布的《2017年度美各州对华出口报告》，2017年中国是美国46个州的前五大货物出口市场之一，2016年中国是美国所有50个州的前五大服务出口市场之一，2017年每个美国农民平均向中国出口农产品1万美元以上。

从投资来看，根据中国商务部统计，2015年美国企业实现在华销售收入约5170亿美元，利润超过360亿美元；2016年销售收入约6068亿美元，利润超过390亿美元；2017年在华美资企业实际销售收入达到7000亿美元。① 美国三大汽车制造商仅2015年在华合资企业利润合计达74.4亿美元。2017年美系乘用车在华销量达到304万辆，占中国乘用车销售总量的12.3%，仅通用汽车公司在华就有10家合资企业，在华产量占到其全球产量的40%。美国高通公司在华芯片销售和专利许可费收入占其总营收的57%，英特尔公司在中国（包括香港地区）营收占其总营收的23.6%。2017年财年，苹果公司大中华地区营收占其总营收的19.5%。截至2017年1月，13家美国银行在华设有分支机构，10家美资保险机构在华设有保险公司。高盛、运通、美国银行、美国大都会人寿等美国金融机构作为中国金融机构的战略投资者，均取得了不菲的投资收益。根据中国证监会统计，中国境内公司到境外首发上市和再融资，总筹资额

---

① 以上参见商务部新闻办公室：《关于美国在中美经贸合作中获益情况的研究报告》，http://www.mofcom.gov.cn/article/ae/ai/201906/20190602870809.shtml。

的70%由美资投资银行担任主承销商或联席主承销商。美国律师事务所共设立驻华代表处约120家。

也就是说，美国企业和投资者在中国获得的市场和销售收入，可以分为两大块：一是美国向中国出口的货物和服务，如果简单以双边贸易中美方出口中国数据来衡量，2017年就达到2410亿美元；第二块是在中国直接投资的美国企业实现的销售收入，2017年就有7000亿美元。以上两块合计，美国企业获得总额9400亿美元的收入。①

最后，中美经贸往来促进了美国产业升级。在与中国经贸合作中，美国跨国公司通过整合两国要素优势提升了其国际竞争力。苹果公司在美国设计研发手机，在中国组装生产，在全球市场销售。根据高盛公司2018年的研究报告，如果苹果公司将生产与组装全部移到美国，其生产成本将提高37%。从技术合作领域看，美国企业在中国销售和投资，使这些企业能够享受中国在云计算和人工智能等方面的应用成果，使其产品更好适应不断变化的全球市场。中国承接了美国企业的生产环节，使得美国能够将更多资金等要素资源投入创新和管理环节，集中力量发展高端制造业和现代服务业，带动产业向更高附加值、高技术含量领域升级，降低了美国国内能源资源消耗和环境保护的压力，提升了国家整体竞争力。

总体来看，中美经贸合作是一种双赢关系，绝非零和博弈，美国企业和国民从中得到了实实在在的好处，美国一部分人宣称的"美国吃亏论"是站不住脚的。

四、美国是不是夸大了对华贸易逆差数据？

实际上，美国在宣扬中美贸易"美国吃亏论"中所说的贸易逆差数据也被美方夸大了。② 一直以来，中美两国对货物贸易的统计存在差异，且差异较大。

---

① 商务部新闻办公室：《关于美国在中美经贸合作中获益情况的研究报告》，http://www.mofcom.gov.cn/article/ae/ai/201906/20190602870809.shtml。

② 本节内容和数据除特别说明外，均来自中国商务部、美国商务部和美国贸易代表办公室：《中美货物贸易统计差异研究报告》(2009年10月)、《中美货物贸易统计差异研究第二阶段报告》(2012年12月)。

例如，2017年中国统计对美货物贸易顺差为2758亿美元，美国统计对华逆差接近3958亿美元，相差1000亿美元左右。根据中方统计，1993—2006年两国贸易额从277亿美元增加到2627亿美元，中国对美顺差从63亿美元增至1443亿美元；而同期美方统计两国贸易额从403亿美元增至3430亿美元，对华逆差额从228亿美元增至2326亿美元。也就是说，双方统计上的顺逆差数据差异从165亿美元扩大到883亿美元。这种统计数据差异随着双方贸易总量的扩大将进一步扩大。2008—2017年，双方在货物贸易顺逆差数据上的差异在750亿~1200亿美元之间。

（一）中美两国的统计规则存在差异

尽管中美两国都遵循联合国货物贸易统计制度，但并不意味着相互的进口和出口（一方的出口即是另一方的进口）数据能够吻合，因为计价方式、伙伴国属性等因素均会导致双边统计出现差异。例如，中国海关统计出口用离岸价、进口用到岸价，因此，国际运费和保险费不会计入中国出口统计，但会计入进口统计之中，而美国的进口计入统计、出口不计入统计，这就存在数据差异。再例如转口贸易（或者称之为中间贸易），特别是途经中国香港的转运，对中美双边数据也会产生影响，中国出口时通常会报作中国香港，而进口国美国则依据原产地规则统计为中国出口，出口方有可能不是香港。表11-2展示了中美货物贸易统计方法的差异。

表11-2　中美货物贸易统计概念及定义比较

	中国	美国
贸易制度	总贸易制度	总贸易制度
计价方式		
出口	离岸价（FOB）	船边交货价（FAS）
进口	到岸价（CIF）	船边交货价（FAS）和到岸价（CIF）
伙伴国		
出口	最终目的国/运抵国（地）	最终目的国（地）
进口	原产国/起运国（地）	原产国/出口国（地）

续表

	中国	美国
商品分类制	协调制度 HS-10(6+4)	协调制度 HS-10(6+4)
数据来源	出口/进口报关单	出口/进口报关单
统计时间	从货物清关时开始记录	从货物清关时开始记录
关境范围	中华人民共和国境内（香港、澳门、台湾单独关税区除外）	包括美国本土、波多黎各和美属维尔京群岛
小额贸易界限		
出口	未作具体规定	2500美元
进口	5000元人民币	2000或250美元
无形交易	未作具体规定	尽可能加以估价统计
非商业性交易	包括交易价值	包括交易价值
无偿援助和捐赠	包括交易价值	包括交易价值
再出口	部分包含，未单独记录	包含，并单独记录
再进口	包含	部分包含

(二) 中美货物贸易统计数据差异及其调整

早在1994年，第八届中美商贸联委会曾设立统计小组对双边货物贸易统计差异问题进行研究，当时得出的主要结论是：货物从中国经中国香港和其他国家或地区转口运输，是造成中美双边统计差异的主要原因。2004年4月，在第十五届中美商贸联委会上双方商定成立贸易统计工作小组，对双方数据进行核对研究，解释和量化双边贸易统计数据中存在的差异。[①] 2009年10月和2012年12月双方发布了第一阶段和第二阶段报告。报告指出，双边贸易统计的最大差异来自东向贸易（中国出口美国进口），占整体统计差异的80%~90%，因此，工作组重点对其进行了研究。研究表明，东向贸易统计差异率（统计差异额占相应进口额的比率）在不断下降（表11-3）。

---

① 参见中国商务部、美国商务部和美国贸易代表办公室：《中美货物贸易统计差异研究报告》，2009年10月（中国杭州）。

表 11-3　东向贸易统计差异情况　　　　　　　（单位：亿美元）

年份	中国出口	美国进口	双方统计差额	差异率(%)
2000	521.0	1000.6	479.6	47.9
2004	1249.5	1967.0	717.5	36.5
2006	2034.7	2877.7	843.0	29.3
2008	2523.8	3377.9	854.1	25.3
2009	2208.0	2964.0	756.0	25.5
2010	2832.9	3649.4	816.5	22.4

注：差异率＝双方统计差额/美国进口额＊100%。

造成东向贸易统计差异的原因有三个大的方面：

一是统计上的地域概念差异，运输时滞造成记录时间差异，再出口差异造成总的数据差异。例如，美国将波多黎各和美属维尔京群岛视为美国海关关境区域，而中国将其视为单独行政区域，因此在对美国出口统计中没有包含对这些区域的贸易额，不过这些地区自华进口额较小，2006—2010年每年不超过8亿美元。运输时滞差异是指因商品出口后跨年度运抵进口国造成的统计差异，经常发生在远洋船运过程中，这部分统计差异可测算出来，2010年为30.5亿美元。再出口差异指中国出口统计中包括非原产于中国但经中国再出口至美国的货物。美国将这些货物统计为自原产地而非中国的进口，这部分数据在30亿美元左右。也就是说，以上三种情形是可量化的，如果剔除该部分即可缩小双方统计差异。

二是直接贸易统计上存在差异。因为直接贸易是中美货物贸易的主体部分，大约占中国对美出口总值的81%至89%。中美直接贸易中有很大一部分是加工贸易商品，也就是从外国进口原材料、零配件、包装物料等，然后在中国进行加工或装配后再将产品出口到美国的商品；在这种加工贸易商品中，中国加工企业通常是通过中间商接收订单，并将加工后的商品由中间商转卖给美国买家。因此，中国加工企业的出口报关价格往往为中间商的较低买进价格，而美国买家的进口报关价格则是经中间商加价后的较高卖出价格。这样，就产生了双方的统计差异。经中美双方贸易统计工作小组估算,加工贸易商品在直接贸易过程中经中间商加价造成的统计差异分别为:2000年132亿美元、2004年194亿美元、2006年210亿美元、2008年195.5亿美元、2009年155.9亿美元、2010年221.1亿美元,也就是说这种差异额是美方数据夸大的表现,应从美国统计自华进口数据中剔除出来。

据中国商务部统计,从贸易方式看,中美贸易不平衡的61%来自加工贸易。中国在很多加工制成品出口中获得的增加值,仅占商品总价值的一小部分,而当前贸易统计方法是以总值(中国对美出口的商品全额)计算中国出口。世贸组织和经合组织等从2011年起倡导以"全球制造"新视角看待国际化生产,提出以"贸易增加值核算"方法分析各国参与国际分工的实际地位和收益,并建立了世界投入产出数据库。以2016年为例,据中国海关按照传统贸易总值的统计,中国对美顺差额为2507亿美元;但若根据世界投入产出数据库,从贸易增加值角度核算,中国对美贸易顺差为1394亿美元,较总值方法减少44.4%。①

三是间接贸易(转口贸易)统计差异。其主要包括两种情形:(1)当货物经中间国或地区转口期间被重新加工或包装,形成新的增加值时,(2)部分货物在出口时因不知最终目的地为美国,而被中方计作对其他国家的出口时,都可能产生间接贸易统计差异,导致美国的进口统计数据大于中国的出口统计数据。在中美双方贸易统计工作小组的研究中,间接贸易均被认为是造成东向贸易统计差异的重要因素,2009年和2010年因该原因造成的统计差异占东向贸易整体差异的47%左右。

中国对美国的转口贸易可分为:经中国香港的转口贸易、经其他国家或地区的转口贸易。虽然中国货物出口贸易中,由中国香港转口因素造成的统计差异在不断缩小,但据测算每年也超过200亿美元;同时,经中国香港以外地区出口到美国的商品造成双方统计数据差异却在扩大,例如2010年美方统计经中国香港以外进口的中国货物额为177.3亿美元,而中方统计数额为2.5亿美元,美国的统计数据夸大了174.8亿美元。

---

① 国务院新闻办公室:《关于中美经贸摩擦的事实与中方立场》白皮书,http://www.scio.gov.cn/zfbps/ndhf/37884/Document/1638295/1638295.htm。

中美贸易统计工作小组对以上三个方面差异的数据进行调整(剔除),发现东向贸易的统计数据的差异额在230亿~280亿美元,差异率在10%以下(表11-4)。

表11-4 调整后的东向贸易统计差异　　　　　　　　(单位:亿美元)

年份	中国出口	美国进口	双方统计差额	差异率(%)
2000	510.60	586.09	75.49	8.0
2004	1225.74	1460.92	235.18	12.0
2006	2005.01	2247.33	242.32	8.0
2008	2494.6	273939	245.3	7.3
2009	2182.2	2452.8	270.6	9.1
2010	2798.7	3071.6	273.0	7.5

资料来源:中国商务部、美国商务部和美国贸易代表办公室:《中美货物贸易统计差异研究报告》,2009年10月(中国杭州);《中美货物贸易统计差异研究第二阶段报告》(2012年12月)。

中美贸易统计工作小组还对西向贸易(美国出口至中国)统计差异进行分析,结果表明两国计价方式不同(中国进口采用到岸价CIF计价、美国出口采用舷边交货价FAS计价)是导致西向贸易统计差异的主要原因。如果剔除这些可量化的统计差异,则西向贸易统计差异由60亿~100亿美元调整到40亿~120亿美元。也就是说,西向贸易统计差异在双方贸易数据差异中的占比比较小。

经过对东向和西向贸易统计数据的调整,美国的统计数据与中国的统计数据比较接近,双方的贸易顺逆差额也没有像美方所宣称的那样高。美国统计方法相对高估了中美货物贸易逆差额。

更需强调的是,美国总是宣扬对华货物贸易逆差,却较少提及对华服务贸易顺差,以及双向投资中获得的利益。美国的国际收支能够保持平衡,其主要表现就是金融和资本项目上的顺差,其中就有来自中国双向投资所生成的顺差。在经济全球化深入发展、国际化生产普遍存在的今天,双边经贸关系内涵早已超出货物贸易,服务贸易和本国企业在对方国家分支机构的本地销售额

（即双向投资中的本地销售）也应考虑进来。综合考虑货物贸易、服务贸易和本国企业在对方国家分支机构的本地销售额三项因素，中美双方经贸往来获益大致平衡，而且美方净收益占优。2018年6月，德意志银行发布的研究报告《估算美国和主要贸易伙伴之间的经济利益》认为，从商业利益角度分析，考虑到跨国公司的全球经营对双边经贸交往的影响，美国实际上在中美双边贸易交往过程中获得了比中国更多的商业净利益。根据其计算，扣除各自出口中其他国家企业子公司的贡献等，2017年美国享有203亿美元的净利益。①

五、造成美国对华货物贸易逆差的原因是什么？

中美货物贸易差额是美国经济结构性问题的必然结果，也是由两国比较优势和国际分工格局决定的。中美双边货物贸易差额长期存在并不断扩大，是多重客观因素共同作用的结果，并不是中国刻意追求的结果。②

一是美国国内经济结构不平衡和国民储蓄不足的必然结果。美国经济以服务业为主，国民低储蓄、高消费，总储蓄长期低于总投资。从国民经济核算角度看，为了平衡国内经济，美国不得不通过贸易赤字形式大量利用外国储蓄，即需要进口大量消费品来满足国内消费需求。这是美国贸易逆差形成并长期存在的根本原因。自1971年以来，美国总体上处于贸易逆差状态，2017年与102个国家存在贸易逆差。美国贸易逆差是一种内生性、结构性、持续性的经济现象。美国目前对中国的贸易逆差，只是美国对全球贸易逆差的阶段性、国别性反映。

二是中美产业比较优势互补的客观反映。从双边贸易结构看，中国货物贸易顺差主要来源于劳动密集型产品和制成品，而在飞机、集成电路、汽车等资本与技术密集型产品和农产品领域都是逆差。也就是说，中美货物贸易不平衡是双方发挥各自产业竞争优势的结果。例如，2017年中国对美农产品贸易逆差

---

① 参见国务院新闻办公室：《关于中美经贸摩擦的事实与中方立场》白皮书，http://www.scio.gov.cn/zfbps/ndhf/37884/Document/1638295/1638295.htm。

② 本节内容除特别说明外均来自：中国商务部《关于美国在中美经贸合作中获益情况的研究报告》，http://www.mofcom.gov.cn/article/ae/ai/201906/20190602870809.shtml；国务院新闻办公室《关于中美经贸摩擦的事实与中方立场》白皮书，http://www.scio.gov.cn/zfbps/ndhf/37884/Document/1638295/1638295.htm。

为 164 亿美元,占中国农产品贸易逆差总额的 33%;飞机贸易逆差为 127.5 亿美元,占中国飞机贸易逆差总额的 60%;汽车贸易逆差为 117 亿美元。再例如,2018 年中国自美进口汽车 104 亿美元,对美出口汽车仅 18 亿美元;2017 年美资企业在华汽车销量达 518 万辆,而中资汽车企业在美的销量很少,这就是产业竞争力造成的。因此,中美货物贸易不平衡是双方发挥各自产业竞争优势的情况下市场自主选择的结果。

三是国际分工和跨国公司生产布局变化的结果。随着全球价值链和国际分工深入发展,跨国公司利用中国生产成本低、配套生产能力强、基础设施条件好等优势,来华投资设厂组装制造产品,销往包括美国在内的全球市场。从贸易主体看,据中国海关统计,2017 年中国对美货物贸易顺差的 59% 来自外商投资企业,也就是中国本土企业的货物贸易顺差量仅占 41%。在国际分工和产业梯度转移过程中,中国承接了国际产业转移和融入亚太生产网络,很大程度上承接了过去日本、韩国等其他东亚经济体对美的贸易顺差。据美国商务部经济分析局统计,日本、韩国等东亚经济体占美国总逆差的比值,由 1990 年的 53.3% 下降为 2017 年的 11.0%,同期中国对美贸易顺差的占比则由 9.4% 上升为 46.3%。2019 年和 2020 年美国对中国贸易逆差额占其总逆差额比重持续下降,对世界其他经济体的贸易逆差额占比则在上升(图 11-7)。①

四是美国实施的对华高技术产品出口管制的贸易政策结果。美国在高新技术产品贸易方面拥有巨大竞争优势,但美国政府基于冷战思维,长期对华实施严格的出口管制,人为抑制了美国优势产品对华出口潜力,造成美国企业丧失大量对华出口机会,加大了中美货物贸易逆差。美国的出口管制措施涉及 10 大类约 3100 个物项,多是美国具有的出口优势的高新技术产品。严格的出口管制政策造成美企业丧失贸易机会。中国进口高技术产品中,自美国进口占比从 2001 年的 16.7% 下降到 2018 年的 8.2%。据美国卡内基国际和平基金会 2017 年 4 月的报告分析,美国若将对华出口管制放松至对巴西的水平,美国对华贸易逆差可缩减 24%;如果放松至对法国的水平,美国对华贸易逆差可缩减 35%。由此可见,美国高技术产品对华出口的潜力远未充分发挥,美国不是不

---

① 数据来源:美国商务部经济分析局(https://www.bea.gov/data/intl-trade-investment/international-trade-goods-and-services)。该数据为货物逆差额占货物和服务总逆差额的比重。

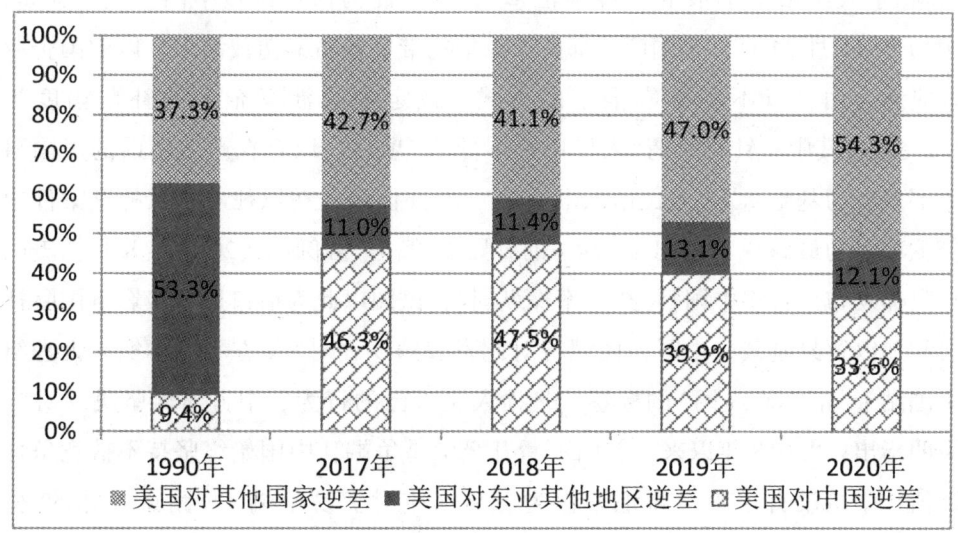

图 11-7　美国对外货物贸易逆差的区域构成变化

注：1990 年和 2017 年数据来自国务院新闻办公室《关于中美经贸摩擦的事实与中方立场》白皮书，2018—2020 年数据来自美国商务部经济分析局。

可以减少对华贸易逆差，只是自己关闭了增加对华出口的大门。

五是美元作为主要国际货币的结果。二战结束后，世界经济确立了以美元为中心的布雷顿森林体系，一方面，美国利用美元"嚣张的特权"向世界各国征收"铸币税"，美国印制一张百元美钞的成本不过区区几美分，但其他国家为获得这张美钞必须提供价值相当于 100 美元的实实在在的商品和服务。另一方面，美元作为主要国际货币客观上需要承担为国际贸易提供清偿能力的职能，同时还要承担国际储备货币的功能；在国际社会需要美元情形下，美国只有通过贸易进口输出美元，也就是对其他国家的贸易净额必须是逆差，否则美元无法流向世界，无法发挥国际结算和储备货币功能，这是美元特殊地位导致的必然结果。美国贸易逆差背后有其深刻的利益基础和国际货币制度根源。

六、美国贸易逆差与人民币汇率水平有关吗？

美国政府在挑起中美经贸摩擦和贸易争端过程中，经常有一个说辞是中国

"低估了人民币汇率水平""操纵汇率",并以此为借口制裁中国企业。例如,2020年11月24日,美国商务部公布对华扎带反补贴案初裁结果,以中国企业未应诉为由,以不利事实推定的方式,裁定中国涉案企业的补贴幅度为122.5%。其中,针对所谓"人民币汇率低估"项目,以存在严重错误的美国财政部报告为基础认定"人民币汇率低估",① 并借用美在以往对华反补贴案件中贷款项目的最高税率裁出10.54%的补贴幅度。② 再例如,2019年8月,美国财政部发布报告将中国列为"汇率操纵国",试图以此为借口进一步影响国际社会和加以贸易制裁。中国人民银行对此发表声明,对"美方不顾事实,无理给中国贴上'汇率操纵国'的标签,是损人又害己的行为,中方对此坚决反对",声明指出:"2018年以来,美国不断升级贸易争端,中国始终坚持不搞竞争性贬值,中国没有也不会将汇率作为工具来应对贸易争端。"③耐人寻味的是,2020年1月,当中美贸易达成"第一阶段协议"后,美国财政部发表半年度汇率政策报告,取消2019年8月对中国"汇率操纵国"的认定。可以看到,人民币汇率已经成为美国挑起经贸摩擦的重要借口,从理论和实践上看,这是完全站不住脚的。

(一) 人民币汇率水平决定机制

宏观经济学和国际金融学基本理论中,在纸币制度和市场经济条件下,一国货币汇率水平是如何确定,以及决定其变动的因素有多种情形。

首先,一国汇率水平如何确定(如何形成)是由其汇率制度来规定的。20世纪70年代国际货币体系——布雷顿森林体系瓦解后,世界各国可以自由选择其汇率制度。因此,有一些国家或地区实行浮动汇率制度,其汇率水平是由外汇市场上外汇供求关系决定的;有一些国家或地区实行固定汇率制度(硬钉住或软钉住),其汇率水平是由外汇市场和外汇管理机构根据具体汇率目标来决定的。当然,一国或地区选择何种汇率制度,则有多种考虑因素,例如经济

---

① 美财政部报告以中方"缺乏透明度"为由,没有提供任何数据分析即得出2019年人民币对美元汇率低估5%的结论。
② 李晓喻:《商务部回应美方所谓"人民币汇率低估":违反规则 完全错误》,http://www.chinanews.com/cj/2020/11-28/9349795.shtml。
③ 刘琪:《央行:中国不存在"汇率操纵"问题》,《证券日报》2019年8月7日第1版。

规模、经济和金融发展程度、经济开放度,以及地缘经济等。① 按照国际货币基金组织(IMF)对其成员国汇率制度的分类,目前,实行软钉住的经济体较多,其次是实行浮动汇率制(表 11-5)。

表 11-5　IMF 认定其成员国的汇率制度　　　　　　　　　(单位:%)

汇率制度(汇率安排)	2011 年	2015 年	2016 年	2017 年	2018 年	2019 年
硬钉住(Hard peg)	13.2	12.6	13.0	12.5	12.5	12.5
软钉住(Soft peg)	43.2	47.1	39.6	42.2	46.4	46.4
浮动(Floating)	34.7	35.1	37.0	35.9	34.4	34.4
其他有管理安排(Other managed arrangement)	8.9	5.2	10.4	9.4	6.8	6.8
成员国/地区数量(个)	190	191	192	192	192	192

资料来源:https://www.imf.org/en/Publications/Annual-Report-on-Exchange-Arrangements-and-Exchange-Restrictions/Issues/2020/08/10/Annual-Report-on-Exchange-Arrangements-and-Exchange-Restrictions—2019-47102。

在 IMF 看来,不论是"硬钉住""软钉住"还是"其他有管理安排",这些汇率制度都存在货币当局或外汇管理机构干预汇率水平的情形;即使是"浮动"中的"自由浮动"(Free floating)②也可能存在干预情况——"直接作为参与者或者通过拍卖方式在即期外汇市场上进行干预",其目的是为了建立储备或者抑制市场过度波动,以及应对本币贬值压力。

中国自 2005 年后实行"以市场供求为基础、参考一篮子货币进行调节、有管理的浮动汇率制度",也就是说,人民币汇率制度安排并不排斥干预,是有调节和管理的,但是其基础是市场供求关系,不是人为官定的汇率水平。这一

---

　①　陈全功编著:《国际金融热点问题追踪》,武汉:武汉大学出版社 2017 年版,第 70~75 页。

　②　IMF 对"浮动"在大类汇率制度安排下细分为"浮动"和"自由浮动"两种,其中定义"自由浮动"是:干预仅偶尔发生,且旨在解决无序的市场状况,以及当局提供信息或数据证实其干预受到"前 6 个月内最多三次,且每次持续时间不超过三个工作日"的限制的一种浮动汇率制度。如果 IMF 无法获得所需的信息或者数据,则该汇率制度被定义为浮动。

汇率制度是浮动汇率的一种,是中国政府根据经济体制改革、经济发展战略、经济发展状况和相关政策目标等众多因素来决定的,① 是中国经济主权事务,不受其他国家制约。

其次,人民币汇率的形成突出了市场机制,政府调节因素和情形不断减少。自 2005 年 7 月 21 日以来,人民币汇率不再钉住单一美元,而是参考一篮子货币,形成更富弹性的汇率形成机制。其中,"更富弹性"主要体现在汇率水平的浮动范围不断扩大:银行间外汇市场上人民币对美元汇率中间价的日浮动区间从 0.3%扩大到 2%(图 11-8)。

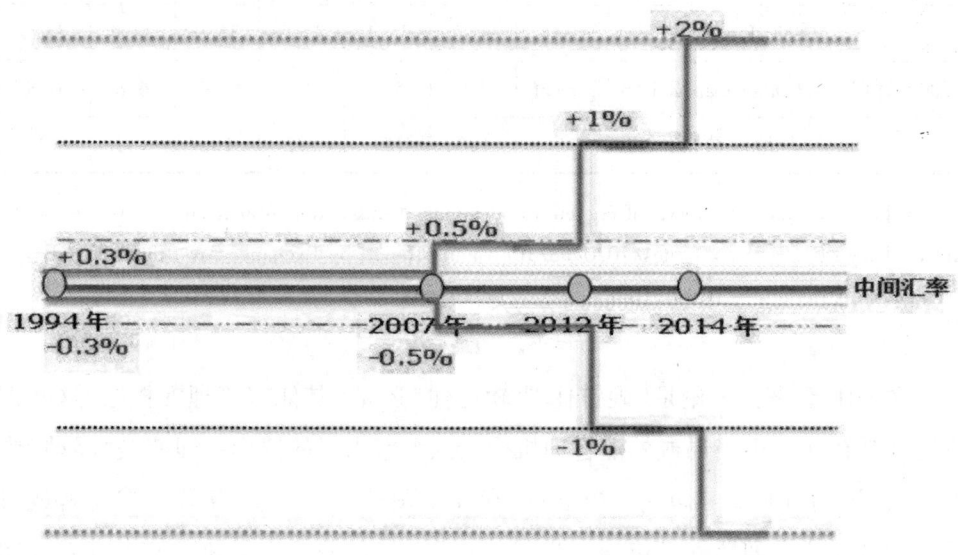

图 11-8　人民币兑美元交易价格浮动范围不断扩大

2005 年 7 月以来,中国政府不断对人民币汇率形成机制进行改革,除了上述逐渐扩大人民币汇率的浮动区间之外,还对人民币汇率中间价的形成机制进行改革。例如,2015 年 8 月 11 日,中国人民银行宣布完善人民币对美元中间汇率报价方式。根据新规定,做市商将在每日银行间外汇市场开盘前,参考上一日银行间外汇市场收盘汇率,综合考虑外汇供求情况以及国际主要货币汇率变化,向中国外汇交易中心提供中间价报价;也就是说,央行主动放弃了对人

---

① 张礼卿:《人民币汇率形成机制改革——主要经验与前景展望》,http://column.caijing.com.cn/20210712/4779204.shtml。

民币兑美元汇率开盘价的干预，让汇率中间价在更大程度上由市场供求决定。这一改革意义深远，结束了多年来人民币中间汇率形成机制的不透明状态。[①] 2016年1月11日，中国人民银行研究局首席经济学家马俊接受记者采访时谈到，人民币兑美元汇率中间价的制定将更多参考一篮子货币，也就是说，人民币汇率的定价机制是"收盘汇率+一篮子货币汇率变化"。2016年末，央行宣布对"收盘价+篮子汇率"定价机制中的"篮子货币"进行扩充，由13种扩充为24种，降低美元占比。2017年5月26日，央行宣布在人民币兑美元中间价报价模型中引入逆周期因子，进一步扩展为"收盘价+篮子汇率+逆周期因子"的三因素中间价定价模式，旨在强化人民币兑美元汇率的双向波动，减少中间价形成过程中的非理性因素的影响。

目前，人民币汇率形成机制基本成型：（1）由外汇市场供求关系决定，央行退出常态化干预；（2）中间价的形成由三因素决定；（3）人民币汇率双向浮动，避免单向、大幅波动；（4）汇率弹性增强，并保持了基本稳定。未来，我国将继续推进人民币汇率形成机制改革，进一步提升汇率中间价的市场化程度，择机扩大围绕中间汇率上下波动的幅度。

最后，引发人民币汇率波动的因素虽然多样，但都是市场因素引起的，而且可控。国际金融学理论中，引发一国货币汇率波动的因素有长期因素和短期因素。长期因素包括经济增长和经济实力、国际收支及外汇储备、通货膨胀水平等。例如，经济保持持续增长、经济实力上升，将会增添外汇市场上对本币投资信心，进而引发外汇供给相对增加，导致外汇汇率下降、本币升值。短期因素包括政府的宏观经济政策（财政和货币政策）、市场投机行为、心理预期，以及政治军事冲突或者大宗进出口商品价格变动等。例如，政府实施扩张性货币政策，增加了本国货币供应量或降低利率，则将导致本国物价水平上升或资本流出，进而引致本币币值对内贬值，或者外汇需求增加，最终导致本国货币对外贬值、外汇汇率上升。[②]

中国自1994年建立外汇市场和进行人民币汇率形成机制改革以后，市场

---

① 张礼卿：《人民币汇率形成机制改革——主要经验与前景展望》，http://column.caijing.com.cn/20210712/4779204.shtml。

② 陈全功编著：《国际金融热点问题追踪》，武汉：武汉大学出版社2017年版，第17~27页。

化趋势日渐明显，引发汇率波动的因素也主要是市场因素，即上述的长期因素和短期因素。从长期来看，随着中国经济保持较高速增长，国家经济实力明显提升，从而使得外汇市场上人民币汇率总体上保持一个升值态势。图11-9显示2005年7月21日以来的人民币汇率(1美元兑多少元人民币)中间价走势，可以看到总的趋势是：外汇汇率下降、本币汇率上升(直接标价法下数值由大变小表示外汇汇率下降、本币汇率上升)。

图11-9也显示了人民币汇率在短期内存在波动情形，例如2015年底到2021年7月间人民币汇率是有升有降、双向波动，这就是市场因素作用的结果。2021年6月初，有专家对人民币汇率短期内快速上升进行分析，认为人民币汇率近期走强既有美元疲软的基本因素影响，也有市场情绪因素的推动，人民币汇率仍将维持双向波动态势。① 2021年6月18日《经济日报》也发文指出："人民币对美元汇率双向波动已是常态，市场主体切莫赌人民币升值或贬值。"②

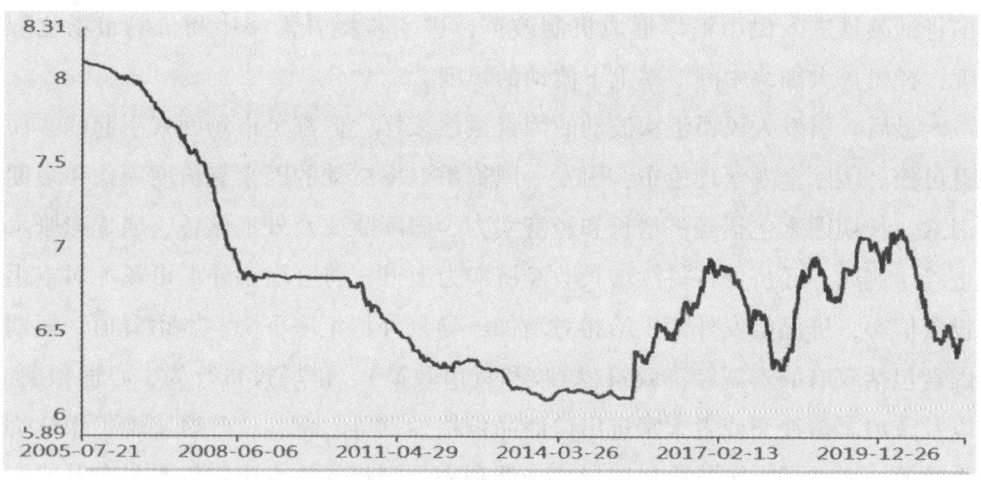

图11-9　2005—2021年人民币汇率中间价走势(人民币元/1美元)

资料来源：中国人民银行—人民币汇率中间价图表，中国人民银行网页，http://www.pbc.gov.cn/rmyh/108976/index.html。

---

① 李刘阳：《人民币汇率短期超调不改双向波动格局》，http://news.youth.cn/jsxw/202106/t20210603_12993863.htm。
② 姚进、郭子源：《人民币对美元汇率双向波动已是常态——市场主体切莫赌人民币升值或贬值》，《经济日报》2021年6月18日，第3版。

(二) 货币贬值不一定能够改善贸易逆差

中国人民银行早在 2011 年 10 月 12 日就指出:"中美两国贸易不平衡的主要原因不在于人民币汇率""人民币升值解决不了中美贸易失衡问题,更解决不了美国的就业问题",以事实和数据反驳了美方关于中国操纵汇率、人民币币值大幅低估等错误言论。[①]

国际经济学中有一个理论结论:货币贬值不一定能够改善一国贸易逆差。这是因为,一国货币相对于另一国货币贬值能否促进本国货物和服务出口、缩减进口,要取决于这些进出口商品需求者对于价格贬值的接受程度,即供给和需求的价格弹性。所谓价格弹性,就是指价格变动所引起的进出口供求数量的变动程度。如果数量变动大于价格变动,则价格弹性大于 1;反之,数量变动小于价格变动,价格弹性小于 1。假定一个国家有充足的闲置资源能够及时生产出国外所需求的商品(非充分就业和出口商品具有完全供给弹性的假定),该国货币相对于贸易伙伴国的货币贬值,其效果便取决于需求价格弹性了。只有当贬值国进口需求弹性大于 0(进口减少)与出口需求弹性大于 1(出口增加)时,贬值才能改善贸易收支(出口大于进口,贸易顺差)。国际经济学中用 Ex 表示他国对贬值国的出口商品的需求价格弹性,Em 表示进口需求弹性,则只有当 $Ex+Em>1$ 时,即出口需求弹性与进口需求弹性的总和大于 1 时,货币贬值才可以改善贸易收支;如果 $Ex+Em<1$,贸易收支反而会恶化(进口大于出口,贸易逆差)。这就是马歇尔-勒纳条件(Marshall-Lerner condition),由英国经济学家马歇尔和美国经济学家 A. P. 勒纳揭示的关于一国货币贬值与该国贸易收支改善程度的条件关系。

国内外已有大量研究表明,人民币汇率波动对中美贸易差额的影响非常小。从马歇尔-勒纳条件来看,因为中方出口到美国的商品主要是中低端消费品,替代品比较多,需求价格弹性比较小;而美国出口到中方的多是工业制成品、替代品少,需求价格弹性大。也就是说,中美贸易之间存在马歇尔-勒纳条件。在特朗普政府时期,美国退出"跨太平洋伙伴关系协定"(Trans-Pacific

---

[①] 中国人民银行金融研究所:《人民币汇率形成机制改革进程回顾与展望》,http://www.pbc.gov.cn/goutongjiaoliu/113456/113469/2854942/index.html。

Partnership Agreement，TPP）和减少国内企业税赋的政策对马歇尔-勒纳条件有正向冲击作用，加强中国对美投资监管对马歇尔-勒纳条件具有负向冲击作用。① 可以说，美国一直叫嚣中国"操纵汇率""低估人民币汇率"，要求人民币升值，以为此举就能改变美国贸易逆差，这种想法和做法根本没有考虑过马歇尔-勒纳条件，也是不符合经济学基本原理的。

还需指出的是，国际经济学理论中还强调一国货币贬值能否改善贸易收支还有一个时滞问题，即存在"J曲线效应"——货币贬值后并不能马上改善贸易收支，往往是先恶化然后才逐步改善，有一个时间问题。引发这种时滞问题，可能是贸易合同制约、市场反应等原因。当然，已有研究表明人民币汇率与中国对外贸易之间不存在显著的"J曲线效应"。② 我们只是从经济学理论上说明美国关于人民币汇率与贸易收支的论断是站不住脚的。

中国人民银行早就指出，美方要求人民币升值解决不了中美贸易失衡问题。一方面，自1960年代中期开始，美国对外贸易就持续逆差，美元指数从1971年1月至2011年9月累计贬值36.1%，但美国的贸易逆差状况未见改善。美国如果不作宏观政策和结构调整，而仅由汇率调节国际收支是行不通的。另一方面，人民币汇率总体上是升值的，并不是"被低估"。1994年第一次汇率改革至2011年9月末，人民币对美元累计升值36.9%；截至2011年8月末，按照国际清算银行口径计算的人民币对主要贸易伙伴的名义和实际有效汇率分别累计升值33.4%和58.5%。在国际清算银行监测的58种货币中，人民币名义和实际有效汇率升值幅度分别排在第13位和第10位。如果从2005年7月第二次汇率改革以后的情况看，人民币对美元双边汇率升值30.2%，人民币名义和实际有效汇率分别升值13.5%和23.1%。尤其是2008年8月国际金融危机发生至2011年8月间，人民币名义和实际有效汇率分别升值1.2%和5.0%，在国际清算银行监测的58种货币中，分别排在第15位和第12位。③ 2019年8

---

① 郭榕等：《特朗普政策对中国马歇尔-勒纳条件影响研究》，《运筹与管理》2020年第9期，第139~148页。

② 杜萌、李冰：《中国对外贸易存在J曲线效应吗？——基于NARDL模型分析》，《大连大学学报》2020年第6期，第36~47页。

③ 中国人民银行金融研究所：《人民币汇率形成机制改革进程回顾与展望》，http://www.pbc.gov.cn/goutongjiaoliu/113456/113469/2854942/index.html。

月6日,中国人民银行发表《关于美国财政部将中国列为"汇率操纵国"的声明》指出,从2005年初至2019年6月,人民币名义有效汇率升值38%,实际有效汇率升值47%,是二十国集团经济体中最强势的货币,在全球范围内也是升值幅度最大的货币之一。2018年以来,美国不断升级贸易争端,中国始终坚持不搞竞争性贬值,中国没有也不会将汇率作为工具来应对贸易争端。①

(三) 中国政府没有操纵货币汇率

美国政府在制造中美经贸摩擦过程中还以中国"操纵汇率"为借口,这也是站不住脚的。②

汇率操纵与货币干预有些类似但不相同,后者主要指央行在外汇市场上进行买卖外汇进而稳定汇率的行为,其市场行为的最终目的是稳定汇率;前者指政府采取某些行为来干预外汇市场,促使本币贬值,最终达到改善贸易逆差目的。汇率操纵的界定有两个来源,一是国际货币基金组织有关条款规定,二是美国财政部有关认定标准。

现行《国际货币基金组织协定》(以下简称《IMF协定》)对汇率操纵的界定主要体现在第4条第1款第iii项规定的"不得操纵汇率或国际货币制度来妨碍国际收支有效的调整或取得对其他成员国不公平的竞争优势"。这一规定既是成员国义务的规定,又是IMF汇率操纵标准的规定。从这一规定看,构成《IMF协定》所禁止的汇率操纵重点是目的,即为了妨碍国际收支调整或取得竞争优势,但认定这个目的缺乏相应的标准和方法,因而缺乏可操作性。1977年,IMF通过了《汇率政策监督决定》,2007年6月21日通过了取代1977年决定的《双边监督决定》。这一决定重申了成员国"不得操纵汇率或国际货币制度来妨碍国际收支有效的调整或取得对其他成员国不公平的竞争优势"这一义务,还列出了为履行这些义务,IMF应与成员国协商的几种情形,例如:(1)根本性汇率失调,(2)大量和持续的经常账户逆差或顺差,(3)私人资本流动导致对外部门显著的脆弱性,包括流动性风险等。有一些学者将这些情形认为是IMF

---

① 中国人民银行:《关于美国财政部将中国列为"汇率操纵国"的声明》,http://www.pbc.gov.cn/goutongjiaoliu/113456/113469/3870431/index.html。

② 本节内容除特别说明外,均引自陈全功编著:《国际金融热点问题追踪》,武汉:武汉大学出版社2017年版,第270~276页。

界定汇率操纵的标准或指标。但在 2007 年通过《双边监督决定》的执行董事会决议中明确指出"以上提到的干预和资本管制不应被理解为采用这些正当的政策手段本身具有指责的意思,也不应被理解为禁止成员国采用这些措施",换句话说,上述列出的情形并不是汇率操纵的标准或指标。在实践中,国际货币基金组织至今尚未认定任何成员国操纵了货币汇率。①

美国政府对汇率操纵的界定比较详尽。从技术程序上看,评估"汇率操纵"的程序是由美国财政部决定的。美国财政部对主要贸易伙伴汇率政策的评估目前受到两项法律约束,分别是《1988 年综合贸易与竞争力法案》和《2015 年贸易便利和执法法》。《1988 年综合贸易与竞争力法案》规定了汇率操纵标准,包括存在汇率干预行为和危害因素等。

根据美国财政部多年的报告,认定存在汇率干预行为通常分为两步:第一步,认定汇率偏差(currency misalignment)的存在。汇率偏差是市场汇率与均衡汇率之间的不一致,即市场汇率被高估或低估。为认定是否存在汇率偏差,美国财政部需先收集和整理相关数据。这些数据包括国际经常项目收支余额、外汇储备、实际有效汇率、外贸数据、近五年的 GDP 数据、短期外债、双边贸易顺差等。财政部在获得这些数据后,会使用宏观经济分析和微观经济分析的方法,并运用经验判断来确定是否存在汇率偏差。第二步,认定汇率偏差是否归责于政府行为。造成汇率偏差的原因可以是多方面的,但市场因素造成的汇率偏差不属于汇率操纵,只有政府行为造成的汇率偏差才有可能被认定为汇率操纵。为此,财政部要审查可能影响汇率波动的政府措施。

危害因素,则指的是汇率偏差损害了美国利益,例如导致美国贸易逆差继续扩大或其他损害。因此,美国财政部审查的重点是那些与美国有着显著的双边贸易顺差和重大的国际收支经常项目盈余的国家和地区。

美国财政部在 1988 年 10 月发布了第一份《国际经济和汇率政策报告》,这份报告认定了韩国和中国台湾地区操纵了汇率。因为到 1988 年这两个地区呈现出巨大的国际收支经常项目盈余和对美国的双边贸易顺差。该报告指出,韩国连续多年双位数的经济增长、巨大的正在增长的外部盈余、外债大量提前支

---

① 龙骁:《存或废:现实窘境下的美国汇率操纵标准》,《福建论坛(人文社会科学版)》2013 年第 5 期,第 35~41 页。

付以及储蓄增长，都要求汇率应当相应升值，但韩国汇率并未相应升值，这些因素说明韩国存在汇率低估，即汇率偏差。报告认为两个经济体的货币汇率低估是其央行进行货币干预的直接结果，以及对资本的控制、阻碍汇率市场的行政管理机制等政府行为。1992年5月，中国被认定为汇率操纵国。中国因对汇率的管制和干预且与美国有着较大的双边顺差和国际收支经常项目盈余而被认定为汇率操纵国。1994年，中国开始汇率制度改革，实行以市场供求为基础的"有管理浮动汇率"制度。1994年7月之后，中国未再被认定为汇率操纵国。美国财政部在2009年4月的报告中对过去美国依据1988年法案对重点对象的汇率情况进行了回顾(表11-6)。

表11-6 美国财政部认定的汇率操纵经济体

报告时间	主要结论
1988年10月	中国台湾、韩国操纵汇率
1989年4月	中国台湾、韩国再次被认为汇率操纵者，认为其调整还不充分
1989年10月	韩国为汇率操纵国
1992年5月	中国和中国台湾操纵汇率。中国大量贸易盈余是因汇率被官方控制所导致的
1992年12月	中国和中国台湾再次被认为操纵汇率
1993年5月	中国为汇率操纵国
1993年10月	中国为汇率操纵国
1994年7月	中国为汇率操纵国，认为中国在汇率市场是分割的

2016年2月，美国总统签署通过《2015年贸易便利和执法法》(Trade Facilitation and Trade Enforcement Act of 2015)，对美国贸易联系体的货币行为进行监察。在这一法案中，美国财政部对主要贸易伙伴(年度双边贸易额在550亿美元以上)汇率政策的评估指标进行了细化，主要参考三项标准：(1)过去一年该贸易伙伴与美国货物贸易顺差超过200亿美元(大体为美国GDP的0.1%)；(2)过去一年该贸易伙伴的经常账户顺差占其国内生产总值(GDP)的比重超过3%；(3)该贸易伙伴持续单边干预外汇市场，过去一年政府累计净购买外汇占GDP的比重超过2%。如果某个贸易伙伴全部满足上述三项标准，美

国将会与该贸易伙伴就汇率政策加强商谈,并可能出台惩罚性措施。而如果只满足其中两项标准,该贸易伙伴将会被纳入美国财政部的汇率政策监测名单(monitoring list)进行密切观察。一旦纳入监测名单,该贸易伙伴将会保留在至少连续两份汇率政策报告的监测名单上,以确保某些指标的改善是可持续的,而非受到一次性因素的暂时影响。

根据2015年法案,2016年4月,美国财政部发布的汇率政策报告称还没有一个经济体满足以上三条标准。但是,有五个主要贸易伙伴满足其中两条标准,因此,财政部列出一个观察名单:中国、日本、韩国、德国等。2016年10月报告中将瑞士列入观察名单之中(表11-7)。

表11-7 美国财政部观察汇率操纵对象的三条标准(2015年为例)

主要贸易伙伴	双边货物贸易赤字(亿美元)	经常账户		干预外汇市场	
		GDP中的占比	GDP中占比的3年变化	净购买外汇占GDP比重	持续的外汇净购买
中国	3651	2.4%	0.0%	-5.1%	否
德国	711	9.1%	2.3%	—	否
日本	676	3.7%	2.6%	0.0%	否
墨西哥	626	-2.9%	-0.8%	-2.2%	否
韩国	302	7.9%	2.0%	-1.8%	否
意大利	283	2.3%	1.9%	—	否
印度	240	-0.8%	4.2%	0.3%	否
法国	180	-0.5%	0.4%	—	否
中国台湾	136	14.8%	5.2%	2.5%	是
瑞士	129	10.0%	-1.6%	9.1%	是
加拿大	112	-3.4%	0.1%	0.0%	否
英国	-3	-5.7%	-2.0%	0.0%	否
欧元区	1305	3.2%	1.3%	0.0%	否

资料来源:https://home.treasury.gov/policy-issues/international/macroeconomic-and-foreign-exchange-policies-of-major-trading-partners-of-the-united-states。

六、美国贸易逆差与人民币汇率水平有关吗？

美国财政部2016年10月14日发布奥巴马政府八年任期内最后一份半年度《国际经济和汇率政策报告》，中国、日本、韩国、德国等贸易伙伴继续保留在监测名单上，但中国只满足其中一项标准；瑞士则由于满足两项标准而被新加入监测名单（表11-7）。10月报告重申包括中国在内的贸易伙伴并未操纵汇率以获取不公平贸易优势，同时肯定了人民币汇率市场化改革取得的进展。但该报告认为中国严重干预外汇市场以阻止人民币汇率贬值，主要表现是在加强资本控制、外汇环境以及提高市场沟通后，最近几个月净政府外汇交易额下降到200亿~300亿美元；同时，美国财政部估计2015年8月到2016年8月，中国政府卖出超过5700亿美元的外汇储备资产来阻止汇率贬值。如果在美国财政部2017年4月公布的下一份汇率政策报告中，中国经常账户顺差占GDP比重继续低于3%，同时未干预汇市让人民币贬值，中国将会被美国财政部从汇率政策监测名单中剔除。2017年4月报告显示，中国只满足双边贸易额一项标准，因此并未列入观察名单。

2017年10月，美国财政部发布报告，将"汇率操纵国"标准所沿用的法律进行扩充，即同时参照1998年和2015年两个法案，其理由是1988年法案可以让财政部审查更广泛的内容，例如外汇储备覆盖率、货币政策和通货膨胀发展情况。可见，美国为制约贸易对手不顾国际规则，按其所需肆意乱用所谓的"标准"，并对12个主要贸易伙伴的汇率政策进行评估。按照2015年法案，中国只有贸易差额一项标准满足其关键标准，但美国声称因其贸易差额占美国贸易赤字最大份额而继续列入观察名单（还包括与满足两项标准的其他四国：日本、韩国、德国和瑞士）。2018年4月报告中，美国仍然将中国列入观察名单（其他五国为：日本、韩国、印度、德国和瑞士）。但在2018年10月报告中，美国认为"中国不符合1988年法案规定的标准"但符合2015年法案中的第一条标准，继续列入观察名单。

2019年5月报告中，美国财政部修改了其认定汇率操纵国的标准（表11-8），其中对经常账户盈余占比和外汇干预持续时间进行了修改，同时，该报告强调1988年法案中的标准继续适用。

美国财政部2019年5月报告认为中国满足了标准1和标准3，因而被列入观察名单。该报告认为中国干预了人民币汇率。中国对此表示坚决反对，认为

"美方不顾事实,无理给中国贴上'汇率操纵国'的标签,是损人又害己的行为"。①但美国仍然奉行单边主义和保护主义,在随后的2020年1月、12月和2021年4月报告中持续将中国列入观察名单。

表11-8 美国财政部认定"汇率操纵"新旧标准对照

标准	基准	以前门槛	新的门槛
主要贸易伙伴范围	双边货物贸易额(进口+出口)	12个最大贸易伙伴国	400亿美元
标准1:显著双边贸易顺差	对美的货物贸易顺差	200亿美元	200亿美元
标准2:实质性经常账户盈余	经常账户平衡	GDP的3%	GDP的2%
标准3:对外汇市场的持续单向干预	净外汇购买	GDP的2%	GDP的2%
	净外汇购买的持续时间	12个月中的8个月	6个月

资料来源:美国财政部《美国主要贸易伙伴的宏观经济和外汇政策报告》(2019年5月),https://home.treasury.gov/system/files/206/2019-05-28-May—2019-FX-Report.pdf。

美国一直试图给中国贴上"汇率操纵国"的目的,是以此为借口发动对中国出口商品和企业的制裁。制裁措施可能包括:(1)指使美国贸易代表办公室(USTR)评估是否与之签订贸易协议,或启动相关调查;(2)禁止中国任何项目获得美国海外私人投资公司的融资;(3)将中国排除在美国政府采购供应地之外;(4)可加征最高不超过45%的关税;(5)呼吁国际货币基金组织加强对中国的金融监管。

美国商务部2020年2月4日发布《修订反补贴调查中的利益和专向性》公告,专门针对货币低估所构成的补贴进行调查并采取反制措施,使之成为美国法律法规的一部分。这就是说,被美国认定的货币汇率低估国的出口商品和企业将受到美国反补贴调查和制裁。由于美国现行反补贴措施中约51%是针对来自中国的产品,因此,此修订规则将对中国企业未来应对美国的反补贴调查产生重大影响。② 对此,中国政府和企业要对潜在的"货币汇率补贴"指控做好预

---

① 中国人民银行:《关于美国财政部将中国列为"汇率操纵国"的声明》,http://www.pbc.gov.cn/goutongjiaoliu/113456/113469/3870431/index.html。
② 郑伟:《美国货币低估反补贴法规修订评析》,《武大国际法评论》2020年第5期,第87~105页。

判和预案。①

可以看到,美国财政部关于"汇率操纵"的判定标准和商务部关于"汇率补贴"最新规则相互呼应,试图从货币金融入手(常说的"金融战")制造贸易摩擦,从而实现其施压和制裁目的。中国并没有"低估货币",也没有"操纵汇率",是美国单边主义和保护主义霸权的受害者。

七、人民币国际化的影响力有多大?

美国政府为什么凌驾国际货币基金组织的"汇率操纵"监测规则而以国内法(1988年法案和2015年法案)标准进行评判,并试图给中国贴上"汇率操纵国"标签?除了前述以货币金融入手制造贸易摩擦、实施贸易制裁目的之外,还在于试图从金融层面遏制人民币的国际化进程。

(一)人民币国际化的历程与现状

所谓人民币国际化,就是指人民币可以在国际上自由兑换、自由交易和流通,成为世界上各个国家普遍认可的、用来结算和储备的货币。人民币国际化有动态和静态双重含义。从动态角度看,人民币国际化是指人民币由一国货币演化成国际货币的变化过程;从静态角度看,人民币国际化是指人民币的国际职能发挥作用达到一定标准后的状态。人民币国际化,表明人民币在国际货币体系中因其价值稳定可靠而获得广泛认可,国际地位提升;同时,它表明中国的金融和资本项目不断开放,货币实现了完全自由兑换。

18世纪以来,国际上真正得到广泛认同、充当国际货币的主权货币先后有英镑、美元、日元、欧元等四种货币,其他国家会将本币兑换成这些国际货币,进行贸易结算、对外投资、外汇交易,以及作为资产储备起来。国际货币基金组织所创设的特别提款权(SDR)定价篮子中,自2000年以来是以此四种货币的价值为定价基础的。这是彰显一国货币信用和经济实力的标志性指标。

2015年11月30日,国际货币基金组织执董会决定自2016年10月1日开

---

① 廖凡:《中美第一阶段经贸协议汇率章节述评——以"汇率操纵"问题为中心》,《武大国际法评论》2020第2期,第1~18页。

始将人民币纳入 SDR 货币篮子,成为第五种货币,且所占权重仅次于美元和欧元比重,① 为 10.92%,此举标志着人民币国际化步伐加快,中国资本项目开放达到新高度。

1. 人民币国际化历程及现状

人民币走向国际,离不开中国对外开放不断深入、中国经济全面融入世界经济体系。改革开放初期,人民币通过人员往来、边境贸易、边境旅游等途径向中国毗邻国家和港澳台地区少量流出,主要充当兑换和支付职能。进入 21 世纪以后,人民币开始用于中国跟周边国家间的国际贸易结算。2008 年国际金融危机爆发后,美元、欧元、日元等主要国际储备货币汇率大幅波动,国内外企业和个人对人民币跨境使用的需求越来越高。2009 年 7 月,国务院批准开展跨境贸易人民币结算试点,人民币国际化的征程自此启动。10 多年来,人民币跨境使用的政策限制逐步解除,人民币国际使用经历了从经常到日常、从银行企业到个人、从简单到复杂业务逐步发展的过程,作为国际货币功能也从单一的支付结算向投融资、交易计价、储备拓展。据中国人民银行 2019 年和 2020 年发布的《人民币国际化报告》,目前,人民币已成为中国第二大国际收付货币、全球第五大支付货币、第三大贸易融资货币、第八大外汇交易货币、第五大储备货币,人民币已成为真正的国际货币。

渣打银行一直追踪人民币国际化的进展。它将人民币的国际化总结为三个阶段:②

(1)2010—2015 年:政府政策积极推进人民币国际化,推动了人民币强劲崛起。政策推动的重点包括使用人民币进行贸易结算,离岸人民币存款池和债券市场的形成,以及与外国央行间建立双边货币互换。此阶段政策推进目的是促进人民币流出并扩大回流渠道。

(2)2015—2018 年:此前努力使人民币被纳入 IMF 特别提款权(SDR)篮子货币,但这一阶段出现人民币贬值及随后的资本流出收紧,离岸市场增长有所

---

① SDR 货币篮子中货币权重为:美元 41.73%,欧元 30.93%,人民币 10.92%,日元 8.33%,英镑 8.09%。

② 刘健恒、申岚:《新一轮人民币国际化进程》,https://finance.sina.com.cn/money/forex/whqqscgd/2020-10-22/doc-iiznctkc6990475.shtml。

放缓,人民币全球化指数(RGI)从峰值下跌约30%。

(3)2018—2020年:改善在岸市场的境外准入机会,这一新驱动力推动了人民币国际化的适度复苏。主要举措包括开放新的跨境投资渠道(沪深港通、直接入市投资、债券通等),以及扩大中国在全球基准指数中的广泛参与,帮助吸收国际投资者的多元化强劲需求。

渣打银行认为,2020年与金融业有关的中美争端频发,引发中国对其金融体系遭遇破坏的担忧,尤其担忧美国可能禁止中国金融机构使用美元清算和SWIFT系统。因此,中国必须制订后备计划以防金融制裁影响到美元获取,意味着人民币国际化进程正进入第四阶段。

2. 人民币国际化的主要表现[①]

(1)人民币跨境贸易投资的规模迅速扩大

2009年,跨境人民币结算金额只有35.8亿元,到2019年,有超过32万家企业和270多家银行开展跨境人民币业务,与中国发生跨境人民币收付的国家和地区达242个。2019年全年银行代客人民币跨境收付金额合计19.67万亿元,其中收款10.02万亿元、付款9.65万亿元,收付比为1∶0.96,净流入3606亿元,人民币跨境收付占同期本外币跨境收付总金额的比重为38.1%,创历史新高。2020年,我国跨境人民币收付金额合计28.4万亿元,同比增长44%,在我国银行代客涉外收付款中,人民币使用占比达37.5%。

值得注意的是,2016年后人民币国际化的逻辑发生了变化:由贸易结算工具逐步转变为一种投资增值的资产,形成了人民币投资和储备资产,[②] 表现在国际收支中的金融和资本项目收付占跨境人民币收付的比例不断提高,其中证券投资增长显著,直接投资银行间债券市场(CIBM)吸引外资净流入金额居首位。2019年,资本项目下人民币跨境收付金额合计13.62万亿元,同比增长26.7%,其中,收入7.35万亿元,支出6.27万亿元;直接投资、证券投资、跨境融资收付金额分别占资本项目收付金额的20%、70%和7%。

---

① 本节数据除特别说明外,均来自中国人民银行《2020年人民币国际化报告》(2020年8月14日)。

② 周诚君:《人民币国际化的历史进程与新机遇》,《国际金融》2021年第2期,第6~10页。

(2)国际金融中心和主要金融市场上出现多种人民币金融产品

随着人民币"走出去"规模不断扩大,国际金融市场和金融中心对人民币的兴趣日益浓厚,开始将人民币业务和产品视为自身市场发展和巩固自身金融中心地位的新机遇。除了中国香港作为最大的人民币存贷款等金融产品中心之外,伦敦、新加坡、法兰克福等金融中心也在大力拓展人民币金融产品。目前,在国际金融市场上,不仅有人民币存贷款传统产品、人民币外汇交易、人民币拆借等,而且人民币债券发行规模稳步增加,品种包括国债、金融债、公司债、企业债等,发行主体涵盖境内机构、外国政府和境外的银行和企业等,投资者的地理和行业分布日趋多元化。此外,人民币计价及交易理财产品、存托凭证、保单、各类基金、期货、人民币衍生品等也逐步增多。

截至2019年末,境外主体持有境内人民币股票、债券、贷款以及存款等金融资产金额合计6.41万亿元,同比增长30.3%。其中,股票市值2.1万亿元,债券托管余额2.26万亿元,存款余额为1.21万亿元(包括同业往来账户存款),贷款余额8332亿元。

(3)人民币成为主要国际储备货币

一国货币是否国际化的重要标志之一是其能否被其他国家央行或货币当局接纳成为其储备资产(即国家储备资产)。18世纪60年代到20世纪70年代,国际上普遍把黄金作为国家储备资产,用于支付国际收支差额和作为对外偿债保证;1973年布雷顿森林体系瓦解后,英镑、美元、日元、欧元等货币成为国际储备资产的主体部分(外汇储备)。据国际货币经济组织发布的报告,20世纪70年代后,国际上出现了储备货币多元化趋势,但美元仍然是最主要的储备货币。

随着中国经济发展和人民币国际信用不断上升,一些国家央行或货币当局已经或者准备将人民币纳入其外汇储备。根据IMF官方外汇储备货币构成(COFER)数据,截至2019年第四季度末,人民币储备规模达2176.7亿美元,占标明币种构成外汇储备总额的1.95%,排名超过加拿大元的1.88%,居第5位,这是IMF自2016年开始公布人民币储备资产以来的最高水平。据不完全统计,目前全球已有70多个央行或货币当局将人民币纳入外汇储备。

(4)以人民币使用为内容的国际合作不断深化

这主要表现为中国政府使用人民币为工具开展国际合作,例如进行货币互换、人民币清算、人民币直接交易、成为储备货币。

2009年以来,中国人民银行先后与39个境外央行或货币当局签署双边本币互换协议,覆盖全球主要发达经济体和新兴经济体,以及主要离岸人民币市场所在地,总金额超过3.7万亿元人民币。经双方货币当局协商,先后在中国港澳台地区及新加坡、伦敦、法兰克福、首尔、巴黎、卢森堡等地建立了人民币清算安排机构。截至2019年末,清算安排已覆盖25个国家和地区。除美元、欧元、日元、英镑等外,人民币还与澳元、新西兰元、新加坡元、瑞士法郎、加元、林吉特、卢布、韩元、泰铢、南非兰特等19种货币实现了直接交易。

(二)人民币国际化的影响

一国货币的国际化是一个自然的市场选择过程,从根本上说,国际货币地位由经济地位以及货币金融市场的深度、效率、开放性等因素决定。人民币走出国门,成为国际经贸往来中的主要计价、交易、结算、融资、投资和储备货币,也是国际市场选择的结果。它对中国和世界都带来积极的影响。

首先,人民币国际化会给中国带来诸多好处:(1)国内居民和企业获得更多便利,即无论作为出口商、进口商、借款者或者贷款者,都可以用本国的货币进行交易;(2)国内的银行和其他金融机构可以获得更多的业务;(3)国家可以获得国际铸币税[①]收入;(4)国家可以获得更多的国际政治力量和威望,中国在世界上的政治、经济形象将进一步上升。

其次,人民币国际化对世界经济和国际货币体系稳定有着积极意义。一方面,从国际经贸往来看,人民币国际化有利于国际贸易和投资的平稳发展。这主要表现为以人民币为支付、交易和结算工具开展的货物贸易和金融投资,将更加频繁和规模扩大化。中国拥有世界上最多的消费人口,市场广阔;同时,

---

① 铸币税,也称为"货币税",是指货币铸造成本低于其面值而产生的差额。由于铸币权通常只有统治者拥有,因此是种特殊的税收收入,是政府的一个重要收入来源。简单地讲就是发行货币的收益:一张100美元的钞票印刷成本也许只有一美元,但是却能购买100美元的商品,其中的99美元差价就是铸币税,是政府财政的重要来源。使用别国的货币,就是主动放弃了大量的财富。

中国也是国际投资的热门地,可吸引世界各经济体来华投资。在贸易和投资过程中,人民币能够起到稳定器作用,对于改变全球贸易和投资格局,以及缓解全球经济不平衡有着重要意义。

另一方面,人民币国际化对于国际货币体系稳定有着重要意义。20世纪70年代中期以来,国际货币体系虽然呈现多元、自由趋势,但仍然是以美元为本位的体系,美国政府和美元在国际货币体系中有着"绝对"权力,表现为美国政府对国际货币体系的基石——国际货币基金组织的控制力(美国拥有17.428%的SDR份额和16.498%的投票份额、IMF投票权中唯一的超过15%份额的一票否决权①)。但是,随着世界经济发展,美元过高的地位与美国经济实力和发展态势并不匹配,而且在2008年全球金融危机之后由于美国实行"量化宽松"货币政策,美元供给过多,加之美债高企,造成美元信用衰落、币值不断下降。这就导致国际货币体系的不稳定(例如以美元为基础构成货币篮子的SDR价值不稳定),国际社会呼唤对之进行改革。人民币的国际化,特别是能够作为一种新的国际储备为世界各国认可和持有,以及人民币加入SDR货币篮子来稳定其价值,对于稳定国际货币体系有着重要意义。②

但是,美国政府并不欢迎人民币国际化,集中体现在对国际货币基金组织2010年份额和治理改革,以及人民币加入SDR货币篮子问题上。2010年改革的主旨是增加发展中国家的份额,让其"发声",其中对中国的SDR份额增加最多(由3.996%增加到6.394%),投票权份额也增加最多(由3.806%增加到6.071%)。美国国会参众两院直到2015年12月18日才批准这份改革方案,这才意味着久拖未决的2010年改革方案正式实施。人民币加入SDR货币篮子过程中,美国曾质疑人民币能否符合国际金融组织的"高标准",直到2015年9月22日至25日中美两国领导人会晤后,美国才声称"在人民币符合IMF现有标准的前提下支持人民币在特别提款权(SDR)审查中纳入SDR篮子","承诺

---

① IMF是以份额为基石的机构。参见IMF关于其份额角色的解释(https://www.imf.org/en/About/Factsheets/Sheets/2016/07/14/12/21/IMF-Quotas)以及IMF执行局通过的配额和治理的重大改革(https://www.imf.org/en/News/Articles/2015/09/14/01/49/pr10418)。

② 关于国际货币体系改革与人民币国际化的意义,可参见潘英丽等:《国际货币体系未来变革与人民币国际化》(上中下卷),上海:格致出版社、上海人民出版社2014年版,序言第1~6页、前言第13~16页。

尊重IMF在SDR审查中的程序和流程,并将在人民币加入SDR事宜上加强沟通"。① 美国政府是在评估人民币国际化是否会对美元霸权地位构成威胁,直到认为人民币目前还不具有威胁时才发表如此声明的。

(三)今后人民币国际化之路怎么走?

从全球视角来看,一国货币国际化除了能够发挥它的国际交易媒介、计价单位和价值储藏三种职能外,还可能成为一种国际制裁手段,而且这种制裁手段正成为美欧发达国家对外经济金融外交的一种主要方式,② 成为"金融战"的具体措施。例如,美国可以切断包括中国在内的被制裁对象获取美元能力和使用美元渠道,通过发行新货币废除旧币,使中国持有的巨额美元资产缩水,进行巨额掠夺,③ 以及美国可能禁止中国金融机构使用美元清算和SWIFT系统,切断其跨境支付和使用美元的渠道。

美国利用其美元在国际货币体系中的霸权地位实施"金融制裁",曾使一些国家对外经贸往来隔绝于美元体系之外,经济发展受到沉重打击。④ 深受制裁之痛的俄罗斯、委内瑞拉、伊朗、土耳其逐步走上"去美元化"之路。例如,俄罗斯自2014年开始在与中国贸易中使用人民币结算,降低对美元的依赖,2020年第一季度,美元在俄中贸易中的占比为46%,首次跌破50%,而欧元结算占比超过30%,人民币结算占比超过17%;与此同时,俄罗斯在其国家储备资产构成中不断削减美元资产,2019年其外汇资产构成中美元占比从43.7%降至23.6%,人民币上升至15%。⑤

---

① 新华社:《习近平主席对美国进行国事访问中方成果清单》,《人民日报》2015年9月26日,第3版。
② 陶士贵:《主权国际货币的新职能:国际制裁手段》,《经济学家》2020年第8期,第90~99页。
③ 陶士贵:《美国对华实施金融制裁的预判与应对策略》,《经济纵横》2020年第8期,第69~76页。
④ 高德胜:《美元霸权距离崩溃还有多远?》,https://finance.ifeng.com/c/83U8xRiJGgr;任泽平等:《中美金融战:工具、情景推演、影响及应对》,http://finance.sina.com.cn/zl/china/2021-04-23/zl-ikmyaawc1295867.shtml。
⑤ 胡晓光:《人民币国际化在俄再获新进展》,《经济参考报》2020年11月19日,第A02版。

欧盟也公开举起"去美元化"大旗，例如，2018年12月5日，欧盟委员会发布了《朝着欧元更强国际化地位前行》的行动倡议。倡议明确指出，欧盟要在能源、大宗商品、飞机制造等战略性行业更多使用欧元，并计划创建以欧元定价的原油基准价格方案。2019年1月，法、德、英三国绕开美元和美国金融系统成立INSTEX（贸易互换支持工具）体系，用于欧盟与伊朗之间药品、医疗器械和农产品贸易。2020年8月，比利时、丹麦、芬兰、荷兰、挪威、瑞典6国宣布加入INSTEX结算体系，该体系进一步扩容。在外汇储备领域，欧洲央行及德、法、比利时和西班牙等多国中央银行不断增加人民币外汇储备，欧盟及各国央行也在积极增加黄金储备。① 2020年第四季度，美元在全球外汇储备中的占比为59.02%，连续第三个季度下滑，创25年以来最低水平。②

与此同时，全球10%的央行正在考虑或者进行数字货币的研究和推广，瑞典、加拿大、挪威、瑞士、英国、新加坡、俄罗斯、日本、巴西、以色列、泰国等国家已经开始和推进数字货币。各国央行发行数字货币的过程，也意味着逐步"去美元化"的过程加深。③

2018年中美经贸摩擦升级以后，美国对华金融制裁的风险进一步增加，人民币国际化道路将面临新的机遇和挑战。机遇在于国际社会对人民币货币的欢迎，表现在与中国进行贸易和投资中愿意使用人民币计价、结算和作为储备货币，人民币国际化进程具有更为有利的条件。可以说，人民币国际化的动力已从此前的政策推动为主转变为新一轮的需求拉动为主。但是，人民币国际化正面临来自美国的强力挑战，美方有可能将人民币国际化解读为是对美元的全球货币主导地位的挑战，因此会发动"金融制裁""金融战"。渣打银行认为，为防范美国实质性截断中国美元清算和流动性获取的渠道，中国需要制定"B计划"：设置充分开放的资本账户和充分独立的支付体系，使中国可依靠它来维持经济和金融市场运转。此外，中国还应继续推动贸易和投资以人民币计价，

---

① 高德胜：《美元霸权距离崩溃还有多远？》，https://finance.ifeng.com/c/83U8xRiJGgr；任泽平等：《中美金融战：工具、情景推演、影响及应对》，http://finance.sina.com.cn/zl/china/2021-04-23/zl-ikmyaawc1295867.shtml。
② 项梦曦：《全球"去美元化"正在加速》，《金融时报》2021年6月10日，第8版。
③ 陈捷、刘昱彤、杨杰：《全球开启争夺数字货币话语权》，《当代金融家》2021年第2期，第102~105页。

可最大程度地减轻美元中断的可能后果。①

中国人民银行在《2020年人民币国际化报告》中指出,人民币国际化是市场驱动下水到渠成的过程,未来将继续以服务实体经济为导向,坚持市场化原则,稳步推进人民币国际化。一是进一步探索推进跨境人民币使用的试点计划,消除境内外限制人民币使用的障碍。二是继续推动国内金融市场开放和基础设施互联互通,进一步便利境外投资者使用人民币投资境内债券和股票。三是引导离岸人民币市场健康发展,提升人民币可自由使用水平,促进离岸与在岸市场良性互动、深度整合。我们相信,在国际社会需求和中国政府的努力下,人民币国际化之路将越走越宽阔。

---

① 刘健恒、申岚:《新一轮人民币国际化进程》,https://finance.sina.com.cn/money/forex/whqqscgd/2020-10-22/doc-iiznctkc6990475.shtml。

第十二章 收入差距与政府的调节

◎内容提要

本章主要介绍：(1)怎样衡量和调节收入差距？(2)我国收入差距究竟有多大？(3)中国共产党是如何调节收入差距的？回答此三个方面问题将帮助读者以宏观视角看待当前经济社会发展问题及解决方案。

在宏观经济学教科书中，一般较少将收入分配问题纳入体系之中。通常认为收入分配问题是政治经济学或者社会学讨论和研究的内容。但是，追溯宏观经济理论发展历史可看到，收入分配问题与国民财富增长问题一样重要，是古典宏观经济学研究阶段(18世纪至19世纪)的内容之一，只是因它涉及更多政治和经济的体制制度、社会公正等层面的内容，研究者的立场和价值判断在其中起着重要作用，立场和价值观不同得到的结论也可能存在较大差异，其"科学性"程度并不强，因而现代宏观经济学科体系较少将其纳入其中。但是，"公平"与"效率"一直是经济中的两大主题，最能体现"公平"的收入分配问题理应成为现代宏观经济学研究的内容之一。在讨论政府职能和宏观调控目标时，政府会把缩小收入分配差距作为其职能和调控目标之一，以消减市场竞争带来的"失灵"，维持经济和社会的稳定发展。

从实践上说，收入分配问题是一个研究者和观察者以"宏观视角"看待经济、看待社会的最好切入点。人类发展历史上，收入分配与收入差距始终贯穿其中，它们成为经济社会变迁、政权更迭的一种根本性元素。进入21世纪以后，收入分配不均、收入差距扩大，以及收入不平等已成为全球性问题，成为影响各国经济社会稳定发展的重要因素。人们在谈论一国或地区经济能否持续平稳发展，观察的一个指标就是基尼系数是否在可控范围内。当前，国内外之所以看好中国经济,重要原因之一就是中国消除了绝对贫困,正朝着共同富裕道路前进。因此,基于理论逻辑和实践价值,本书将反映收入分配问题的收入差距,以及政府的调节方法作为现代宏观经济学体系的一部分,帮助人们以此为切入点"宏观看中国"。

一、怎样衡量和调节收入差距及不平等?

收入分配既是一个经济问题,也是一个社会问题,甚至是一个政治问题。[①]从经济层面讲,生产者依靠其提供劳动、资金、技术、土地、信息和数据等生产要素,以此来获得相应要素报酬,即获得收入;厂商和企业因为获得了相应生产要素,就需要为此交易付给要素提供者报酬,即进行分配。从社会层面讲,生产者和经营者因获得收入多寡、收入差距会形成不同的社会阶层,进而引发不同的社会行为和结果。从政治层面讲,执政者确定的收入分配体制制度,以及对不同收入阶层出台相应的调节政策和措施,将引发不同反应,最终可能会出现政治斗争局面。在马克思主义政治经济学中,收入分配问题始终是其重要内容,"分配关系不过表示生产关系的一个方面",收入分配作为一定社会生产方式的利益实现方式,对社会生产和社会基本制度的发展和运动也会产生深刻的影响。[②]

(一) 收入差距是如何形成的?

市场经济体制下,居民收入和分配过程是生产要素、分配体制机制与制度政策综合作用的结果(图 12-1)。

在图 12-1 中,居民收入差距是市场原因和非市场原因共同作用的结果。城乡居民将其所拥有的生产要素提供给市场,就会从企业、政府部门和社会组织等市场需求者那里获得收入,这一过程称为"初次分配"。居民收入多寡取决于生产要素的贡献大小,贡献大收入报酬就高,反之就低,也就是说收入差距自

[①] 钟金燕、肖斌:《我国国民收入分配问题的政治学考察》,《中州学刊》2011 年第 6 期,第 7~11 页。

[②] 刘伟:《中国特色社会主义收入分配问题的政治经济学探索——改革开放以来的收入分配理论与实践进展》,《北京大学学报:哲学社会科学版》2018 年第 2 期,第 27~39 页。

然而然产生了。这是一个市场机制作用和自由竞争的过程，也就是在市场经济体制下，如果遵循与之相匹配的分配体制制度，必然存在收入差距。

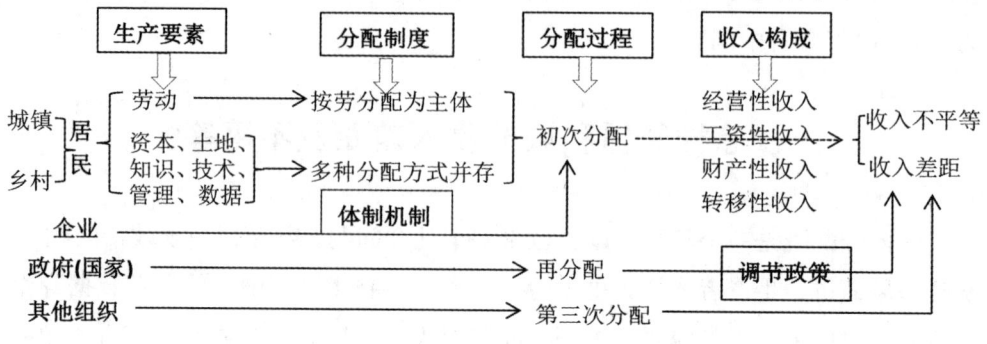

图 12-1　市场经济体制下居民收入差距形成及调节的理论逻辑

改革开放前，我国实行计划经济体制，居民收入"按劳分配"，因而收入差距并不大。改革开放后，特别是 1994 年正式确立实行市场经济体制后，分配体制机制发生较大变革，分配制度也转变为"按劳分配为主体、多种分配方式并存"，承认除劳动之外的生产要素，诸如土地、资本、技术和管理经验等要素，可以获得相应报酬，因此，城乡居民间拥有的生产要素丰富程度和质量高低差距就发挥作用，导致收入差距逐步显著和拉大。这也是市场经济体制下的一个必然结果。

但是，我们还需关注市场经济体制下"初次分配"引发收入差距的起始原因，例如，为什么城乡居民会拥有不同数量和质量的生产要素？首先，这就涉及所有制问题。例如，一个国家承认土地私有制，则拥有土地的生产者就会由此获得土地要素报酬，失去土地的生产者就丧失了相应土地要素报酬。再例如，一位技术人员在某个企业单位进行科学研究，申请了相关的专利技术，它归属于谁所有，就会演化出不同的收入结果：如果归该技术人员所有，他就可以凭借此专利技术获取相应收入报酬；反之，他不会因此获得任何收入报酬。从法律角度讲，所有制问题就是产权制度问题。例如，现阶段我国对农村土地制度进行产权改革，就是保证在集体所有制不改变情况下，将土地产权明晰和细化，进而推动"三权分立"和土地流转与经营制度改革，保证农户可以因土地承包权获得相应收益，集体也可以因土地所有权获得对应收益。

其次，城乡居民拥有不同数量和质量的生产要素与城乡居民自身相关。例如，劳动和技术两种生产要素，就与居民本身的身体健康程度、接受文化教育程度、对要素运用的技能和意识等有关，经济学中称之为"人力资本"。人力资本不同，由此获得的收入报酬也就不同。现实生活中，职业岗位、文化学历、能力水平不同，就产生了收入差距。

再次，生产要素如何获得，以及拥有生产要素的多寡，生产要素能否获得与之匹配的收入报酬，还与一个人所处的社会环境、空间地理位置和制度环境等外部条件紧密相关。例如，健康的、高水平的劳动生产要素，在目前阶段我国乡村居民可能就比城市居民较少拥有，因为农村卫生医疗、社会保障等条件比城市要差一些，这就导致城乡居民因劳动要素而产生收入差距。再例如，当前存在的性别歧视、学历歧视，就会导致拥有同样生产要素的居民可能面临就业岗位差别和收入差别，这就是收入不平等问题。

最后，"初次分配"引发收入差距很大程度上与国家的收入分配原则和分配制度有关。如果一国政府对国民收入分配遵循"效率优先、兼顾公平"原则，就会在承认收入差距前提下考虑如何缩小差距。例如，中国共产党十九届四中全会（2019年）明确坚持按劳分配为主体，承认物质利益原则和合理的收入分配差距，同时允许和鼓励资本、土地、知识、技术、管理、数据等其他生产要素参与分配，极大地调动了各方的积极性。①

以上收入差距的形成机制是从宏观层面来理解的。综合起来，有市场原因和非市场原因。在我国，收入差距表现在地区之间、城乡之间、贫富之间，它们综合反映国民收入不平等问题。

(二) 如何衡量收入差距及不平等？

刻画和衡量收入差距及不平等有三种方法。②

---

① 洪银兴：《我国社会主义分配制度的显著优势》，http://www.ce.cn/xwzx/gnsz/gdxw/201912/19/t20191219_33928304.shtml。

② 赵晓军：《中国收入分配差距：现状、原因及对策》，北京：北京大学出版社2020年版，第8~10页。

1. 人口收入份额法

人口收入份额法，是使用一定比例人口的收入份额或份额比反映个体间的收入差距。它是国际通用的衡量收入差距的方法。根据所选取人口比例的不同，它可以细分为以下三种指数：

(1) 库兹涅茨指数(Kuznets Index)

这是指一个国家最富有的20%人口所占的收入份额。指数数值越大，表明收入分配的差距越大、收入越不平等；当收入完全平等时，库兹涅茨指数达到0.2的最小值。

(2) 收入不良指数和欧希玛指数

收入不良指数是指一国或地区最高收入的20%的人所占的收入份额与最低收入的20%的人口所占有的收入份额之比。欧希玛指数(Oshima Index)是指收入最高的10%人口与收入最低10%人口的收入份额之比。当这一指数的最低值为1时，表明收入完全平等；指数越高，说明极穷和极富的差距越大、收入不平等状况越严重。这两个指数是非常类似的，区别在于所用收入最高人口和收入最低人口的比例。

(3) 阿鲁瓦利亚指数(Ahluwalia Index)

这是指收入最低的40%人口所占有的收入份额。这一指数的最高值为0.4，指数越低，则收入差距越大。

以上三种人口收入份额法，以等分统计方法为基础，容易计算和比较直观；缺点是它们只能反映收入分配极端(极富或极穷)时的收入差距情形，对非极端分配的差距难以精确衡量，也就是说难以反映社会各阶层的收入差距情况。

受人口收入份额方法启示，衡量我国城乡居民之间的收入差距时，我们往往用他们之间的收入比方法，即城乡收入比，将城镇居民人均可支配收入与农村居民人均纯收入(2013年后改为农村人均可支配收入)直接相除得到的比值，比值越大表明城乡收入差距越大。

2. 基尼系数(Gini Coefficient)

这是最常用的刻画和衡量收入差距以及不平等的指标。它最早由意大利统计与社会学家科拉多·基尼(Corrado Gini)在1912年提出,他依据洛伦兹曲线(Lorenz curve)来刻画和衡量财富(收入)不平等情形。

在图12-2中,横轴OH表示人口(按收入由低到高分组)的累积百分比,纵轴OM表示对应的收入的累积百分比,构成一个矩形累积曲线图。显然,如果所有这些人口都同样富有,累积曲线将稳步上升,它实际上是图表的对角线(45度线),这代表了财富的完全平等。如果只有一个人拥有财富,累积财富曲线将沿着图表的底部突然跃升到100%,形成一条折线OHL,此时它将占据整个图面积的一半,我们可以给这种情况赋值为1,表明是一种极端不平等情形。通常,这种累积曲线并不是一条直线(45度线),也不是一条折线OHL,而是一条弯曲弧线OL,此即为洛伦兹曲线。① 洛伦兹曲线弯曲程度反映了收入分配的不平等程度。弯曲程度越大,收入分配越不平等,反之亦然。

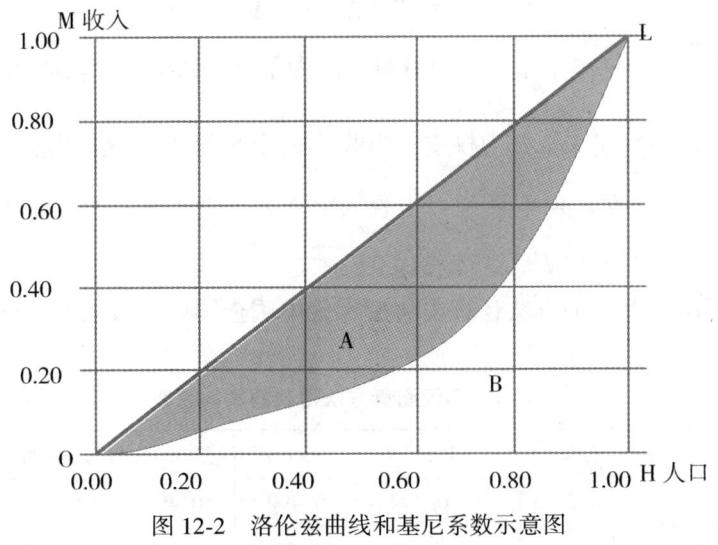

图12-2 洛伦兹曲线和基尼系数示意图

将洛伦兹曲线与45度线之间的部分A叫做"不平等面积"。当收入分配达到完全不平等时,洛伦兹曲线成为折线OHL,OHL与45度线之间的面积A+B叫做"完全不平等面积"。不平等面积与完全不平等面积之比,成为基尼系数,是衡量一国贫富差距的标准。也就是,基尼系数公式为 $G = A/(A+B)$。显然,

---

① MBA智库百科词条,洛伦兹曲线,https://wiki.mbalib.com/wiki/Lorenz_Curve。

基尼系数不会大于1，也不会小于零，数值为0-1之间，0表示收入完全平等，1表示完全不平等，数值越大表示收入差距越大、越不平等。国际上通常把0.4作为贫富差距的警戒线，大于这一数值容易出现社会动荡。联合国开发计划署将基尼系数所衡量的收入差距程度分为五级：低于0.2表示差距等级极低（高度平均），0.2~0.29表示差距等级低（比较平均），0.3~0.39表示差距等级中（相对合理），0.4~0.59表示差距等级高（差距较大），0.6以上表示差距等级极高（差距悬殊）。

3. 泰尔指数（Theil index）

它是用来衡量个人或地区间收入差距的指标，用代数公式表示为：

$$T = \frac{1}{n}\sum_{i=1}^{n}\left(\frac{X_i}{\overline{X}} \times \ln \frac{X_i}{\overline{X}}\right)$$

上式中，n 为样本中个体的总数量，X_i 为第 i 个分组的人均收入水平（总收入/人数），$\overline{X} = \sum_{i=1}^{n} f_i X_i$，$f_i$ 为权重。当收入完全平等时，泰尔指数得到最小值0，指数越大表明收入越不平等；当收入完全不平等（收入为一个人所有）时，泰尔指数取最大值 $\ln(n)$。

赵晓军用以上三种方法计算出典型年份中国全国居民收入差距（表12-1）。

表12-1 不同衡量方法得到的收入差距

指数	范围值	1988年	1995年	2002年	2007年	2013年
库兹涅茨指数	[0.2, 1]	0.394	0.490	0.495	0.511	0.460
收入不良指数	[1, +∞]	5.89	9.93	10.26	13.13	9.20
欧希玛指数	[1, +∞]	10.08	17.34	17.34	24.41	16.57
阿鲁瓦利亚指数	[0, 0.4]*	0.190	0.141	0.139	0.119	0.151
基尼系数	[0, 1]	0.341	0.440	0.444	0.487	0.477
泰尔指数	[0, +∞]	0.186	0.370	0.336	0.382	0.378

资料来源：赵晓军：《中国收入分配差距：现状、原因及对策》，北京：北京大学出版社2020年版，第11~13页。* 数值越小，表示收入差距越大；其余各项指数数值越大，表示收入差距越大。

(三) 如何调节收入差距？

图 12-1 还简要说明了一国政府如何调节城乡居民收入差距，即通过再分配政策和措施，以及借助社会组织的支持扶助"第三次分配"。

1. 政府的再分配政策和措施

再分配，也称为"转移分配"，是各收入主体之间在初次分配结果的基础上通过各种渠道实现现金或实物转移的一种收入再次分配过程。在这一再次分配过程中，政府起着最主要作用，政府对生产要素收入进行再次分配，以达到调节收入差距目标。

政府是如何调节收入差距的？在保障各收入主体按照国家法律和市场经济规律获得合法收入基础上，基本思路是"削高补低"来达到共同富裕、公平平等的目标。"削高"，就是降低高收入群体的收入水平，主要手段是征收相关税收，例如，通过带有累进性质的个人所得税和财产税来达到减少富人收入和财富目的；与此类似的遗产税、赠与税、社会保障税都能起到"削高"作用。现实中，政府对一些高收入获取方式进行征税，例如，对股票交易征收交易税和印花税等，对房产交易征收较高税率的交易税等，就是一种"削高"措施。此外，消费税也可以成为一种"削高"手段，即对高消费商品和服务征收较高比率税收，以此来增加对高收入群体的支出成本。但是，由于税收手段不容易做到针对特定的高收入群体，通常会作用于一国全部人群，这样对于中低收入群体来说，即使他们享有更多的税收优惠，但并不能实质性增加其收入和财富。此时，就需要政府的"补低"政策来提升中低收入群体的收入水平。

"补低"，就是通过转移支付手段对中低收入群体进行补贴、补助和扶持，以"垫高"其收入，缩小与高收入群体差距。常见的社会救助制度、社会保障体系、卫生医疗体系，以及保障性住房和基础教育支持制度，都是通过政府公共支出和转移支付来实现"补低"目标。20 世纪 80 年代以来，我国政府对农村贫困群体进行扶贫开发和定点帮扶，以及推行农村基本公共服务"均等化"，起到的就是"补低""垫高"作用。

一国居民收入差距处于不同阶段，"削高""补低"使用技巧也就不同。当收入差距还不太大,例如,基尼系数没有达到警戒线(0.4)前,可以"补低"为主、"削高"为辅;当收入差距较大,基尼系数超过警戒线以后,应该以"削高"为主、"补低"为辅。一般来说,"削高"可能受到的社会阻力要大一些,"补低"则更受社会欢迎,但政府的财政压力就比较大一些。

2. 社会组织参与"第三次分配"进行调节

"第三次分配",是指社会组织自主自愿参与的收入/财富转移情形,它是相对于市场根据要素贡献进行初次分配和政府体现国家意志进行再分配来说的,实质也是一种"再分配"过程,只是这种再分配的主体不是政府,而是社会组织,例如慈善机构、志愿机构,它们以募集、自愿捐赠和资助等慈善公益方式对社会资源和社会财富进行分配。"第三次分配"是对初次分配和再分配的有益补充,有利于缩小社会差距,实现更合理的收入分配。

"第三次"并不是指在时序上一定要发生在"初次分配""再分配"之后,实践中三者是互相交错并行不悖的;有的志愿活动与初次分配同时发生,有的捐赠发生在再分配之前而获得税收减免。因此,第三次分配可理解为不同于市场主导和政府主导的"第三类分配"。它与初次分配和再分配的内涵也不同:初次分配是以市场为主导的要素合作博弈,使要素总体贡献最大化;再分配是政府在公平正义等国家价值导向下的强制性干预;而第三次分配是在向善、为公、乐施等社会价值理念的引导下,在法律政策的鼓励和促进下,由既看得见又看不见,并非由利益驱动或公权力强制,却充满活力的"社会之手"所推动的。[①]

党的十九届四中全会通过的《中共中央关于坚持和完善中国特色社会主义制度 推进国家治理体系和治理能力现代化若干重大问题的决定》指出,要重视发挥第三次分配作用,发展慈善等社会公益事业,首次明确以第三次分配为我国收入分配制度体系的重要组成部分,其将在调节收入差距过程中发挥越来越重要的作用。

[①] 杨斌:《第三次分配:内涵、特点及政策体系》,《学习时报》2020年2月1日,第A06版。

二、我国收入差距究竟有多大？

新中国成立以来，我国城乡居民收入发生较大变化，一方面与国家的经济社会发展紧密相连，另一方面与国家的经济体制和收入分配制度变革息息相关。1956年社会主义制度建立以后，我国消灭了剥削制度，确立了按劳分配为基础的社会主义分配制度，地区之间、城乡之间的收入差距均比较小，呈现低水平平等状态。改革开放以后，在坚持按劳分配主体地位的同时，多种分配方式逐步发展起来，承认物质利益原则和合理的收入分配差距，允许和鼓励资本、土地、知识、技术、管理、数据等其他生产要素参与分配，地区之间、城乡之间的收入差距一度拉大。党的十八大以来，我国居民收入差距不断缩小。

（一）总体状况

总体来看，我国收入差距主要体现在三个方面：地区之间、城乡之间、贫富群体之间（全国居民之间）。很多学者对三个方面的收入差距进行过深入研究，得到多个结论，这是由于他们对收入的界定、收入数据来源和衡量方法不尽相同而导致的。李实等认为，中国收入差距的长期变动趋势可以分为两个阶段，第一个阶段是经济转型的前30年（改革开放到2009年），第二阶段为经济转型的后10年，即2010年以后。学术界对前30年收入差距变动趋势的判断分歧不是很明显，认为收入差距不断扩大；对后10年收入差距变化情况，学术界看法差异较大，得到的基尼系数结果有大有小。[①] 国家统计局于2013年公布了2003—2012年全国收入差距的基尼系数，此后逐年公布这一数据。本节主要使用国家统计局数据。

基于国家统计局的中国住户调查数据和李实等基于中国家庭收入调查

---

① 李实、岳西明等：《中国收入分配格局的最新变化：中国居民收入分配研究Ⅴ》，北京：中国财政经济出版社2017年版，第12~14页。李实、万海远：《中国收入分配演变40年》，上海：格致出版社、上海人民出版社2018年版，第1~4页。

(CHIP)数据①对收入差距进行的追踪研究,本书得到的基本结论有:②

(1)2008年是中国收入差距变化的转折点。2008年以前全国居民收入差距在拉大,2008年后在逐步缩小。另据世界银行估计,20世纪70年代末和80年代初,中国收入差距的基尼系数为0.3左右,到了90年代末超过0.4;2008年,国家统计局估计的全国基尼系数接近0.5,③ 为0.491。总体上,改革开放的前30年我国居民收入差距一直在扩大;2008年以后,全国居民收入差距在逐步缩小,但城镇和农村内部的收入差距仍在继续扩大。

(2)地区之间收入差距出现缩小态势,特别是东部和西部地区收入差距缩小得尤为明显。地区收入差距与地区经济社会发展程度紧密相关。东部地区属于经济发达地区,人均可支配收入明显高于西部地区。

(3)城乡之间收入差距在缩小,但城市和农村内部收入差距在扩大。在2007年以前,我国城乡之间收入差距一直处于不断扩大状态;2007年以后,这一差距出现明显缩小势头。国家统计局数据表明,我国城乡居民收入比值从2007年的3.33下降到2020年的2.56。

(二)三大收入差距的变化情况

按照国家统计局数据,改革开放以来地区之间、城乡之间和全国居民之间三大收入差距的变化情况如下。

1. 地区之间的收入差距在缩小

地区之间的收入差距用各地区的人均可支配收入的比值来反映。我国地区经济社会发展差异,集中体现在东部地区与西部地区之间,因此,地区之间收入差距用东部地区和西部地区居民的可支配收入之比来衡量。图12-3显示,我国东部和西部的收入比在1.6~2.0之间,平均约为1.8,即东部地区收入是西部地区收入的1.8倍,这与地区经济发展(以人均GDP为衡量)差距是类似的。

---

① http://www.ciidbnu.org/chip/index.asp。
② 李实、岳西明等:《中国收入分配格局的最新变化:中国居民收入分配研究Ⅴ》,北京:中国财政经济出版社2017年版,第16~25页。
③ 李实、万海远:《中国收入分配演变40年》,上海:格致出版社、上海人民出版社2018年版,第5页。

总体来看，东西部地区收入差距在逐步缩小，反映中国共产党和政府实施的区域平衡发展战略取得相应成效。

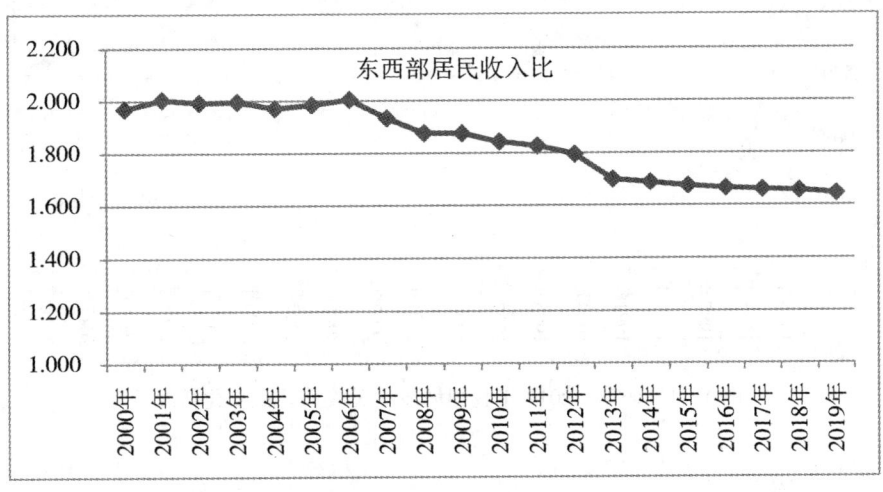

图12-3　2000—2019年我国东西部居民收入差距变化情况

资料来源：根据历年《中国统计年鉴》数据计算，其中2013年以前东西部居民收入比是用农村居民可支配收入计算所得。

2. 城乡之间的收入差距有波动

城乡差距是中国二元经济的典型特征和结果，反映在居民收入差距上，城镇居民与农村居民收入差距一直存在。图12-4显示，改革开放以来，城乡居民收入比在1.86~3.33之间，平均值为2.7，即城镇居民收入是农村居民收入的2.7倍左右。1985年，城市改革还未开启，农村土地制度改革成效显著，使得城乡居民收入差距最小，此后一直上升。1990年代初期随着农村户籍制度改革，农村劳动力转移就业，从农业转向其他产业，农民收入增加较快，城乡收入差距一度缩小；但在90年代中期以后，随着城市改革深入，城市居民收入来源渠道众多（例如，财产性收入快速增长），收入结构发生变化，城乡居民收入差距逐步拉大，2007—2009年达到最高点3.33。2010年以后，随着国家实施扶贫脱贫战略和乡村建设工程，加大对农村贫困和低收入人群的扶持帮助，以及进行多项改革（例如，土地改革中保护农民土地等财产性收入），使得城乡居民收入差距逐年缩小，到2020年城乡居民人均可支配收入比值为2.56。

第十二章 收入差距与政府的调节

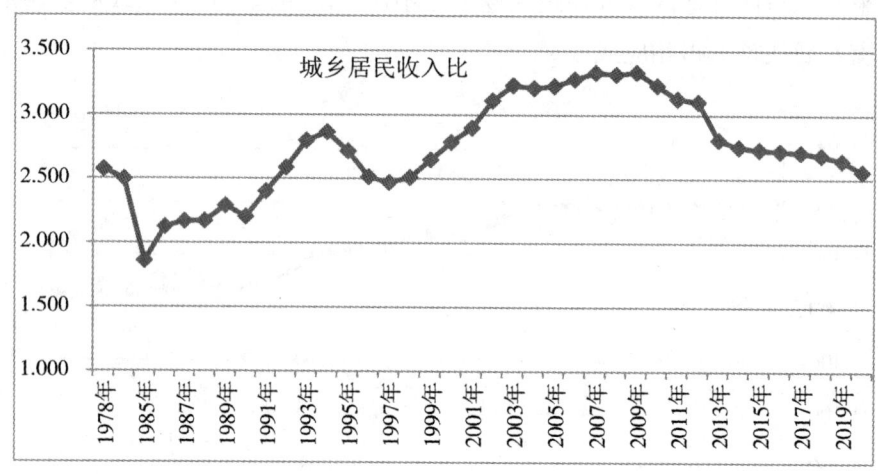

图 12-4　1978—2019 年我国城乡居民收入差距变化情况

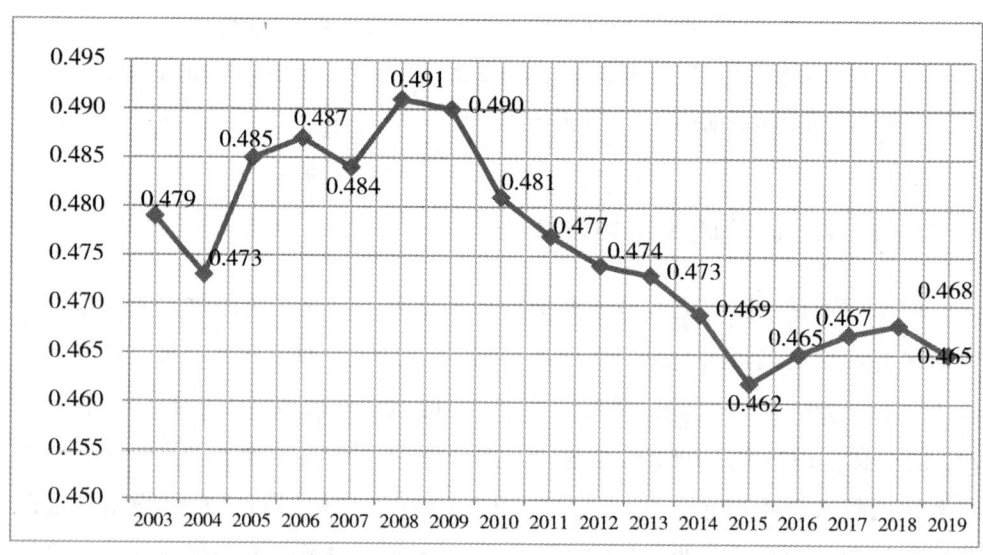

图 12-5　2003—2019 年全国居民基尼系数

资料来源：国家统计局住户调查办公室编：《中国住户调查年鉴2020》，北京：中国统计出版社 2020 年版，第 391 页。

3. 全国居民之间的收入差距（贫富差距）在缩小

全国居民之间的收入差距，也就是通常所说的贫富差距，一般用基尼系数予以反映。根据国家统计局公布的数据,2003年以来,我国基尼系数一直处于较高位(0.46以上),其间(2009—2015年)一度在缩小。但是2016年以来,全国居民收入差距有所上升,已经引起党和国家的高度重视(图12-5)。

三、中国政府如何缩减收入差距?

前面已经介绍,政府可以通过"削高补低"方法来缩减国民收入差距。对于中国来说,由于收入差距体现在地区之间、城乡之间和全国贫富人群之间,因此,采取多种政策措施来缓解此三类收入差距显得尤为重要。

(一)针对三类收入差距的基本措施

对于缩小地区之间收入差距,我国主要采取了区域经济发展战略和财政帮扶政策措施。例如,实施西部大开发和振兴东北战略,对西部地区进行对口帮扶,帮助西部地区的经济社会发展,以区域经济发展来促进居民收入增长,从而缩减地区收入差距。

对于城乡之间收入差距,我国主要采取提高农村居民收入的转移支付和定点扶持方法,例如,实施扶农惠农政策,对农村贫困人口进行精准扶贫脱贫,在农村进行户籍、土地、社保等制度改革,以此促进农村人口转移就业、提高工资性收入和财产性收入等,以及通过助推农村经济快速增长、提高农村居民收入来最终缩小城乡收入差距。

对于全国居民之间的收入差距(贫富差距),我国主要实施了一系列民生改善类公共政策,例如最低生活保障(低保)政策、养老保障政策、卫生医疗保障政策、社会救助政策,以及一些社会福利性政策。同时,对高收入群体采用财政税收方法,例如累进制个人所得税来调节收入的不平衡。

我国一直为缩小地区之间、城乡之间和贫富群体之间的收入差距而不懈努力,并取得显著成效。这些努力和成效,最集中的体现是中国政府对农村贫困人口的扶贫脱贫工作,消除了农村绝对贫困问题,创造了人类历史上的伟大奇迹。

(二)中国政府的扶贫脱贫历程

2021年4月6日,国务院新闻办公室发布《人类减贫的中国实践》白皮书,介绍了中国共产党和政府为消除农村绝对贫困所做出的各项探索和实践,以及所取得的巨大成绩和成功经验,为人们了解如何缩减收入差距和破解不平等的做法提供了重要资料。

白皮书指出,中国是拥有14亿人口、世界上最大的发展中国家,基础差、底子薄,发展不平衡,长期饱受贫困问题困扰。中国的贫困规模之大、贫困分布之广、贫困程度之深世所罕见,贫困治理难度超乎想象。但是,中国共产党团结带领人民,以坚定不移、顽强不屈的信念和意志与贫困作斗争。特别是党的十八大以来,在以习近平同志为核心的党中央领导下,中国组织实施了人类历史上规模空前、力度最大、惠及人口最多的脱贫攻坚战。到2020年底,脱贫攻坚战取得了全面胜利,中国完成了消除绝对贫困的艰巨任务,占世界人口近五分之一的中国全面消除绝对贫困,提前10年实现《联合国2030年可持续发展议程》减贫目标,不仅是中华民族发展史上具有里程碑意义的大事件,也是人类减贫史乃至人类发展史上的大事件,为全球减贫事业发展和人类发展进步做出了重大贡献。

白皮书指出,中国共产党领导人民夺取革命胜利,建立新中国,开启了实现国家富强、人民富裕的崭新历程。1950年代的土地改革,以及农业、手工业和资本主义工商业的社会主义改造,建立起社会主义基本制度,为从根本上解决贫困问题提供了最基本制度保证。在此基础上,开展大规模社会主义建设,使得占世界近四分之一人口的中国人民特别是农民的基本生活需求得到初步满足。

1978年12月,中共中央召开十一届三中全会,开启了中国改革开放和社会主义现代化建设新时期。在新时期,中国经济社会快速发展,减贫进程加快推进,贫困人口大幅度减少。这一时期,中国实施一系列农业农村重大改革,例如,在农村实施以家庭联产承包为主的生产责任制和统分结合的双层经营体制,理顺了农村最基本的生产关系,调动了农民生产积极性,使农业生产迅速扭转了长期徘徊不前的局面;实施农产品流通体制改革,大力发展乡镇企业,促进了农村整体收入水平提高。同时，从国家层面开展大规模、有计划、有组织的扶贫开发，主要是成立专门扶贫机构，确定了扶贫标准、重点片区和贫困县，开展"三西"(甘肃省河西地区、定西地区和宁夏回族自治区西海固地区，是改革开放初期全国集中连片最困难的地区之一)农业建设，实施《国家八七扶贫攻坚计划(1994—2000年)》和《中国农村扶贫开发纲要(2001—2010年)》，使得中国扶贫开发在取得重要阶段性进展基础上，继续向纵深推进。按照当时的扶贫标准，2000年底，中国农村贫困人口减少到3209万人，贫困发生率降低到3.5%。

进入21世纪以后，党和国家制定实施一系列扶贫开发新政策新举措，主要包括：(1)对扶贫工作重点与瞄准对象做出重大调整，把中西部地区作为扶贫工作重点区域，在592个国家扶贫工作重点县的基础上，选定15万个贫困村作为扶贫对象，实施参与式"整村推进"扶贫。(2)大力推进产业扶贫和劳动力培训转移，积极开展易地搬迁扶贫和生态移民。(3)实施西部大开发、振兴东北地区老工业基地、中部地区崛起等国家区域发展战略，促进区域、城乡协调发展。(4)取消农业税，建立新型农村合作医疗等一系列农村社会保障制度，农民负担重的状况得到根本性改变。

2011年，中共中央召开扶贫开发工作会议，中共中央、国务院印发《中国农村扶贫开发纲要(2011—2020年)》。中国的扶贫开发，从以解决温饱为主要任务的阶段转入巩固温饱成果、加快脱贫致富、改善生态环境、提高发展能力、缩小发展差距的新阶段。按照当时的扶贫标准，2010年底，中国农村贫困人口减少到2688万人，贫困发生率降为2.8%；2011年，中国将扶贫标准提高到2300元，在新的扶贫标准下，中国贫困人口为1.22亿。

2012年中共十八大以来，中国发展进入新时代，中国减贫事业进入脱贫攻坚历史新阶段。这一阶段，党和政府面对的都是贫中之贫、坚中之坚，减贫进入啃硬骨头、攻坚拔寨的冲刺阶段，采用常规思路和办法、按部就班推进难以完成任务，必须以更大的决心、更明确的思路、更精准的举措、超常规的力度，众志成城实现脱贫攻坚目标。以习近平同志为核心的中共中央，提出把贫困人口全部脱贫作为全面建成小康社会、实现第一个百年奋斗目标的底线任务和标志性指标，汇聚全党全国全社会之力打响脱贫攻坚战。

表 12-2　新中国成立以来的扶贫脱贫历程

阶段	背景	主要举措	成效
1949—1978 年小规模救济式扶贫阶段	新中国成立初期，我国经济基础较为薄弱，农村生产力水平极其低下，农民生活水平不高，整体处于绝对贫困状况，扶贫任务十分艰巨	以毛泽东同志为代表的中国共产党人对农村贫困群体、边远落后地区群体、因灾致贫群体、战争伤残群体实施了救济式扶贫。通过提供物资或现金，帮助他们维持基本的生活需要	按 1978 年贫困线标准测算，我国农村贫困人口规模为 2.5 亿人，占全国人口总数的 25.97%，农村贫困发生率达到 30.7%
1978—1985 年体制改革推动扶贫开发阶段	十一届三中全会拉开了农村经济体制改革序幕	实施家庭联产承包责任制、提高部分农产品的价格、扶持乡镇企业发展等	农村贫困人口由 1978 年的 2.5 亿人减少到 1985 年的 1.25 亿人，农村贫困发生率从 30.7% 下降到 14.8%，年均减贫 1786 万人
1986—1993 年大规模开发式扶贫阶段	在改革开放政策的推动下，中国农村绝大多数地区凭借自身的发展优势，经济得到快速增长，但少数地区由于经济、社会、历史、自然、地理等方面的制约，发展相对滞后。贫困地区与其他地区，特别是与东部沿海发达地区在经济、社会、文化等方面的差距逐步扩大。中国农村发展不平衡问题凸显出来，低收入人口中有相当一部分人经济收入不能维持其生存的基本需要	成立专门扶贫工作机构，安排专项资金，制定专门的优惠政策，并对传统的救济式扶贫进行彻底改革，确定了开发式扶贫方针。自此，中国政府在全国范围内开展了有计划、有组织和大规模的开发式扶贫，中国的扶贫工作进入了一个新的历史时期	国家重点扶持贫困县农民人均纯收入从 1986 年的 206 元增加到 1993 年的 483.7 元；农村贫困人口由 1.25 亿人减少到 8000 万人，平均每年减少 640 万人，年均递减 6.2%；贫困人口占农村总人口的比重从 14.8% 下降到 8.7%

续表

阶段	背景	主要举措	成效
1994—2000 年 八七扶贫攻坚阶段	贫困人口分布呈现明显的地缘性特征，贫困人口集中分布在西南大石山区、西北黄土高原区、秦巴贫困山区以及青藏高寒区等几类地区	1994 年 3 月《国家八七扶贫攻坚计划》的公布实施	到 2000 年底，扶贫攻坚目标基本实现，贫困人口由 1978 年的 2.5 亿人减少到 2000 年的 3000 万人，农村贫困发生率从 30.7%下降到 3% 左右。其中，国家重点扶持贫困县的贫困人口从 1994 年的 5858 万人减少到 2000 年的 1710 万人。解决了一些集中连片贫困地区的温饱问题
2001—2013 年 整村推进和片区攻坚扶贫阶段	我国农村贫困人口分布逐渐从国家级贫困县区域向村级区域集中	2001 年 6 月，国务院发布了《中国农村扶贫开发纲要（2001—2010 年）》，以贫困村为重点扶贫对象，在全国开展了整村推进扶贫工作。2011 年开启 14 个集中连片特困区扶贫开发战略	贫困人口进一步减少，到 2010 年底农村贫困人口减少到 2688 万人，贫困发生率降为 2.8%。2011 年，中国将扶贫标准提高到 2300 元
2014—2020 年 精准扶贫脱贫阶段	贫困人口仍然较多，与全面建成小康社会目标尚有距离。同时，原有的扶贫开发中的大水漫灌问题突出，瞄准不精准，成效不显著	2014 年精准扶贫战略实施，2016 年提出深度贫困地区脱贫工作。实施发展生产、易地搬迁、生态补偿、发展教育、社会保障兜底"五个一批"新的工作思路	到 2020 年底，在现行标准下贫困人口全部脱贫、贫困县全部摘帽、贫困村全部出列

经过脱贫攻坚的持续奋斗，到 2020 年底，中国如期完成新时代脱贫攻坚战目标任务：现行标准下 9899 万农村贫困人口全部脱贫，832 个贫困县全部摘帽(图 12-6)，12.8 万个贫困村全部出列，区域性整体贫困得到解决，完成消除绝对贫困的艰巨任务。

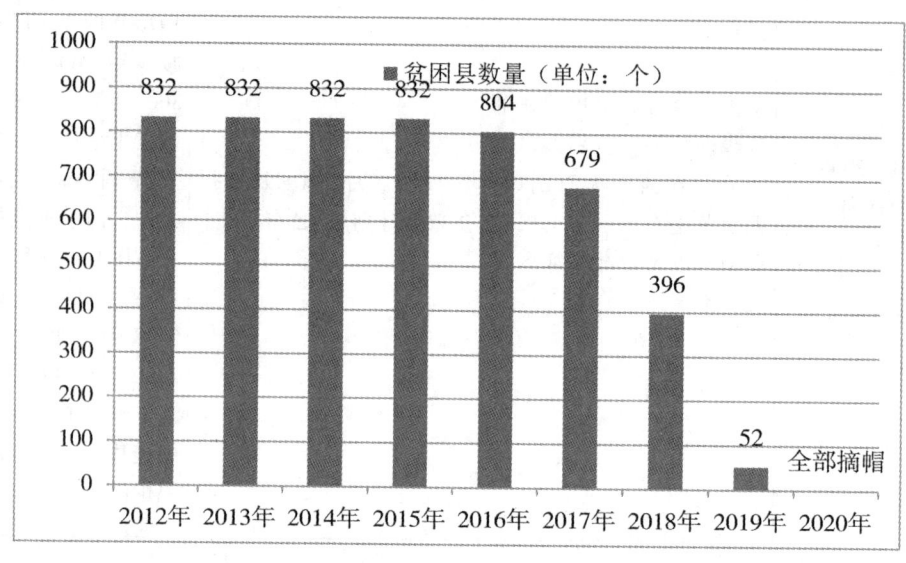

图 12-6　脱贫攻坚战以来贫困县数量变化情况

经过长期扶贫开发和脱贫攻坚，贫困人口的收入和福利水平大幅提高，"两不愁三保障"(不愁吃、不愁穿和义务教育、基本医疗、住房安全有保障)全面实现，教育、医疗、住房、饮水等条件明显改善，既满足了基本生存需要，也为后续发展奠定了基础。同时，贫困地区落后面貌得到根本改变，交通、水电、通信等基础设施显著改善，教育、医疗、文化、社会保障等基本公共服务水平明显提升，地区产业结构显著改善、特色优势产业不断发展、经济持续快速发展，优秀文化得到传承弘扬，生态环境更美更好。

《人类减贫的中国实践》白皮书指出，消除贫困是全球性难题，各国国情不同、所处发展阶段不同，减贫标准、方式方法、路径手段也不同。中国减贫立足本国国情，深刻把握中国贫困特点和贫困治理规律，坚持中国共产党的领导，坚持以人民为中心的发展思想，坚持发挥中国社会主义制度集中力量办大事的政治优势，坚持精准扶贫方略，坚持调动广大贫困群众积极性、主动性、创造性，发挥贫困群众主体作用，汇聚各方力量形成强大合力，走出了一条中国特色减贫道路。

(三)未来要建立调节收入差距的长效机制

中国打赢脱贫攻坚战、如期实现脱贫攻坚目标任务，中国人民在创造美好生活、实现共同富裕的道路上迈出了坚实的一大步。同时，中国仍是世界上最大的发展中国家，仍面临人民日益增长的美好生活需要和不平衡不充分的发展之间的矛盾。解决发展不平衡不充分问题、缩小城乡区域发展差距、实现人的全面发展和全体人民共同富裕，仍然任重道远。在下一阶段，中国将持续巩固拓展脱贫攻坚成果，做好同乡村振兴的有效衔接，实现"三农"工作重心的历史性转移。

同时，值得指出的是，不同地区、城乡之间、贫富群体对意外"冲击"的反应是不一样的。一般来说，经济发展较为落后地区、农村居民和低收入群体，在意外情况发生后，抵御风险能力相对弱一些，这就造成其收入下降速度要快一些。例如，2020年新冠肺炎疫情发生后，西部地区、农村人口和低收入群体受到的冲击就要大一些，他们的收入可能受到较大影响，收入差距有可能扩大。

一些研究也表明，① 当前影响中国收入差距扩大的因素仍然存在，例如，财产的加速积累使得居民收入构成中的财产性收入差距急剧扩大，富人更快致富、穷人容易更穷，出现一种强化的马太效应，显著扩大收入差距。再例如，当前我国收入流动性和代际流动性在降低，也成为收入差距扩大的一个因素。流动性降低，意味着收入阶层在固化——低收入阶层可能将来还是低收入阶层，高收入阶层将来仍有很大可能成为高收入阶层，父辈收入高很大程度上决定下一代的收入也会高。收入固化和阶层固化问题正成为影响中国社会进步的重大问题。此外，新技术的进步和新产业的出现将会带来对人力资本要素的新需求，高学历人群和低学历人群收入差距将进一步快速扩大。

因此，今后一段时间，我们还要建立收入分配的长期调节机制。一是努力

---

① 李实:《建立收入分配的长期调节机制》，http://www.ciidbnu.org/news/202011/20201105230542706.html。

提高人力资本。人力资本是缩减收入差距的根本性要素，对它进行投资将会获得更高收益。因此，今后要强化对社会各类人群的人力资本投资，特别是对低收入群体，更应为其创造条件，例如大力发展职业技术教育，推进幼小基础教育，发展卫生医疗和体育事业，以便让他们接受更高质量的教育和更好的健康照护，从根本上增加人们的增收能力。二是应该把更多的政府支出向民生领域倾斜，通过转移支付来提高低收入人群的收入水平。三是要深化要素市场改革，特别是土地、劳动等要素市场，破除市场分割状态。例如，农村土地市场与城市土地市场的一体化建设，全国统一的劳动力市场建设等，在"初次分配"阶段实现收入相对公平平等。

共同富裕是我国缩减收入差距的一个结果。当前，我国正大力推动乡村振兴战略，在浙江率先建立"共同富裕示范区"，对示范区战略定位之一是"收入分配制度改革试验区"，深化收入分配制度改革，多渠道增加城乡居民收入。例如，通过多种措施推动实现更加充分更高质量的就业，不断提高人民收入水平，扩大中等收入群体，完善再分配制度，建立健全回报社会的激励机制等。我们相信，这种共同富裕发展理念和实践探索，将更长远地缩小收入差距。

参考文献

[1] [美]巴里·诺顿. 中国经济：适应与增长(第2版)[M]. 安佳，译. 上海：上海人民出版社，2019.

[2] 高鸿业. 西方经济学·宏观部分(第7版)[M]. 北京：中国人民大学出版社，2018.

[3] 韩秀云. 宏观经济通识课[M]. 北京：中信出版社，2019.

[4] 洪功翔. 从60个指标数据看懂宏观经济[M]. 北京：中国传媒大学出版社，2011.

[5] 华经：图解微观、宏观经济学[M]. 北京：经济管理出版社，2012.

[6] 李晓西. 宏观经济学案例[M]. 北京：中国人民大学出版社，2006.

[7] 刘吉双，等. 宏观经济学——中国案例分析[M]. 北京：中国经济出版社，2018.

[8] 卢锋. 宏调的逻辑：从十年宏调史读懂中国经济[M]. 北京：中信出版社，2016.

[9] 任保平，宋宇. 宏观经济学[M]. 北京：科学出版社，2009.

[10] 司春林，王安宇. 宏观经济学——中国经济分析[M]. 上海：上海财经大学出版社，2002.

[11] 卫志民. 宏观经济理论与政策[M]. 北京：中国经济出版社，2020.

[12] 谢丹阳. 宏观经济学通识课：掌握经济分析的简单逻辑[M]. 北京：中信出版社，2020.

[13] 徐高. 宏观经济学二十五讲：中国视角[M]. 北京：中国人民大学出版社，2019.

[14] 颜色，郭凯明. 宏观经济学与中国政策[M]. 北京：北京大学出版社，

2020.

[15]张明.宏观中国:经济增长、周期波动与资产配置[M].北京:东方出版社,2020.

[16]张延.中级宏观经济学[M].北京:北京大学出版社,2010.

[17]郑寿春.宏观经济运行分析[M].北京:石油工业出版社,2014.